Lusitania

A Journal of Reflection and Oceanography

#5 Fall 1993/Jesen 1993

General Editor/Izdavač
Martim Avillez

Guest Editor/Gostujući urednik
Ammiel Alcalay

Managing Editor/Izvršni direktor
Edward Ball

Translators/Prevodioci
Ammiel Alcalay
Andrea Ljahnicky
Goran Tomčić
Aleksandra Wagner
Alyson Waters

Design/Design
Martim Avillez
J.J. Gifford

English copy/Engleska lektura
Diana Stoll

Editorial Assistants/Asistenti urednika
Ana da Gama
Lucinda Rosenfeld

Printing/Tisak
S & S Graphics (cover)
Laurel, Maryland

Wickersham Printing Co. (text)
Lancaster, Pennsylvania

Distribution/Distribucija
Autonomedia
P.O. Box 568
Brooklyn, NY 11211
fax 718.387.6471

Price $10.00

Lusitania (ISBN 1–882791–01–0) is published by Lusitania Press, Inc. Correspondence should be addressed to *Lusitania*, 104–108 Reade Street, New York, NY 10013; telephone 212.619.6224, fax 212.732.3914.

Izdavač *Lusitanie* (ISBN 1–882791–01–0) je Lusitania Press, Inc. Pisma bi trebala biti adresirana na adresu: Lusitania, 104–108 Reade Street, New York, NY 10013; telefon 212.619.6224, fax 212.732.3914.

Cover photo: Leandro Katz
Insert photo: Srđan Vuletić, *I Burnt Legs (1993)*

A Journal of Reflection and Oceanography

for
za
sarajevo

Photo: Edward Ball

CONTENTS
S A D R Ž A J

SARAJEVO

LEGENDA

The war against the Bosnian state and the genocide of Muslims is the execution of the Enlightenment testament. The Sadean soul of European enlightened rationalism reigns free.

Tomaž Mastnak (p. 83)

Rat protiv bosanke države i genocid nad Muslimanima jest izvršenje prosvjetiteljskog testamenta. Sadeovski duh europskog prosvijećenog racionalizma prevladava slobodan.

Tomaž Mastnak *(str. 83)*

About this issue...

O Ovom Broju...

Lusitania **#5** had originally been planned to address issues related to the 1492/1992 quincentenary, but from a Middle Eastern perspective. At a time when many things were being commemorated or criticized, we felt that an essential element was missing. As the siege of Bosnia and the focus on Sarajevo intensified, it became clear to us that, like fifteenth-century Granada or 1980's Beirut before it, Sarajevo represented tremendous resilience in the face of an assault on civil life and institutions.

While it is obvious that the priorities concerning former Yugoslavia lie in meeting basic needs of self-defense, food, medicine, and shelter, we feel that this publishing effort can make a small step towards addressing another important human and political need—that of communication and recognition. The restructuring of civil society, when and as it comes, must begin with the refusal to accept the terms of the Balkan conflict, and here, artists can play a role.

This is even more evident when one has the opportunity to see some of the astonishing works that have been and continue to be produced in Sarajevo: the graceful horses sculpted out of shrapnel, or the street installations formed out of used ration cans by Neđzad Begović; the macabre narrative and imagery of Bosnian filmmaker Srđan Vuletić's "I Burnt Legs," in which Vuletić describes his job of taking amputated limbs to a crematorium; the remarkable exhibition "Witnesses of Existence," put up at the Obala theater in Sarajevo and presented, on videotape, at the 1993 Venice Biennale. Without privileging art, it is, nevertheless, among the artistic community of Sarajevo that one can find some of the clearest evidence to refute the lies perpetrated by what another Bosnian filmmaker, Ademir Kenović, calls "the media-Goebbels-radiation." An unswerving beam of propaganda—transmitted by Western powers, politicians, and media pundits—reduces the assault on common civility in Bosnia to a war of 'ethnic hatred.' Thus, the war becomes a 'timeless' conflict; and evading responsibility for the struggle of pluralism and democracy against exclusivity and crude nationalism becomes that much easier. Sarajevo is not an island. The potential to be either a "Serb" or a "Bosnian" is,

Lusitania #5, Za Sarajevo: Sjećanja budućnosti prvobitno je trebala biti posvećena 1492/1992 petstogodišnjici, ali iz perspektive Bliskog Istoka. U vrijeme kada se mnoge stvari komemoriraju ili kritiziraju, činilo nam se da je nedostajao jedan temeljni element. Dok se opsada Bosne sa svojim naglaskom na Sarajevo pojačavala, postalo nam je jasno da je, poput Granade ili Bejruta prije njega, Sarajevo pokazalo izvanrednu otpornost usprkos izravnog napada na civilni život i institucije.

Očigledno je da trenutni prioriteti leže u ostvarivanju osnovnih potreba samoobrane, prehrane, ljekova i skloništa, čini nam se da ovaj naš skromni napor može učiniti mali korak prema ostvarenju jedne druge važne humane i političke potrebe – one za komunikacijom i priznanjem. Prestrukturiranje civilnog društva, kada i ako do njega dođe, mora otpočeti s odbijanjem trenutnih uvjeta, u čemu umjetnici mogu igrati važnu ulogu.

Neki od izvanrednih umjetničkih radova, koji i dalje nastaju u Sarajevu, svjedoče o ovome : graciozne skulpture konja napravljene od šrapnele, ili ulične instalacije oblikovane od upotrebljenih porcija konzervi Neđzad Begovića; sablasna narativnost i imaginacija mladog bosanskog filmskog stvaraoca Srđana Vuletića "Palio sam noge" u kojemu on opisuje svoj posao prenošenja amputiranih udova u krematorij; izvanredna izložba "Svjedoci Postojanja" u postavi Teatra Obala, koja je bila predstavljena na video traci na Biennalu u Veneciji. Bez veličanja umjetnosti, činjenica je da unutar umjetničke zajednice Sarajeva netko može naći neke od najjačih dokaza protiv laži proizvedenih od "medijsko – goebbelsovske radijacije", kako ju je nazvao bosanski filmski stvaraoc Ademir Kenović. Ova odgovarajuća zraka propagande, koju su Zapadne sile, političari i medijski mudraci olako prihvatili, nemilosrdno reducira taj napad na običnu uljudnost u Bosni, na rat "etničke mržnje". Na taj način, taj sukob je postao vanvremenski, a i omogućio je lako izbjegavanje odgovornosti u borbi za pluralizam i demokraciju, protiv isključivosti i grubog nacionalizma. Niti je samo Sarajevo otok, kao što i Kenović ističe. Mogućnost da netko bude ili "Srbin" ili "Bosanac", posve je humana,

regrettably, all too human. The war continues there, but it must be fought everywhere.

Part of the war is over language. To designate a former Yugoslav language that would neither privilege nor offend while also remaining recognizable to an English-speaking audience is a thankless task, given the struggle over linguistic identities in the region. Our decision to use "Serbo-Croatian" rested, finally, on the term's familiarity. Yet, given that both Serbian and Croatian nationalists are intent on carving up Bosnia, the lack of choice implied in the term Serbo-Croatian is doubly unfortunate, even if it is better than either "Serbian" or "Croatian." The term "Croato-Serbian," once used by Croatians in the former Yugoslavia, is sufficiently unfamiliar to an American audience to be of much use. As for "Bosnian," this also proved problematic, due to its usual consideration as a "dialect." However, the implications of the term Bosnian, and the actual practice of the language in Bosnia, touch the roots of Bosnia's relationship to a national culture. As Professor Ante Granić of Sarajevo University writes: "The Bosnian language is neither myth nor reality. The Bosnain language is both myth and reality." Such an attitude embraces a flexibility that refutes, from the word go, the reliance on essential qualities that form the basis of any nationalist discourse. In fact, more than some of the aggression unleashed against Bosnia can be traced to the ability of Bosnian culture, as expressed through people, to remain in-between. Prior to the war, Sarajevo's major daily newspapers were printed in both the Cyrillic and the Latin alphabets, which appeared on alternating pages; such freedom, naturally, is anathema to ethnic purists of any kind. Culture, finally, is what people carry within them, and this includes language. Although we would have liked to use translators from Sarajevo (particularly in the case of Arabic, for example, in order to avoid translating from a translation), the nature of communications under the siege would have rendered such a task impossible. Thus, the ex-Yugoslav language accompanying the English texts in this issue of *Lusitania* belong, in a sense, to the translators themselves, and to their ability to amalgamate the former lexicon of a country into a new alphabet of exile.

For their indispensable and continuous assistance, suggestions and efforts to make this collection as rich as it is, the editor wishes to thank Martim Avillez, Edward Ball, Kamal Boullata, Ana da Gama, Paula Gordon, Izeta Građević, Andrea Ljahnicky, Opher Shapiro, Goran Tomčić, and Aleksandra Wagner.

Ammiel Alcalay, New York, June 1993

na žalost. Rat se nastavlja tamo, ali se mora voditi svugdje.

Konačno, bilješka o jeziku. Imenovati jedan od ex-jugoslavenskih jezika koji ne bi trebao niti privilegirati niti vrijeđati, a u isto vrijeme ostati prepoznatljiv engleskoj govornoj publici, jest nezahvalan zadatak, u kojemu nema pravog odgovora. Naša odluka da upotrijebimo "Srpsko–Hrvatski", počiva dakle, na terminskoj prepoznatljivosti. Također, znajući da i srpski i hrvatski nacionalisti namjeravaju raskomadati Bosnu, nedostatak izbora uključen u termin "Srpsko–Hrvatski", dvostruko je neumjesan, iako još uvijek bolji nego Srpski jezik, ili Hrvatski jezik. Termin "Hrvatsko–Srpski", jednom korišten od strane Hrvata u bivšoj Jugoslaviji, sasvim je nepoznat američkoj publici, a da bi bio od velike upotrebe. Kao i Bosanski, koji se također smatra problematičnim zbog njegovog uobičajenog shvaćanja kao "dijalekta". Pa ipak, implikacije termina Bosanski, i sadašnja upotreba jezika u Bosni, dodiruju korijene bosanskog odnosa prema kulturi. Kao što piše profesor Ante Granić sa sarajevskog sveučilišta: "Bosanski jezik nije niti mit ni stvarnost. Bosanski je i mit i stvarnost u isto vrijeme." Takav stav obuhvaća fleksibilnost koja pobija, iz riječi IĆI, oslonac na esencijalne kvalitete koje formiraju osnovu za bilo koju nacionalističku raspravu. U stvari, više nego malo napada na Bosnu, koji nisu uspjeli, mogu se potražiti u sposobnosti bosanske kulture, koja se izražava putem ljudi, ostavljenih negdje "*in between*". Prije rata, sarajevske glavne dnevne novine, bile su tiskane i na Ćirilici i na Latinici, na izmjeničnim stranicama; takva sloboda, prirodno, jest prokletstvo za etničke čistunce bilo koje vrste. Kultura je, konačno, ono što ljudi posjeduju. Iako smo željeli koristiti prevodioce iz Sarajeva (kao, na primjer, u slučaju Arapskog, da bismo izbjegli prijevode sa prijevoda), priroda komunikacije pod opsadom, učinila je takav zadatak nemogućim. Dakle, jedan od ex–jugoslavenskih jezika, koji prati engleske tekstove u ovom broju Lusitanie, pripada, na neki način, samim prevodiocima i njihovoj sposobnosti da bivši leksikon države uključe u novi alfabet egzila.

Za njihovu nezamjenjivu i ustrajnu pomoć, prijedloge i napore da bi ova zbirka bila tako bogata kao što je, urednik želi zahvaliti Martimu Avillezu, Edwardu Ballu, Kamalu Boullatau, Anni Dajani, Pauli Gordon, Izeti Građević, Andrei Ljahnicky, Opheru Shapiru, Diani Stoll, Goranu Tomčiću i Aleksandri Wagner.

Preveo Goran Tomčić

THE DERVISH AND DEATH

DERVIŠ I SMRT

Meša Selimović (1910-1982) fought with Tito's partisans, and began publishing novels after World War II. His masterpiece, The Dervish and Death, *a complex allegory on authority, appeared in 1966.*

In the name of God, the Compassionate, the Merciful, I call upon as witness the ink and the pen, and that which the pen inscribes; I call upon as witness the uncertain darkness of twilight, and the night and everything it brings to life; I call upon as witness the waning moon and the whitening sun; I call upon as witness the Day of Judgment, and the soul that chastises only itself; I call upon as witness Time, the beginning and end of everything—that every person is always at a loss.
—from the Quran

I begin this, my story, for naught—with no benefit to myself nor to others, from a need that is stronger than profit or reason, that my record remain, written in anguished colloquy with myself, with the faint hope that someone will find a solution when the accounts are settled, if ever, when I leave a trail of ink on this paper that lies in wait like a challenge. I don't know what will be written, but something of what transpired within me will remain in the hooks of the letters, for it will no longer fade in the billowing fog, as if it had never been, or as if I no longer know what was. This way, I will be able to see myself as I am, that stranger I do not even know, yet it seems stranger still to me that I haven't always been what I am now. I am aware that my writing is entangled, my hand shakes because of the disentangling that awaits me, because of

Meša Selimović (1910–1982) borio se s Titovim partizanima, i otpočeo izdavati romane nakon Drugog Svjetskog Rata. Derviš i Smrt, roman o političkom ubojstvu njegovog brata, pojavio se 1966.

Bismilahir–rahmanir–rahim! Pozivam za svjedoka mastionicu i pero i ono što se perom piše; Pozivam za svjedoka nesigurnu tamu sumraka i noć i sve što ona oživi; Pozivam za svjedoka mjesec kad najedra i zoru kad zabijeli; pozivam za svjedoka sudnji dan, i dušu što sama sebe kori; Pozivam za svjedoka vrijeme, početak i svršetak Svega – da je svaki čovjek uvijek na gubitku.
—*uzeto iz Kurana*

Počinjem ovu svoju priču, nizašto, bez koristi za sebe i za druge, iz potrebe koja je jača od koristi i razuma, da ostane zapis moj o meni, zapisana muka razgovora sa sobom, s dalekom nadom da će se naći neko rješenje kad bude račun sveden, ako bude, kad ostavim trag mastila na ovoj hartiji što čeka izazov. Ne znam što će biti zabilježeno, ali će u kukama slova ostati nešto od onoga što je bivalo u meni, pa se više neće gubiti u kovitlacima magle, kao da nije ni bilo, ili da ne znam šta je bilo. Tako ću moći da vidim sebe kako postajem, to čudo koje ne poznajem, a čini mi se da je čudo što uvijek nisam bio ono što sam sad. Svjestan sam da pišem zapleteno, ruka mi drhti zbog odplitanja što mi predstoji, zbog suđenja koje otpočinjem, a sve sam ja na tom suđenju, i sudija i svjedok i tuženi. Sve ću biti pošteno koliko mogu, koliko iko može, jer

the trial that I am beginning, a trial at which I am everything, judge, witness, and defendant. I will be as honest as I can, as anyone can, since I am beginning to doubt that sincerity and honesty are the same, sincerity being the belief that we speak the truth (and who can be convinced of that?), and of honesty there is plenty, and they do not sit well amongst themselves.

My name is Ahmed Nuruddin; it was given to me and I took it as offered, with pride, and now I think of it, after a long sequence of years that grew on me like skin, with amazement and sometimes even mockery, for the light of faith sheds arrogance that I didn't yet feel, though now I am somewhat ashamed of it. How am I a light? By what am I illuminated? Knowledge? Higher morals? A pure heart? The true path? Certainty? Everything comes into question, and now I am only Ahmed, neither sheikh nor Nuruddin. Everything falls from me, like a skirt, like an armor, and what remains is that which was before: naked skin and a naked man.

Translated by
Ammiel Alcalay

počinjem da sumnjam da su iskrenost i poštenje isto, iskrenost je uvjerenost da govorimo istinu (a ko u to može biti uvjeren?), a poštenja ima mnogo, i ne slažu se među sobom.

Ime mi je Ahmed Nurudin; dali su mi ga i uzeo sam ponuđeno, s ponosom, a sad mislim o njemu, poslije dugog niza godina što su prirasle uza me kao koža, s čuđenjem i ponekad s podsmijehom, jer svjetlo vjere to je oholost koju nisam ni osjećao a sad je se pomalo i stidim. Kakvo sam ja svjetlo? Čime sam prosvijetljen? Znanjem? višom poukom? čistim srcem? pravim putem? nesumnjanjem? Sve je došlo u pitanje, i sada samo Ahmed, ni šejh ni Nurudin. Sve spada s mene, kao haljina, kao oklop, i ostaje ono što je bilo prije svega, gola koža i go čovjek.

F Z O A R

SARAJEVO

Like the prayer that precedes Selimović's astonishing work (a masterpiece that is still untranslated), his words make the primordial and implicit distinctions between things that turn chaos into structure, even if that structure can never be quantified: names and what they are not, the act of testimony and its twists through time and the imprint of other eyes, the powers of inscription and its attendant risks. These risks include being left open (as letters are) to breaks in its transmission, left waiting to be read defiantly (against the grain), or worse, simply being forgotten. The novel was written as an allegory of the circumstances surrounding the death of his brother in Tito's Yugoslavia; but the horrors of another war demand that we take up the burdens of transmission, that we reread this work and place it in Bosnia, for Sarajevo, the truest capital, in the present, of a residence, a steadfastness that cuts to the bloody bone of any world that can proceed from here on in.

Such an unfashionable word as *residence,* with all it implies (and which could just as well be rendered as *presence*), also cuts to the bone of many of the debates that often seem so frivolous and removed from the concrete effects of representation and violence: the rights to land and bread, neighborhoods and villages, vaccinations and literacy, control over what the earth and the mines and the hands and the minds and tired upright backs produce. In "The Race of Theory," Barbara Christian writes:

"Now I am being told that philosophers are the ones who write literature, the authors are dead, irrelevant, mere vessels through which their narratives ooze, that they do not work nor have the faintest idea what they are doing; rather they produce texts as disembodied as angels. . . I can only speak for myself. But what I write and how I write is done in order to save my own life. And I mean that literally. For me literature is a way of

Kao molitva koja prethodi izvanrednom Selimovićevom radu (djelu koje je, nakon dvadeset sedam godina, još uvijek neprevedeno), njegove riječi stvaraju temeljne i bezuvjetne razlike među stvarima koje preokreću kaos u strukturu, pa čak iako ta struktura nikako ne može biti procijenjena: imena i ono što ona nisu, čin svjedočanstva i njegovi zaokreti kroz vrijeme i otisak drugih očiju, moći posveta i njihove prisutne opasnosti. Otvorene (kao i sama slova), ove opasnosti uključuju prekid u njihovom prijenosu, ostavljene da bi bile drsko pročitane, ili, još gore, da bi jednostavno bile zaboravljene. Komad je napisan kao alegorija okolnosti koje su okruživale smrt njegovog brata u Titovoj Jugoslaviji; ali užasi drugog rata zahtijevaju da preuzmemo terete prijenosa, da iznova pročitamo ovaj rad i smjestimo ga u Bosnu, za Sarajevo, najistinitiji glavni grad, u sadašnjost boravka, u postojanost koja dopire do krvave kosti bilo kojeg svijeta koji može nastaviti odavde.

Jedna tako nepopularna riječ kao što je to *boravak,* sa svim onim što ona uključuje (a koja bi isto tako, mogla biti izražena kao *prisutnost*), također udara do kosti mnogih debata koje često izgledaju tako frivolne i udaljene od konkretnih posljedica reprezentacije i nasilja: prava na zemlju i kruh, susjedstvo i sela, cijepljenje i pismenost, kontrolu nad onim što zemlja i rudnici i ruke i umovi i umorna uspravna leđa proizvode. U "*The Race of Theory*", Barbara Christian piše:

"Rečeno mi je da su filozofi oni koji pišu književnost, autori su mrtvi, irelevantni, puke vene kroz koje njihove pripovjetke polako istječu, da ne rade, niti da imaju najmanju ideju što rade; radije proizvode tekstove, opuštene kao anđeli... Mogu jedino govoriti za sebe. Ali ono što pišem i kako

knowing that I am not hallucinating, that whatever I feel/know is. It is an affirmation that sensuality is intelligence, that sensual language is language that makes sense..."

While we do not presume to speak for anyone, least of all citizens under siege, we can bring information to bear upon a place that finds itself, as one citizen of Sarajevo writes, in an "information quarantine," cut off from any contact with the outside world. In an age obsessed with news "coverage" (sometimes with good reason), we must combat the tyranny of choice representatives, of a new ghetto that leaves the structures of dominance in place while fighting tooth and nail to get in for a soundbite. The disparate voices gathered here—and there are voices behind these texts, disembodied as some of them might be—infect each other with antibodies emerging from deep within the pool of unfulfilled desires, relentlessly to combat the media's global reach, to categorize and colonize our very memories. As Fanon put it so cogently: "Colonialism is not satisfied merely with holding a people in its grip and emptying the native's brain of all form and content. By a kind of perverted logic, it turns to the past of the oppressed people, and distorts, disfigures and destroys it."

Nor do we intend, in this gathering, to erect monuments to an idealized past, to seek solace in times that might seem better than these, as tempting as that often is. Rather, we would join in an exhilarating chorus to pump up the volume of the late Audre Lord's courageous lines: "When you impale me / upon your lances of narrow blackness / before you hear my heart speak / mourn your own borrowed blood / your own borrowed visions . . . for we are all children of Eshu / god of chance and the unpredictable / and we each wear many changes / inside of our skin . . . if we do not stop killing / the other / in ourselves / the self that we hate / in others / soon we shall all lie / in the same direction . . ." Blackness, in this case, like any people's source of power, is not at issue here, but just the straight and narrow of it.

As the grappling over versions and events fervently continues, we must at least record the changing

pišem napravljeno je u cilju da bi se sapasio moj vlastiti život. I to mislim doslovno. Za mene je književnost način spoznaje da ne haluciniram, da bilo što da osjećam/ znam, jeste. To je izjava da je senzualnost inteligencija, da je senzualni jezik, jezik koji ima smisla..."

Dok ne pretpostavljamo govoriti u ime bilo koga, najmanje u ime svih građane pod opsadom, možemo donijeti informaciju usmjerenu prema mjestu koje sebe pronalazi, kao što je jedan građanin napisao u pismu tokom opsade, u "informaciji karantene", odsječeno od bilo kojeg kontakta sa vanjskim svijetom. U eri opsjednutoj *coverage* novostima (ponekad s dobrim razlogom) moramo suzbijati tiraniju izoliranih predstavnika novog geta koji strukture vlasti ostavlja na mjestu, istovremeno se boreći svim silama da u njih uđe zbog suglasnosti. Ovdje okupljeni nejednaki glasovi – a što su i glasovi ovih tekstova, otuđeni kao što to neki od njih mogu biti, postoje da bi jedni druge zarazili antitijelima koja izranjaju iz dubine, bez rasnog uloga neispunjenih želja, da bi se nemilosrdno borili protiv globalnog medijskog dosega, da kategoriziraju i koloniziraju naša prava sjećanja. Kao što je to Fanon postavio tako uvjerljivo: "Kolonijalizam nije zadovoljan samo držanjem ljudi u svojoj šaci, i pražnjenjem domaćeg mozga svih oblika i sadržaja. Sa pomalo izopačenom logikom, okreće se prošlosti tlačenih ljudi, i iskrivljuje, unakazuje i uništava je."

Niti ne namjeravamo, iako dolazimo u iskušenje, u ovom prikupljanju, podići spomenike idealiziranoj prošlosti, tražiti utjehu u vremenima koja su mogla izgledati bolja nego ova. Radije ćemo se priključiti razvedravajućem koru da bismo povećali volumen kasnih Audre Lordovih odvažnih linija: "Kad me nabiješ na kolac/pod tvojim haljinama od uske crnoće/prije nego što čuješ moje srce kako govori/oplakuje tvoju vlastitu posuđenu krv/tvoju vlastitu posuđenu viziju jer svi smo Eshuina djeca/bog šanse i nepredvidivog/i svi mi nosimo mnogo promjena/unutar naše kože...ako ne prestanemo ubijati/drugi/u nama samima kojeg mrzimo/u drugima/svi ćemo uskoro ležati/u istom smjeru...". *Blackness*, u ovom slučaju, kao bilo koji

qualities of lives, relationships, and peoples—with the sensitivity of a seismograph—to disrupt patterns of thought, imagery, and action that simplify and obliterate the complexities and possibilities of pasts and presents as they are being made into memories of our future. The works woven together here span an enormous range and intensity of sensual knowledge, knowledge and sense, the keys to release those memories from their chambers. Each piece adumbrates the resounding pain and clarity of letters from hell, the accounts of ethnic cleansing, the scenes envisioned and lived before the conflagration in the former Yugoslavia.

With good faith but more than a minor sense of misgiving at the betrayals involved in speaking from such a distance, this is, finally, a message in a bottle. The more obvious course it can take is toward *there*, away from us, but the assumptions involved in such a journey do, indeed, border on sheer arrogance. In the case of Sarajevo, the equation can never be so simple; for like any place steeped in the banal details of its inherited wisdom, the city and its citizens have always held the newfangled and the imported at bay through a variety of smokescreens and subterfuges. As Alexander Hemon writes: "There is always time, you just have to know how to lose it. A true *haji* knows that life is not determined by the amount of time, just as wealth is not determind by the amount of money. Life is laid out in quickly passing moments, so there has to be time for each moment . . . Everyone in Sarajevo is well aware that, despite everything, there's no help to be had, that history's whore will come for its own, that it will carry some mortal disease, that once a bullet will strike from some hob-nailed boor just down off the mountain . . . But at least they'll know that they lost their own time, of their own free will and fully conscious. . ."

In at least a gesture of solidarity, we should remember that our time is only ours to lose.

Ammiel Alcalay

ljudski izvor moći, ovdje nije predmet rasprave, već samo njena točnost i smjer.

Budući da se poteškoće nad verzijama i događajima žestoko nastavljaju, moramo zabilježiti barem promjenu kvaliteta života, odnosa i ljudi – sa senzitivnošću seizmografa – da bismo prekinuli uzorke misli, slika i akcija koje pojednostavljuju i odstranjuju kompleksnosti i mogućnosti prošlosti i sadašnjosti, kao da su napravljene u sjećanju naše budućnosti. Radovi koji su ovdje utkani zajedno, premošćuju golem opseg i količinu senzualnog znanja, znanja i osjećaja, ključevi su koji oslobađaju ova sjećanja iz njenih komora. Svaki komad nagovještava odjekujuću bol i jasnoću pisama iz pakla, prikaz etničkog čišćenja, scene, zamišljene i proživljene prije trenutne velike vatre.

Sa dobrom vjerom, ali s više nego s malim osjećajem bojazni od izdaje upletene u govor s takve distance, ovo je, konačno, poruka u boci. Najočitiji tok kojim može krenuti je tamo, daleko od nas, ali pretpostavke uključene u takvo putovanje, zaista graniče sa čistom arogancijom. U slučaju Sarajeva, izjednačenje nikada ne može biti jednostavno, kao za bilo koje mjesto prožeto banalnim detaljima svoje naslijeđene mudrosti, grad i njegovi stanovnici oduvijek su držali novotarije i uvezeno u obrani, kroz šarenilo mnogih dimnih zaklona i izlika. Kao što Aleksandar Hemon piše: "*Vremena uvijek ima, samo ga treba znati izgubiti. Prave hadžije znaju gubiti vrijeme kao što znaju trošiti pare. Život je određen trenucima koji začas prođu, pa za svaki trenutak treba imati vremena...Svi ljudi iz Sarajeva su svjesni da tu ipak nema pomoći, da će kurva istorija doći na svoje, da će donijeti neku smrtonosnu boleštinu, da će jednom metak doći sa neke papanske planinčine...Ali oni znaju da su svojevoljno i svjesno izgubili svoje vrijeme...*"

Najmanje zbog geste solidarnosti, moramo pamtiti da je naše vrijeme samo naše za izgubiti.

Ammiel Alcalay

Preveo Goran Tomčić

A Way of Staying Alive
An Interview with Ademir Kenović

Način ostajanja živim
Razgovor s Ademirom Kenovićem

Ademir Kenović, a Bosnian filmmaker, is a founder of SAGA, a Sarajevo arts collective. He has continued to shoot footage throughout the war. He spoke with Ammiel Alcalay, Paula Gordon, and Gyorgy Šimo in New York.

Question: Without romanticizing misery, it must be very difficult for you **not** to be in Sarajevo.

Ademir Kenović: When you get out of the hell that is Sarajevo, you haven't gone to a foreign country or another planet; it feels like you've landed in another galaxy. Of course, being out of Sarajevo, for people from Sarajevo, is also hell. A friend of mine who is teaching in Connecticut told me what it's like. He said: "We just walked out of our lives. We just do what we have to do until six o'clock at night,when we listen to the radio and cry for the rest of the evening."

Question: What was your perception of the outside world when you were in Sarajevo?

Kenović: All the people in Sarajevo despise the rest of the world. What is happening in Bosnia has lasted for more than 14 months, and it is just a shame what these leading people in politics and the United Nations are doing all these months—just talking, talking, and talking,

Ademir Kenović/Nino Žalica, *Eight Years After* (July 1992)

Ademir Kenović, bosanski filmski stvaraoc, osnivač je SAGE, sarajevskog umjetničkog kolektiva. Nastavio je snimati tokom rata. Razgovarao je s Ammielom Alcalayom, Paulom Gordon, i Gyorgyem Šimom u New Yorku.

– Bez previše romantiziranja jada, mora da ti je jako teško **ne** biti u Sarajevu.

Ademir Kenović: Kada izađeš iz pakla koji je u Sarajevu, nisi otišao u stranu državu ili na drugi planet, izgleda kao da si se iskrcao u drugu galaksiju. Naravno, biti izvan Sarajeva za ljude u Sarajevu, također je pakao. Moj prijatelj koji predaje u Connecticutu rekao mi je kako to izgleda. On reče:"Samo smo napustili naše živote. Radimo ono što moramo raditi do 6.00 sati poslije podne, kada slušamo vijesti i plačemo ostatak večeri."

– Kakvo je bilo tvoje zapažanje vanjskog svijeta kada si bio u Sarajevu?

Kenović: Svi ljudi u Sarajevu preziru ostatak svijeta. Ono što se događa u Bosni traje već više od 14 mjeseci i sramota je što ti vodeći ljudi, političari i Ujedinjeni Narodi rade svo to vrijeme. Samo razgovaraju, razgovaraju i razgovaraju, beskorisne razgovore, očito s nečim drugim na umu. U Sarajevu čvrsto osjećaju da je ova nepravda nekako priznata. U isto vrijeme, ljudi u Sarajevu osjećaju da ljudi širom svijeta osjećaju neku vrstu solidarnosti s nama i da shvaćaju što se stvarno događa i što stvarno može biti učinjeno.

– Kako ti je uspjelo doći do filma i opreme u Sarajevu?

Kenović: To je samo grupa različitih ljudi u Sarajevu, filmskih stvaraoca, novinara, pisaca, prijatelja i tome slično. Desilo se da smo imali neku vrlo skromnu opremu, pokretni studio, i zalihe traka. Naravno,

useless talks, obviously with something else in the back of their minds. In Sarajevo one feels strongly that this injustice is somehow being approved. At the same time, people in Sarajevo sense that people elsewhere feel some kind of solidarity with us, that they recognize what is really happening and what should really be done.

Question: Within Sarajevo, how have you managed to get film and equipment?

Kenović: There is a group of different people in Sarajevo: filmmakers, journalists, writers, friends, and so on. We happened to have some very modest equipment, a mobile studio, and we had a stock of tapes. Of course, it's expiring. We don't have any more so we're just trying to buy or borrow from anyone who has anything. But that's not the biggest problem. Apart from life dangers, there is the problem of gas, electricity, telephones, not to even mention food and water. Although horrible things have happened and are happening, I cannot lose my optimistic point of view, because if I think we won't be able to work anymore that means we will be destroyed. At the same time, I know that we wouldn't be the only ones destroyed because I don't think it's any kind of local problem. Sarajevo is not any kind of an island. I want people to understand this because we have seen the Third World War and we are not afraid of it anymore. We are just afraid that it is going to spread to the rest of the world. I can just assure you that the Third World War is anything but what you would expect it to be—it is unpredictable and worse than in your worst dreams.

Question: It seems that there is a fear of Bosnia as it is made up—its impurity, its mixture, its whole identity—which appears very threatening in many ways. This is one of the main reasons why it has been under such severe attack. Are you saying that Bosnia is a model for what is to come?

Kenović: Definitely. If you condone extreme nationalists who are trying to convey their idea of ethnic purity, their insane ideas of cleansed territories, you will have it everywhere in the world. I saw a film the other day: *DUKE KKK E*, which depicts the Klu Klux Klan and describes ideas which are absolutely the same. If you let them control the U.S. Army, for instance, you would have borders in this country with Cubans living in Florida, Black people living in the South, Jews living somewhere up around Massachusetts. I am not a zealous young

materijal nestaje. Ništa više nemamo, pa pokušavamo kupiti ili posuditi od bilo koga tko ima bilo što. Ali to nije najveći problem. Osim životne opasnosti, tu je i problem plina, struje, telefona, da čak i ne spominjemo hranu i vodu. Iako su se strašne stvari događale i dalje se događaju, ne mogu izgubiti optimizam, jer ako pomislim da nikada više nećemo moći raditi, to znači da ćemo biti uništeni. Istovremeno, znam da nećemo biti jedini uništeni, zato što ne mislim da je to neka vrst lokalnog problema. Sarajevo nije neka vrsta otoka. Želim da ljudi ovo shvate, zato što smo vidjeli Treći Svjetski Rat, pa ga se više ne plašimo. Samo smo uplašeni da će se proširiti na ostatak svijeta. Mogu ti jamčiti da je Treći Svjetski Rat bilo što, ali ne ono što bi ti očekivao. Nepredvidljivo gore nego u tvojim najgorim snovima. Zato mislim da bi ovo moralo biti aktivno zaustavljeno. U ostalom dijelu svijeta, ljudi bi trebali shvatiti da će se dogoditi stvarna globalna šteta, ako njihovi političari nešto ne učine.

– Izgleda da postoji strah od Bosne zbog načina na koji je ona sastavljena, od njene nečistoće, njene pomiješanosti, njenog cjelokupnog identiteta koji se pojavljuje na mnogo načina. To je jedan od glavnih razloga zašto je Bosna bila pod tako ozbiljnim napadom. Da li si rekao da je Bosna model za ono što dolazi?

Kenović: Definitivno. Ako oprostiš ekstremnim nacionalistima koji pokušavaju provesti svoju ideju etničke čistoće, njihove umobolne ideje očišćenih teritorija, imati ćeš to svugdje u svijetu. Prošlog dana sam vidio film DUKE KKK E, koji prikazuje Klu Klux Klan i opisuje ideje koje su apsolutno iste. Ako dopustiš, na primjer, da kontroliraju *US Army*, imati ćeš granicu u ovoj državi, s Kubancima koji žive na Floridi, s Crncima koji žive na jugu, s Židovima koji žive negdje oko Massachusettsa. Nisam vatreni mladi političar koji

Eight Years After

politician trying to convince anybody of anything. I just want to bring before the eyes of people the dangers because Sarajevo is very close to here. You just get on a Concorde and in two hours you are in Sarajevo. And missiles fly faster, much faster.

Question: Can you imagine any actions that would have any effects?

Kenović: First of all, they should stop talking. It is shameful for anyone to hold someone's arms when someone else is beating you. This embargo is something that should have been lifted a long time ago. If a certain country is recognized as such by the whole world community—and it has been suggested to this country to behave according to some norms by this whole world community—and that whole community still evades giving it support, this is something which is outrageously unbelievable in relations of any kind, not just between countries.

Question: The U.N. says that if the arms embargo on Bosnia were lifted, it would have to pull out its humanitarian aid.

Kenović: Let them go immediately. Please go, with your humanitarian help. We have in Bosnia already more than 200,000 dead people. If they continue giving humanitarian help, we shall have half a million dead people, and we don't need that kind of humanitarian help. It is just a transparent shield for not doing anything, or maybe, more truly, for doing something that we don't even know about. They are covering something up; and I hope very soon we will see what it is.

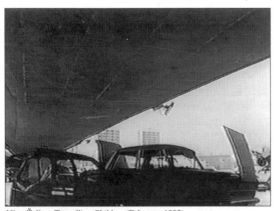

Nino Žalica, *Travelling Children* (February 1993)

pokušava uvjeriti bilo koga u bilo šta, samo želim iznijeti pred javnost, opasnosti koje su jako bliske svakome, zato što je Sarajevo vrlo blizu. Trebaš samo sjesti na Concorde, i za dva sata si u Sarajevu. A projektili lete brže, mnogo brže. Dakle, to uopće nije problem Sarajeva.

– Možeš li zamisliti ikakve akcije koje bi mogle imati bilo koji učinak?

Kenović: Sramotno je za bilo koga da drži nečije ruke dok te neko drugi tuče. Ovaj embargo je nešto što je moralo biti ukinuto prije dosta vremena. Ako je dotična država priznata kao takva od cijele svjetske zajednice, i ako je ovoj državi bilo predlagano da se ponaša u skladu s normama cjelokupne svjetske zajednice, i ako joj cijela zajednica još uvijek izbjegava dati normalnu podršku, to je nešto što je prosto nevjerojatno u relacijama bilo koje vrste, ne samo među državama.

– UN kažu, da će morati prekinuti svoju humanitarnu pomoć ako embargo nad oružjem u Bosni bude poništen.

Kenović: Pustimo ih da odu istog časa. Molimo odite, sa vašom humanitarnom pomoći. U Bosni već imamo više od 200.000 mrtvih ljudi. Ako nastave davati humanitarnu pomoć, vjerojatno ćemo imati pola milijuna mrtvih ljudi, i mi ne trebamo takvu vrst humanitarne pomoći. To je samo transparentna zaštita za ništa ne činiti, ili možda točnije, za nešto o čemu niti ne znamo. Nešto pokrivaju, i nadam se da ćemo uskoro vidjeti što je to.

– Što misliš o budućnosti? Kako možete živjeti zajedno nakon svega ovoga?

Kenović: Da li živimo zajedno s Nijemcima u Europi i u svijetu? Da li svatko živi s Japancima? To je moj odgovor. Problem će biti vrlo velik, naravno. Normalno je da nitko ne može živjeti zajedno sa onima koji će otići na drugi Nuremberg. U drugu ruku, ljudi koji su korišteni od strane nacionalista kao zaštita, kao pokrov, kao barijera, ti ljudi moraju biti pažljivo i delikatno razlikovani od svojih vođa. Naravno, željeli mi to ili ne, ovi ljudi će neminovno morati podnositi neku vrst polu–kolektivne krivice. Dakle, ja ne mislim da je problem u tome, da li je moguće živjeti zajedno.

Question: What do you think about the future? How can you live together after this?

Kenović: Do we live together with the Germans in Europe and in the world? Does everyone live with the Japanese? The problems will be very big, of course. It's normal that no one can live together with those who will go to a second Nuremburg. On the other hand, people who are taken in by extreme nationalists as a shield, a cover, as a curtain, those people should be carefully and delicately distinguished from their leaders. Of course, whether we want it or not, those people will inevitably suffer at least some kind of semi-collective guilt. So I don't think it is a problem whether it is possible to live together.

Question: To enter into that question a little more specifically, I was reading an interview with Đevad Karahassan in *Oslobođenje*, and he talks about friends that he had grown up with, that he had gone to school with, who had gone over to the other side, some who were even sitting at the Holiday Inn and shooting at their students, and he talks about some feeling of responsibility: Why didn't he see it? How could it have happened?

Kenović: I was living in Sarajevo while they were shelling Vukovar, Osijek, and Dubrovnik. At the time, I was just trying to call my friends in those places and ease the situation for them. During the shelling we had lots of mixed information. This war is also a media war, using the media to represent a certain reality, so we were all confused. And after I found out what was happening, I apologized publicly to those whom I hadn't helped as actively as I think I should have. When I think of responsibilities, I think about people who are trying to do anything in the scope of their interests and jobs and work. They must have in mind a politically-oriented objective, because you cannot say, "I am interested and behave like an ostrich." Then your grandchildren maybe could ask you, "So why didn't you know this?" You cannot say, "I didn't know." And then somebody comes and kills your children. Or somebody comes and throws a missile at your town. These days you can hear amazingly clear threats from the extreme nationalist side. They may sound impossible, or like absolute madness, and that's maybe why Sarajevo should become a metaphor for something which seems like an absolute impossibility, but still happens and still

– Da bi malo jasnije pronikao u to pitanje, reći ću ti da sam čitao interview s Dževadom Karahasanom u Oslobođenju, gdje govori o prijateljima sa kojima je zajedno odrastao, sa kojima je zajedno išao u školu, a koji su otišli na drugu stranu, a neki od njih su čak sjedili u Holiday Innu i pucali na svoje studente, i on govori o nekom osjećaju odgovornosti: zašto nije vidio, kako se to moglo dogoditi?

Kenović: Živio sam u Sarajevu dok su bombardirali Vukovar, Osijek i Dubrovnik. U to vrijeme samo sam pokušavao zvati svoje prijatelje u tim gradovima, i olakšati im situaciju. Imali smo mnogo pomiješanih informacija za vrijeme bombardiranja Osijeka, Vukovara i Dubrovnika. Ovo je također i medijski rat, mediji se koriste da bi predstavili određenu stvarnost, dakle, svi smo bili zbunjeni. Javno sam se ispričao onima kojima nisam pomogao dovoljno aktivno kao što mislim da sam mogao. Kada razmišljam o odgovornostima, mislim o ljudima koji pokušavaju nešto učiniti u polju njihovih interesa, poslova i rada. Moraju imati na umu politički usmjerenu objektivnost, zato što ne možeš reći *Ja nisam zainteresiran*, i ponašati se kao noj. Tada bi te možda tvoji unuci mogli upitati, dakle, zašto nisi znao. Ne možeš reći da nisi znao. Ili, netko dođe i baci projektile na tvoj grad. Ja se više ne brinem reći bilo koju od svih ovih stvari, i upućivati na moguće kompliciranje situacije, zato što već ovih dana možeš čuti iznenađujuće jasne prijetnje od svih onih koji pripadaju ekstremno nacionalističkoj strani, a prijetnje su vrlo česte i vrlo konkretne. Može ti se činiti da je to nemoguće, ali Sarajevo, grad kao San Francisco ili New York, također je mislilo da je to nemoguće, ili da bi to bila apsolutna ludnica, i to je možda zašto Sarajevo treba postati metafora za nešto što izgleda kao apsolutna

Travelling Children

17

threatens to pull us all into the past.

Question: How many Serbs live in Sarajevo? Are they thought of as "Serbs," or as ordinary people besieged in the city?

Kenović: I always feel embarrassed when I talk about nations that way. In Sarajevo, people are treated the way they themselves feel. If you are a Serb, you are considered a Serb; if you feel you are a Bosnian, you are Bosnian. Of course, a lot of people left Sarajevo: Muslims, Croats, Jews, Serbs—because of the threats, because of the fear, because of psychological problems, because of the wounds, because of the destroyed lives, families, apartments, everything, because living there is amazingly difficult. Then you have Serbs who went over to the other side, so they left in that direction. Yes, there are Serbs in Sarajevo. Maybe in percentages not as many as before, maybe fewer, I think. Unfortunately for them, they probably have had the toughest time, because of the pressures of their leaders, because of constant and different kinds of threats, promises, and insistence that this is the ultimate and decisive moment. You probably wouldn't believe this, but the two biggest stars in Sarajevo are Serbs. One is Marko Vešović, a literary critic, a writer, an intellectual, and extremely positive person who is more of a Serb than many others who claim to be Serb, but a normal person, a human being who sees what is right and what is wrong and just acts normally. The other person is Miss Tatjana Ljuić-Mijanović, who is a member of the Presidency of Bosnia. She gave an interview in which she simply stated what is happening and what she supports and what she doesn't and everybody loves her.

Question: What are the principles being broadcast in the media war?

And I'm travelling to Croatia now. There is half of my family.

Travelling Children

nemogućnost, ali što se još uvijek događa, i još uvijek prijeti da nas vrati u prošlost.

– Pitam se koliko Srba živi u Sarajevu? Da li se o njima misli kao o"Srbima", ili kao o običnim ljudima koji su opkoljeni u gradu?

Kenović: Uvijek osjećam stid, kada o nacijama govorim na takav način. U Sarajevu, ljudi se tretiraju na način na koji se osjećaju: ako se osjećaš kao Srbin smatraš se Srbinom, ako se osjećaš kao Bosanac, tada si Bosanac. Naravno, mnogo ljudi je napustilo Sarajevo: Muslimani, Hrvati, Židovi, Srbi, – zbog prijetnji, zbog strahova, zbog psiholoških problema, zbog ranjenih, zbog uništenih života, porodica, stanova, svega, zato što je živjeti ovdje, zapanjujuće teško. Dalje, imaš Srbe koji su prešli na drugu stranu, dakle otišli su u tom pravcu. Da, ima Srba u Sarajevu. Možda procent nije takav kakav je bio prije, možda je malo manji. Na njihovu nesreću, oni vjerojatno proživljavaju najteže trenutke, zbog pritiska svojih vođa, zbog stalnih i različitih vrsta prijetnji, obećanja, i inzistiranja da su ovo posljednji trenuci za odluku. Vjerojatno nećeš moći vjerovati, ali dvije najveće zvijezde u Sarajevu su Srbi. Jedan je Marko Vešović, književni kritičar, pisac, intelektualac, jedna ekstremno pozitivna osoba koja je više Srbin, nego mnogi drugi koji se Srbima proglašavaju, ali normalna osoba, ljudsko biće koje vidi što je pravo a što je krivo, i ponaša se normalno. Druga osoba je gospođica Tatjana Ljuić–Mijanović, koja je član predsjedništva Bosne i Hercegovine; dala je interview, u kojemu je jednostavno iznijela što ona podržava a što ne, i svi je vole.

– Koji se principi prenose u medijskom ratu?

Kenović: U cilju uspostavljanja situacije, imaš takvu generalizaciju istaknutu od ekstremnih nacionalista, poticanu od njihovih medijskih centara, da postoji neka vrsta religijskog ili etničkog rata, u kojemu su ljudi korišteni da bi jedni druge ubijali, u kojemu moramo biti strpljivi za par mjeseci, pa će se stišati. Dakle, mnogo ljudi u svijetu, a i u Bosni, potaknuto je tom generalizacijom. Kada je rat otpočeo imali smo osjećaj izvanredne važnosti da sačuvamo i dokumentiramo što se događalo, i da to pokažemo javnosti, samo da bi se borili protiv medijsko–Goebbelsovskog radijacijskog emitiranja sa nacionalističke strane. Također, bili smo

Kenović: You have this generalization stressed by extreme nationalists and radiated by their media centers in order to establish the situation that there is some kind of a religious or ethnic war and those people are just used to killing each other and let's be patient for a couple of months and it will just calm down. So a lot of people in the world and in Bosnia too are radiated by that generalization. When the war began we had the feeling of a remarkably important duty to preserve and document what was going on, to fight the media-Goebbels-radiation broadcast from the nationalist side. We were also sure that the brutality and the unbelievably high terror of this catastrophe would become the subject for long research.

Question: The imagery in circulation makes it appear as though civil life has almost been erased. Is this true?

Kenović: Yes, but it's amazing how strong cultural life remains. We know, for example, that those people on the hills who have been shooting at us are absolutely shocked by the fact that there is a theater premier in Sarajevo, that there is an exhibition, that there is a multi-cultural event, that there is a documentary screening, because they don't have that: it's beyond them that people living normally do that. There is an extreme pressure of something which is poetic. It is perhaps the only aspect of life which helps you survive this madness; going into this other level of grasping and depicting the ambience around you is something that helps. So all of a sudden, filmmakers are producing twice in three months what they produced in the previous year. And the quality cannot be compared. Before you had that pale, boring kind of stuff. I'm not saying I'm happy that we have had to make these documents, but it is a way of staying alive.

May 1993

Paula Gordon is a theater production manager, independent radio producer, and New York liaison for the Open Stage/Obala Theater in Sarajevo.

Gyorgy Šimo is a journalist for the Hungarian newspaper Magyar Narances.

sigurni da bi brutalnosti i nevjerojatno veliki teror ove katastrofe trebali postati predmet mnogih godina istraživanja.

– Slike u cirkulaciji čine ih vidljivima, kao da je civilni život bio gotovo izbrisan. Da li je to istina?

Kenović: Da, ali je iznenađujuće kako je jak kulturni život. Na primjer, znamo da su ovi ljudi na planinama, koji su pucali na nas, potpuno šokirani jer u Sarajevu imamo kazališnu premijeru, izložbu, multikulturalni događaj, prikazivanje dokumentaraca, zbog toga jer oni to nemaju, jer je izvan njihovog dosega, da ljudi koji normalno žive, nešto rade. Tu je i ekstremni pritisak nečega što je poetično, što je možda jedina strana života koja ti pomaže preživjeti ovu ludnicu. Idući u drugu razinu razumijevanja i opisivanja ambijenta oko tebe, nešto je što ti pomaže. Tako da odjednom, filmski stvaraoci u tri mjeseca produciraju duplo od onoga što su producirali prošle godine. I kvalitet se ne može uspoređivati. Ranije si imao tu blijedu, dosadnu vrstu stvari – ne kažem da sam sretan jer smo morali napraviti ove dokumentarce, ali to je način preživljavanja.

Svibanj 1993.

Paula Gordon je kazališni manager, nezavisni radio producent i newyorški predstavnik Otvorene Scene/Obala Teatra.

Gyorgy Šimo je novinar mađarske alternativne novine Magyor Narances.

Preveo Goran Tomčić

Travelling Children

Graveyard

Groblje

W hy did I use the past tense in the lines to come? Does the use of the past tense mean that something has really happened? Does the use of the present tense mean that something is really happening? Does the use of the future tense cause future events? It seems that the least painful might be to use the conditional. For instance: "If in the Park one day, a silly, sick, scrawny stray showed up, it would become ours and we would call it Jacky." Maybe the conditional would be the least painful but I, for obscure, painfully vague reasons have a need to be trusted, whatever I say.

One day, in the Park, a silly, sick, scrawny stray showed up, and became ours. We called it Jacky and we loved it for it was Our Dog. Jacky wasn't anything special, he wasn't intelligent, never barked. We threw him sticks to no avail—he never brought them back. He looked at us, dull and listless, never even thinking to fulfill our expectations. We wanted him to jump on poodles and cats, to torture kids from other buildings, but he was always under our feet—only worrying about food. We competed over whose hand he would eat more from. Once, Cober gave him pebbles, and he ate them. Later we gave him leaves, candy- wrappers, rotten bread, styrofoam, dead pigeons—Jacky swallowed it all, filled with trust and pleasure, while licking our hands. We made a Home for him, out of cardboard boxes, filled with old towels and metal plates. Jacky never entered the Home, and the Home disintegrated with the first rain into a smelly and mushy pile of Something.

We saw "Battle on the Neretva," and went to the movies for the first time without our parents. We cried when Ljubiša Samardžić's sister left the shelter of gravestones (saying, through her tears, something I have forgotten), to be killed by an enemy sniper. We hid our tears and later we all fell in love with Her, with Her saintly face, full

Z ašto sam upotrijebio prošlo vrijeme u narednim radovima? Da li upotreba prošlog vremena podrazumijeva da se nešto stvarno desilo? Da li upotreba sadašnjeg vremena znači da se nešto stvarno dešava? Da li upotreba budućeg vremena uzrokuje buduće događaje? Čini mi se da bi najbezbolnija bila upotreba kondicionala. Primjer: "Ako bi se u Parku jednog dana ukazala dronjava, žgoljava, blesava skitnica, postala bi naša i nazvali bismo je Džeki." Možda bi kondicional bio najbjezbjedniji, ali ja, iz nejasnih, mutnobolnih razloga, imam potrebu da mi se vjeruje, što god budem pričao.

Jednog dana u Parku se ukazala dronjava, žgoljava, blesava skitnica i postala naša. Zvali smo je Džeki i voljeli smo je zato što je bila Naš Pas. Džeki nije bio poseban, nije bio inteligentan, nikad nije lajao. Uzalud smo mu bacali štapiće, on ih nikad nije donosio nazad. Gledao nas je, tupo i bezbrižno, ne pomišljajući da ispuni naša očekivanja. Željeli smo da nasrće na pudlice i mačke, na djecu iz drugih zgrada, on se vječito motao oko naših nogu, zanimala ga je isključivo hrana. Nadmetali smo se kome će više jesti iz ruke. Cober mu je jednom dao šljunak i Džeki je halapljivo pojeo. Poslije smo mu davali i lišće, omote od bombona, pljesnivi hljeb, stiropor, mrtve golubove, a Džeki je, sa beskonačnim povjerenjem i uživanjem, sve to gutao, usput nam ližući ruke. Napravili smo mu Dom od kartonske kutije, natrpali u njega stare peškire i uulubljene metalne tanjure. Džeki nikad nije ušao u Dom, a Dom se, već sa prvom kišom, pretvorio u gnjecavu i smrdljivu gomilu Nečega.

Gledali smo Bitku na Neretvi, prvi put smo bili u bioskopu bez pratnje roditelja. Plakali smo kad je Sestra Ljubiše Samardžića napustila zaklon stećaka (kroz suze govoreći nešto što sam zaboravio), a onda bila pokošena rafalima neprijatelja. Skrivali smo suze i svi smo poslije

lips and dark eyes. For one of her pictures we would give fifty pictures of soccer players.

If this past tense is a narrator's past tense, does that make me a Storyteller? Omniscient or ignorant? Reliable or unreliable? I am not at all sure whether I want to be a Storyteller, but Trouble shows no mercy.

On the way back from school, we saw a Dead Man below the bridge. He was hanging over one of the columns caught by his armpit, facing the riverbed, his hands moving on the surface. People gathered on the bridge, and stared at the Dead Man in silence. Some guy climbed under the bridge, touched the Dead Man and pulled his hand away in disgust. The Dead Man slowly floated away. The crowd stared at him. He fell in the whirlpool behind the cascades, the water turning him in place, together with plastic bottles, balls and pieces of styrofoam. We saw his face, for a moment, but didn't recognize him. The Dead Man was moving his stiff arms, as if he were swimming. We didn't tell anybody that we saw a Dead Man. We avoided that bridge and used another one, making our trips much longer. Yet, every time we crossed the Miljacka, we looked into the river, expecting more corpses. Once we saw a dead pig, and a couple of other times we saw dogs. We were standing on the bridge, looking at corpses in whirlpools. We waited for the corpses to move away, to disappear from our sight, but only the darkness would make them invisible. At dark, we would head home and the following day the whirlpools would be empty. We asked ourselves where all those corpses had gone.

We found Jacky lying with his eyes open, with a cold gaze, in front of his House. We tried to wake him up, offered him food, and called his name. He didn't move. We sat at the bench in the Park, speechless. Jacky was laying on the ground, motionless. It took us three days to dig a shallow grave. We were digging with our little knives, with pointed branches, pieces of glass, hands. We buried Jacky, but one of his stiff paws jutted out of the grave. We made a cross out of cardboard and wrote "Jacky" on it. We knew that the Woman from the Groundfloor had poisoned him, and we swore that we would take revenge. I think that Baći was crying.

bili zaljubljeni u Nju, u Njeno lice svetice, pune usne i crne oči. Za jednu njenu sliku davali smo pedeset sličica fudbalera.

Ako je ovo prošlo vrijeme pripovjedačko prošlo vrijeme, onda sam ja Pripovjedač? Sveznajući ili neznajući? Pouzdan ili nepouzdan? Nisam siguran da uopšte želim biti Pripovjedač, ali Nevolja nikog ne moli.

Vraćajući se iz škole, vidjeli smo Mrtvog Čovjeka ispod mosta. Pazuhom se zakačio za stub, lice mu je gledalo dno, a ruke su mu titrale na površini. Ljudi su se okupili na mostu, nijemo su buljili u Mrtvog Čovjeka. Neki mladić se spustio ispod mosta, dotakao Mrtvog Čovjeka i, s gađenjem, povukao ruku. Mrtvi Čovjek se otkačio i lagano otplutao. Gomila je zurila u Mrtvog Čovjeka, voda ga je nosila. Mrtvi Čovjek je upao u vrtlog iza kaskada, voda ga je valjala u mjestu, s loptama, plastičnim bocama i komadima stiropora. Vidjeli smo mu za trenutak lice, ali ga nismo prepoznali. Mrtvi Čovjek je mlatarao ukočenim rukama, kao da pliva. Nismo nikome rekli da smo vidjeli Mrtvog Čovjeka, izbjegavali smo taj most i išli preko drugog, dužim putem. Svaki put kad smo prelazili Miljacku, gledali smo u rijeku, očekujući još leševa. Jednom smo vidjeli naduti leš svinje, nekoliko puta smo vidjeli pseće lešine. Stajali smo na mostu, gledajući leševe kako se valjaju u vrtlozima. Čekali smo da leševi odu dalje, da nestanu pred našim očima i tek bi ih mrak učinio nevidljivima. S mrakom smo odlazili kući, a sutradan su vrtlozi bili prazni. Pitali smo se kamo su svi ti leševi otišli.

Našli smo Džekija kako leži otvorenih očiju, hladnog pogleda, ispred svog Doma. Pokušali smo ga probuditi, stavljali smo mu hranu ispred njuške i dozivali ga. On se nije micao. Tri dana smo potrošili da iskopamo plitak grob. Kopali smo nožićima, zašiljenim granama, komadima stakla, rukama. Zakopali smo Džekija, jedna ukočena šapa je štrčala iz humka. Napravili smo krst od kartona i napisali na njemu – Džeki. Znali smo da ga je otrovala Žena iz Prizemlja, nad grobom smo se zakleli na osvetu. Čini mi se da je Baći tada plakao.

Kad smo se igrali partizana, Cober je bio Komandant, Baći Komesar, Vampir Bombaš, a ja sam bio Engleski Komandos. Prije početka igre dogovarali smo redoslijed ranjavanja i pogibija. Budući Engleski Komandos, morao sam govoriti engleski i zadnji sam, poslije više

When we were playing Partisan games, Cober was a Commander, Baći was a Commissar, Vampire the Bomber, and I was an English Commando. I had to speak English, and I was to die last. I didn't speak English, and I would say: "Sha bow no dow noushn . . ." No one understood me, and I had to translate. When Cober, Baći and Vampire got angry, for they always had to die before me, we all became English Commandos. We were screaming at each other: "Sha bow no dow noushn . . ." No one understood it, but we all died at the same time.

Sentences, words, surrounded by periods, question marks, commas, quotation marks, like dogs in the backyard, barking only at strangers. And who is a stranger here but me?

We pushed matches in the bell of the Woman from the Groundfloor, broke her window, and her mailbox, left dog shit and dead pigeons in front of her door. We beat her daughters, because they were Hers. We wanted all of them to be run over by a car.

Black Fruits Without a Name were growing in the Park. They looked like grapes or blackberries. I tried to talk Baći, Cober and Vampire into eating them, but they didn't want to. I had to be first, and I stuffed myself. They went to my Mother and told her that I had eaten the Nameless Fruit. Mother told me that they were poisonous. I closed the blinds (for Death comes in the dark), went to bed (for that's where Death is expected) and asked Mother to join me, so that I could die next to Her. Mother fell asleep, I was silent, and that lasted a long, long time. When Mother suddenly woke up, she told me that I was not going to die. I was puzzled and disappointed.

I am not sure I would love that time, if I was entirely convinced it really existed. The possibility of inventing myself attracts me, as the darkness attracts a child.

We saw Nazi flags on the building of the Old Station, and rushed there—we thought that the war had come back, or that we had woken up in the past. There we found a silent crowd, and Bata Živojinović with two [othe]rs wearing German uniforms. All around the Station [the]re were people hanging; one looked at us and [win]ked. We stood there and watched Bata Živojinović. [The h]anged man was smiling at us. Bata went into the

ranjavanja, gmdo. Nisam znao engleski i govorio sam. "Š bou nou dou noušn". Nitko me nije razumio i morao sam prevoditi. Kad su se Cober, Baći i Vampir pobunili što uvijek umiru prije mene, svi smo postali Engleski Komandosi. Urlali smo jedni na druge: "Š bou nou dou noušn...". niko nikog nije razumio, ali smo svi umirali istovremeno.

Rečenice, riječi, ograđene tačkama, upitnicima, zarezima, navodnicima, kao psi u dvorištu, reže samo na strance. A ko je ovdje stranac osim mene?

Zaglavljivali smo Ženi iz Prizemlja šibice u zvonce, razbijali joj prozore, obijali poštansko sanduče, ostavljali joj ispred vrata pseća govna i mrtve golubove. Tukli smo Njene Kćeri zato što su bile Njene. Čeznuli smo da ih sve pregazi automobil.

U Parku su rasli crni Plodovi Bez Imena, ličili su na grožđe u nastanku ili na borovnice. Nagovarao sam Baćija, Cobera i Vampira da ih jedu, oni nisu htjeli. Morao sam biti prvi, natrpao sam u usta punu šaku Plodova. Oni su otišli mojoj Majci i tužili me da sam jeo Plodove Bez Imena. Majka mi je rekla da su Plodovi otrovni. Navukao sam roletne (jer smrt dolazi po mraku), legao sam u krevet (jer, smrt se u krevetu dočekuje) i zamolio Majku da legne pored mene, da umrem pored Nje. Majka je zaspala, ja sam ćutao, ležali smo tako beskonačno dugo. Kad se Majka naglo probudila, rekla mi je da neću umrijeti, Bio sam zbunjen i razočaran.

Nisam siguran da bih volio to vrijeme da sam potpuno ubijeđen da je stvarno bilo. Mogućnost da izmišljam sam sebe privlači me, kao što mrak privlači dijete.

Vidjeli smo nacističke zastave na zgradi Stare stanice, otrčali smo tamo, mislili smo da se rat možda vratio ili da smo se probudili u prošlom vremenu. Na Staroj stanici je bila mukla masa ljudi, probili smo se i ugledali Batu Živojinovića sa još dvojicom u njemačkim uniformama. Po Stanici su visili obješeni ljudi, jedan nas je gledao i namigivao nam. Stajali smo i gledali Batu Živojinovića. Obješeni čovjek nam se smješio. Bata Živojinović je ušao u zgradu, mrtvace su skinuli s vješala, oni su se protegli i nestali u masi ljudi.

Udario sam Stariju Kćerku, iz sve snage, nogom u leđa.

building, corpses were taken off the gibbets; they stretched their arms and disappeared into the crowd.

I kicked the Older Daughter, as hard as I could. When she got up, I saw her eyes, I could have killed her. I saw her bloody lips, on the ground, in the dust, I saw half of the tongue, stiff as Jacky, pink and strange. The Older took her tongue and ran home. I was hiding in the bushes in the Park until night came. When I got home, Mother started to beat me at the door, screaming "I'll kill you! I'll kill you!"

Sometimes, very rarely, I wish I was a boy again, to assure myself that it all happened. Sometimes, I dream my memories, but as soon as I wake up, it seems that nothing has ever happened. Once (it seems to me) I was a boy, and now (it seems to me) I am a man. But what if I was never a boy, and what if I was never a man? What if these sentences are carrying a dead man, if behind each of these commas is a whirlpool with a dead man? What then?

We saw a crow in the river, it was fighting for its life on the surface, its wings were wet and it couldn't crawl to

Kad se digla, vidio sam njene oči, mogao sam je ubiti. Vidio sam njena krvava usta, vidio sam na zemlji, u prašini, polovinu njenog jezika, ukočenog kao Džeki, bio je ružičast i čudan. Starija je uzela svoj jezik i otrčala kući. Do mraka sam se skrivao u grmlju Parka. Kad sam došao kući, Majka me je s vrata počela tući, vičući: "Ubiću te! Ubiću te!"

Ponekad (rijetko) poželim da ponovo budem dječak, da se uvjerim da je sve ovo bilo. Ponekad sanjam svoja sjećanja, ali kad se probudim, sve mi izgleda kao da nikad nije bilo. Jednom sam (čini mi se) bio dječak i nikad nisam bio čovjek? Šta ako ove rečenice nose mrtvog čovjeka, šta ako je iza svakog od ovih zareza vrtlog koji valja mrtvog čovjeka? Šta onda?

Vidjeli smo Vranu u rijeci, batrgala se na površini, krila su joj bila mokra, nije se mogla uspeti na betonsku obalu, rijeka ju je nosila. Izvadili smo je iz vode, stavili je u kesu, ona je vrištala i pokušavala da se iščupa. Otišli smo s njom do samoposluge. Vampir je ušao unutra, mi smo stajali ispred, uživajući u pogledima ljudi. Vrana je krištala, ja sam tresao kesu da je umirim. Vampir je izvadio hljeb, izvadio sam je iz kese, ona nije

the shore. The river carried it away. We took it out of the water, put it into the bag, it was screaming and trying to get away. We went with it to the supermarket, Vampire went in and we stayed outside, basking in everyone's attention. The crow was screaming, and I was shaking the bag to keep it quiet. Vampire pulled out some bread. I pulled the bird from the bag. It didn't even look at the bread, but bit me and ran away down the street. It ran, dragging its wings, to the middle of Vojvoda Putnik Street. We screamed, but it wouldn't stop. Some cars managed to avoid it, one ran it over. We put a bunch of soft meat in the bag and buried in next to Jacky. The grave was smaller, but deeper. We didn't put a cross over its head, because we didn't know its name.

I am, it seems, a reflector, but the light which shines on the past, burns me from inside.

We saw "Walter Fights for Sarajevo" and we saw ourselves, small, in front of the crowd, below the Hanged Man whose eyes were closed. We turned around, frightened and puzzled, to see whether anyone in the cinema had recognized us, but no one paid any attention.

We threw the cat from the top of the building, three times, and only the third time she died. We named her after the sister of Ljubiša Samardžić and buried her next to Jacky and the crow. The cross, a very small one, we made out of chicken bones.

I was sure, for a very long time, that I could never die once I had eaten the Nameless Fruit. I understood, nevertheless, that my first death was just a rehearsal. It seems to me that I was never truly alive, after that.

Many years later I understood that the crow would stop if it had a name. We would call its name, and it would stop.

Desanka lived on the Groundfloor. She was a hundred years old, opened her window at night and screamed into the darkness that Someone (we never knew who) was sending dust through the walls, that Someone wanted to smother her with dust. She was always tied in rugs, wearing a hat, gloves and a kind of mask over her face. She believed that we were also serving Someone, and hated us because we would climb onto her balcony.

ni pogledala hljeb, ujela me je za ruku i pobjegla na ulicu. Trčala je, vukući krila, sredinom Ulice Vojvode Putnika. Vikali smo za njom, ali ona se nije zaustavila. Mnogi automobili su je uspjeli izbjeći, jedan fićo je prešao ravno preko nje, strpali smo gomilu gnjecavog mesa u kesu. Sahranili smo Vranu pored Džekija. Raka je bila manja i dublja. Nismo stavili krst iznad njene glave, zato što joj nismo znali ime.

Ja sam izgleda, reflektor, ali svjetlo koje osvjetljava prošlost, mene peče iznutra.

Gledali smo Valter brani Sarajevo i vidjeli smo sebe, sitne ispred gomile, ispod Obješenog Čovjeka, oči su mu bilče zatvorene. Osvrtali smo se, uplašeni i zbunjeni, gledali smo da li nas iko u bioskopu prepoznaje, ali niko nas nije gledao, niko nas nije primjećivao.

Bacali smo mačku s vrha zgrade, triput smo je bacali i tek treći put je umrla. Zvali smo je po sestri Ljubiše Samardžića. Sahranili smo je pored Džekija i Vrane, a krst smo, sasvim malen, napravili od pilećih kostiju.

Dugo sam mislio da nikad neću umrijeti, ako nisam umro od Plodova Bez Imena. Shvatio sam, međutim, da je moja prva samrt bila tek proba. Izgleda mi da nikad poslije toga nisam do kraja oživio.

Mnogo godina kasnije shvatio sam da bi Vrana stala da je imala ime. Mi bismo je zovnuli i ona bi stala.

U prizemlju je stanovala Desanka. Imala je stotinu godina, noću je otvarala prozore i vikala mraku da Neko (nikad nismo znali ko) pušta prašinu kroz njene zidove, da Neko hoće da je uguši prašinom. Uvijek je bila umotana u krpe, nosila je šešir, rukavice, masku preko lica. Mislila je da i mi služimo Nekome, mrzila nas je, mi smo se penjali na njen balkon i, kezeći se kroz prašnjave prozore, vikali:"Buuu..."

Mnogo godina kasnije, osjećao sam grižnju savjesti kad god bih pomislio kako se Starija Kćerka ljubi, kad nema jezika, kako priča, kad nema jezika. Činilo mi se da sam je ubio. Htio sam da odem da je zamolim da mi oprosti, ali Žena iz Prizemlja i Njene Kćerke su nestale. Grižnja savjesti me je brzo prošla, shvatio sam da je mogla i bez jezika.

Lurking through the dusty windows, we cried, "Booooo!"

Many years later, my guilty conscience got to me whenever I thought of the Older Daughter kissing, without a tongue, talking, without a tongue. It seemed to me that I had killed her. I wanted to see her and ask her to forgive me, but she had disappeared—the Woman from the Groundfloor and her daughters have disappeared. The guilty conscience came and went, and I realized she could live even without a tongue.

I haven't seen my friends for many years. I am afraid to meet them, I remember only their nicknames, I forgot their names. If I ever meet them again, they are not going to be Cober, Baći and Vampire, but people whose names I forgot, people whom I don't know, whom I (maybe) never knew. I wonder sometimes whether anyone ever had those nicknames. Sometimes I watch people on the street and wonder whether any of them is Cober, Baći, Vampire. People walk by and don't even notice me. Once, I called out to one man: "Vampire!" Everyone looked at me, and I ran away.

Each time I cross the border, when I cross the first line in my notebook, I can't stop anymore. At some point I ask myself: Is there anyone here but me?

We found out that Desanka had died. We were attracted by the smell, climbed onto the balcony and saw the corpse disintegrating. For ten days we dug a grave for her, but when we climbed onto the balcony again and looked through the dusty window—nothing was there.

Many years later I understood that no one had noticed us because we were on the screen; no one was sitting in our places in the cinema.

We are buried here, my story and I, and neither of us is going to be resurrected, ever.

Sometimes (rarely) I would like to go back to the Graveyard, even though I don't know where it is. Sometimes I think I would find Cober, Baći and Vampire, standing there over the graves, with their fists crossed on their stomachs. I imagine them sad, as in the real graveyard. But perhaps the Graveyard has never existed, and Cober, Baći and Vampire might be somewhere with unknown names. Maybe this is the

Svoje prijatelje nisam vidio mnogo godina. Bojim se susreta sa njima, pamtim im samo nadimke, imena sam zaboravio. Ako ih ikad sretnem, to neće biti Cober, Baći i Vampir, nego ljudi čija sam imena zaboravio, ljudi koje ne poznajem, koje (možda) nikad nisam poznavao. Ponekad se pitam da li je iko ikada nosio te nadimke, ponekad gledam ljude na ulici, pitajući se da li je netko od njih Cober, Baći, Vampir. Ljudi prolaze pored mene i ne primjećuju me. Jednom sam viknuo za jednim čovjekom: "Vampir!" i svi ljudi na ulici su pogledali u mene, a ja sam pobjegao.

Svaki put kad pređem granicu, kad pređem prvi red u svojoj svesci, ne mogu više da se zaustavim. U jednom trenutku se upitam: Ima li ovdje ikog osim mene?

Mi smo otkrili da je Desanka umrla. Privukao nas je smrad, popeli smo se na balkon i vidjeli kroz prozor leš u raspadanju. Desetak dana smo kopali grob za Desanku, a kad smo se popeli na balkon i pogledali kroz prašnjavi prozor, tamo nije bilo ničega.

Mnogo godine kasnije shvatio sam da nas nitko nije primijetio zato što smo bili na platnu, na našim mjestima u bioskopu nije sjedio niko.

Ovdje smo sahranjeni, moja priča i ja, i nitko od nas nikada neće uskrsnuti.

Ponekad bih se (rijetko) volio vratiti na Groblje, mada ne znam gdje je. Ponekad pomislim da bih na Groblju našao Cobera, Baćija i Vampira kako stoje iznad grobova, šaka preklopljenih na stomaku. Zamišljam ih tužne, kao na pravom groblju. Ali Groblje (možda) nikad nije postojalo, Cober, Baći i Vampir su (možda) negdje sa nepoznatim imenima. Možda je ovo jedino groblje na kojem se možemo sresti. Možda sad, kao na pravom groblju, gledaju u mene, u tamnim odijelima, šaka prekrštenih na stomaku, cipela prljavih od zemlje.

Zvali smo ga Kreten, otac ga je dovozio u Park, on je sjedio u kolicima, kolutajući očima i mlatarajući rukama, kao da govori jezikom gluhonijemih. Niz bradu mu je uvijek tekla slina, kad bi mu otac nešto rekao, on ju je razmazivao po licu. Otac ga je ostavljao u Parku i odlazio u kafanu. Pričali smo s njim, mahali smo rukama, on nas nije razumio. Davali smo mu bombone, on ih je gutao, ne odmotavajući ih, dali smo mu zemlju,

only graveyard where we could meet. Maybe now, like in the real graveyard, they look at me, in their dark suits and dirty shoes, with their fists crossed on their stomachs.

We called him Idiot, his father brought him into the Park, he sat in the wheelchair turning his eyes and swinging his arms, as if he was talking in the language of a deaf-mute. Spittle was always running down his chin, and as soon as his father spoke to him, he would spread it all over his face. His father would leave him in the Park and go to the bar. We talked to the Idiot, swinging our arms, but he didn't understand us. We gave him candies, and he would swallow them without removing the paper. We gave him soil, and he would eat it voraciously. Desanka's grave was empty, so we gave him a glass to eat. We never saw him again, but we saw his obituary.

After the funeral, I hadn't gone to Mother's grave. I can't remember her face. I had a Mother (it seems). If I had her, is it the one I am talking about? Or is it someone else's? It is hard, it is always harder.

In the bushes we found pigeons, sparrows, cats, and put them in Desanka's grave. We made a monument out of one stick and a traffic sign. The sign had children drawn on it, and was shining a little, in the dark.

This series of words and of sentences designates things and events which have (maybe) never happened. If they didn't, then words and sentences are unnecessary. To speak in that crack is painful and sickening, but I cannot stop. If the crack closes I would disappear, too.

When Vampire was killed we went to the Cemetery and sat there for a long time, in the silence. We needed ten days to dig the grave, but we never covered it; it covered itself, somehow. When we were there the last time, the monuments and crosses were gone; everything was covered in grass. We couldn't recognize the graves, but we knew they were somewhere below our feet.

Translated by Aleksandra Wagner

on ju je halapljivo pojeo. Desankin grob bio je prazan, dali smo mu staklo da jede. Nikad ga više nismo vidjeli, ali smo vidjeli njegovu smrtovnicu.

Nakon sahrane nisam ni otišao na Majčin grob, ne mogu da joj se sjetim lica. Majku sam (čini mi se) imao. Ako sam imao, da li je to ova o kojoj pričam? Ili je to nečija druga? Teško je, sve je teže.

Nalazili smo po grmlju golubove, vrapce, mačke i trpali ih u Desankin grob. Napravili smo spomenik od štapa i saobraćajnog znaka. Na znaku su bila nacrtana djeca i pomalo je svijetlilo u mraku.

Ovaj niz riječi i rečenica označava stvari i događaje koji (možda) nikad nisu bili. Ako nisu bili, onda su riječi i rečenice nepotrebne. Ako su bili, onda su rečenice i riječi nedovoljne. Pričati o tom procjepu mučno je i bolno, ali ja ne mogu da se zaustavim. Kad bi se procjep zatvorio, ja bih nestao.

Kad je Vampir poginuo, otišli smo na Groblje, sjedili smo dugo, u tišini. Trebalo nam je deset dana da iskopamo grob, ali ga nikad nismo zatrpali, urušio se sam u sebe. Kad smo posljednji put bili na Groblju, spomenici i krstovi su nestali, sve je prekrila trava. Nismo mogli prepoznati grobove, ali smo znali da su negdje ispod naših stopala.

Dispatch From Bosnia
RATNI IZVJEŠTAJ

Sarajevo 05. 06. 92.

Dear friends,

As I promised I am sending part of our report. Every day we will be sending parts to you. There are about 40 pages. Please, do your best and inform the English public.

Situation in BiH is still critical. We are short of everything, and people in the whole state are starving. In the whole republic Serb extremists are attacking towns and villages. In the Eastern part of the Republic they already managed to expel non-Serbs, and at the moment they are moving in Serb people to create new reality on territory that was 75% populated by Muslims. In the last three days they attacked even Tuzla and Goražde, towns with 70,000 refugees. They used aircraft which proves that Serbia and JNA (Yugoslav National Army) are still deeply involved in the agression.

Best wishes!

Zlatko Hurti

Sarajevo, 05. 06. 92.

Dragi prijatelji,

Kao što sam obećao, šaljem dio našeg izvještaja. Slati ćemo vam djelove svakog dana. Ima oko 40 stranica. Molim vas, učinite najbolje što se da i informirajte englesku publiku.

Situacija u BIH je i dalje kritična. Oskudijevamo u svemu, i ljudi umiru od gladi u cijeloj državi. U cijeloj Republici, srpski ekstremisti napadaju gradove i sela. U istočnom dijelu Republike, već im je uspjelo prognati ne–Srbe, i u ovom trenutku naseljavaju Srbe da bi kreirali novu stvarnost na teritoriju koji je bio 75% naseljen Muslimanima. U zadnja tri dana napali su čak Tuzlu i Goražde, gradove s preko 70,000 bjegunaca. Koristili su avione koji dokazuju da su Srbija i JNA (Jugoslavenska Narodna Armija) i dalje duboko upleteni u agresiju.

Najbolje želje!

Zlatko Hurti

IME/PREZIME: ZUHRA DŽUDERIJA
DATUM ROĐENJA: 09–09–1952
ADRESA: selo Stović, Foča
ZANIMANJE: kuharica, nezaposlena
NACIONALNOST: Muslimanka

Živjela sam u selu Stović blizu Foče, malom gradu na granici između Bosne i Hercegovine i Srbije. 60% stanovništva u našem selu su Muslimani. Ostatak su Srbi koji su naoružani od Jugoslavenske Narodne Armije još od 1991. Od tada su mučili i plašili Muslimane.

FIRST/LAST NAME: ZUHRA DŽUDERIJA
DATE OF BIRTH :   09-09-1952
ADDRESS: village Stović, Foča
VOCATION: cook, unemployed
NATIONALITY: Muslim

I lived in the village Stović near Foča, a small town on the border between Bosnia and Herzegovina and Serbia. 60% of the population in our village are Muslims. The rest are Serbs who were armed by the Jugoslav Federal Army as early as 1991. Since then, they have been harrassing and threatening Muslims.

Our troubles began on April 10, 1992, when Serbs from our village started to shoot our houses by automatic fire. On April 11, we were told that we cannot live here anymore, and that we must leave the village. My husband, two kids and myself got packed and left the village by car. The kids are 8 and 6. One km. outside the village all the Muslims who were leaving the village were stopped by armed Serbs who were giving us a hard time. That was on April 11, 1992. April 12, I intended to go to the village to take some more clothes for the kids. On the same spot we were stopped by the Serbs, who kept my husband and let me go. When I returned I saw those Serbs gathered around our car. When I approached it, I saw that the car was drilled by bullets. My husband was lying down dead. When they saw me, one of them came close to me and started to strangle me, while the other one stopped him. That was the same man who admitted to have killed my husband. They chased me away, telling me never to come back or else they would kill me. I was hiding for about four days in order to pick up the dead body of my husband and bury him, for they did not let me take him. It was on the fourth night that I took him out and buried him. His body was massacred. His eyes were taken out. A wooden cross was tied to his back. They took all the money we had, namely 5,500 DM and 15,000 Austrian schillings. As I said, I know the man who killed my husband, his name is Radomir Miletić.

After the burial, I joined the refugee column that was going towards Goražde. For four days we were hiding in the woods and going on foot. We slept in the open. There were many children with us.

On our way we went through a Muslim village, Pirni Dol, where my aunt and uncle live. I found them dead in front of the burned house. They tied wooden crosses on them too, and their bodies were drilled with bullets. All Muslim houses were burned in the village. The names of my aunt and uncle are: Nura and Bego Jagić. Their son Refik

Naše nevolje otpočele su 10 travnja 1992, kada su Srbi iz našeg sela počeli pucati u automatskoj vatri na naše kuće. 11. Travnja, rečeno nam je da ovdje više nikad nećemo moći živjeti, i da moramo napustiti selo. Moj suprug, dvoje djece i ja, spakirali smo se i napustili selo automobilom. Djeca su 8 i 6. Jedan km izvan sela svi Muslimani, koji su napustili selo, bili su zaustavljeni od naoružanih Srba koji su nam zadavali mnogo nevolja. To je bilo 11. travnja 1992. 12. Travnja, namjeravala sam otići u selo uzeti još malo odjeće za djecu. Na istom mjestu, bili smo zaustavljeni od Srba, koji zadržaše mog supruga a mene pustiše da odem.Kad sam se vratila ugledala sam iste Srbe skupljene oko našeg automobila. Kad sam im se približila vidjela sam da je automobil bio izrešetan mecima. Moj suprug je ležao mrtav. Kada su me ugledali, jedan od njih mi se približio i stao me daviti, dok ga je drugi zaustavljao. To je bio isti muškarac koji je priznao da je ubio mog supruga. Otjerali su me, rekavši mi da se ne vraćam natrag, jer će me ubiti. Skrivala sam se otprilike četiri dana, kako bih pokupila tijelo supruga, sahranila ga, jer mi oni nisu dali da ga ranije uzmem. Četvrte noći sam ga uzela i sahranila. Tijelo mu je bilo izmasakrirano. Oči iskopane. Na leđima mu je bio pribijen drveni križ. Ukrali su sav novac koji smo imali, točno 5,500 DM i 15,000 austrijskih schillinga. Kao što rekoh, znam muškarca koji je ubio mog supruga, njegovo ime je Radomir Miletić.

Nakon pogreba, priključila sam se koloni bjegunaca koja je kretala prema Goraždu. Četiri dana smo se skrivali u šumi, i pješačili. Spavali smo na otvorenom. S nama je bilo mnogo djece.

Na putu smo prošli kroz muslimansko selo Pirni Dol, gdje žive moj stric i tetka. Našla sam ih mrtve na pragu spaljenog doma. I njima su prikucali drvene križeve, i tijela su im bila izrešetana mecima. Imena moje tetke i strica su: Nura i Bego Jagić. Tamo nam se priključio njihov sin Refik Jagić, koji se skrivao u šumi pored kuće. Vidio je kako su mu ubijali roditelje. Ubijeni su od porodica Čosević i Blagojević,koje je sin prepoznao.

Organizator progona i ubojstava u Foči jest Vilibor Ostojić; njegovi suradnici su Radenko Miletić i Savo Blagojević.

Izjavljujem da sam spremna ponoviti ovu izjavu u

Jagić joined us there, he had hidden in the woods near the house. He saw his parents being murdered. They were murdered by the families Čosević and Blagojević, recognized by the son.

The organizer of the prosecutions and murders in Foča is Vilibor Ostojić and his cooperators Radenko Miletić and Savo Blagojević.

I declare that I am ready to repeat this statement in the presence of any International commission or court.

The statement was given and signed by
Zuhra Džuderija   Sarajevo, May 30, 1992
No. of the ID 206/89

FIRST/LAST NAME: TIMA DAUTOVIĆ
DATE OF BIRTH: 1964
ADDRESS: Drinjača, Zvornik
VOCATION: housewife
NATIONALITY: Muslim

My name is Tima Dautović and I was an eyewitness to an unprecedented crime committed in village Kostjerevo and Drinjača near Zvornik by the local and Serbian Chetniks.

The village Kostarjevo does not exist any more. Muslim houses are robbed and burned, women violated and taken away with children in the direction of Tuzla. Chetniks led by Dragan Ignjatović, a former clerk in Zvornik town hall, Ljubičić, a policeman, and Mile Mijatović, known as Čićvara, took away by force the entire population to Drinjača. Men were taken to a hall where they were beaten for 4-5 hours, while we the women and children were listening to their cries and screams for help. There was blood on the walls of the hall. After that the Chetniks took our 35 grown men (age 17-70) and slaughtered and shot them. None of them survived.

Women were raped and tortured in other ways. A dozen boys age 14-15 were taken in the direction of Zvornik after which we heard nothing of them. On Sunday, May 31, they put about 150 women and children in two buses and took us in the direction of Tuzla. The bus stopped at the crossroads of Osma-Memići. Myself and two other women, Teresa Purković and Emina Hasanović, were sent to Tuzla and Kalešija while other women and children were kept to be exchanged for captured Chetniks.

prisutnosti bilo koje Internacionalne komisije ili suda.

Izjava je data i potpisana od:
Zuhra Džuderija   Sarajevo, 30. Svibanj 1992.

IME/PREZIME: TIMA DAUTOVIĆ
DATUM ROĐENJA: 1964
ADRESA: Drinjača, Zvornik
ZANIMANJE: domaćica
NACIONALNOST: Muslimanka

Moje ime je Tima Dautović, i bila sam svjedok besprimjernog zločina, počinjenog od lokalnih i srpskih Četnika, u selima Kostarjevo i Drinjača, u blizini Zvornika.

Selo Kostarjevo više ne postoji. Muslimanske kuće su oroblijene i spaljene, žene obeščašćene i odvedene s djecom u pravcu Tuzle. Četnici predvođeni Draganom Ignjatovićem, prijašnjim službenikom u zvorničkoj Gradskoj kući, milicajcem Ljubičićem, i Miletom Mijatovićem, poznatim kao Čičvara, nasilno su iselili cjelokupno stanovništvo u Drinjaču. Muškarci su bili odvedeni u dvorane gdje su bili mlaćeni 4 – 5 sati, dok smo mi, žene i djeca slušali njihov plač i krikove za pomoć. Na zidovima dvorane je bila krv. Nakon toga Četnici su odveli naših 35 odraslih muškaraca (godišta 17–70), poklali ih i upucali. Nijedan od njih nije preživio.

Žene su bile silovane i mučene na druge načine. Nekoliko dječaka između 14–15 godina bilo je odvedeno u pravcu Zvornika, nakon čega ništa nismo čuli o njima. U nedjelju, 31. Svibnja, strpali su oko 150 žena i djece u dva autobusa i odveli nas u pravcu Tuzle. Autobus je stao na raskršću Osma–Memići. Ja i dvije druge žene, Tereza Perković i Emina Hasanović, bile smo poslate u Tuzlu i Kalešiju, dok su ostale žene i djeca bili čuvani zbog razmjene za zarobljene Četnike.

Zbog vjerodostojnosti mogu nabrojiti listu imena žrtava u Drinjači:

1. Husejin Dautović, 62
2. Nesir Dautović, 44
3. Hasan Dautović, 32
4. Huso Dautović, 28

For credibility's sake I shall list the names of the victims in Drinjača:

1. *Husejin Dautović, 62*
2. *Nesir Dautović, 44*
3. *Hasan Dautović, 32*
4. *Huso Dautović, 28*
5. *Esad Dautović, 22*
6. *Ramo Dautović, 40*
7. *Omar Dautović, 24*
8. *Bariz Dautović, 23*
9. *Mehmedalija Beručić, 50*
10. *Mirsad Beručić, 26*
11. *Hakija Beručić, 65*
12. *Mehidin Beručić, 17*
13. *Vehid Beručić, 17*
14. *Mihrudin Alić, 30*
15. *Hrusto Alić, 50*
16. *Ragib Dautović, 47*
17. *Vehid Husejnović, 41*
18. *Muris Husejnović, 32*
19. *Ramis Ahmetović, 41*
20. *Hamid Ahmetović*
21. *Mirsad Daulović*
22. *Mehmedalija Alić, 18*
23. *Mehmed Alić, 60*
24. *Murat Šabanović, 26*
25. *Asim Ahmetović, 20*
26. *Venic Ahmetović, 17*
27. *Alija Osmanović, 38*
28. *Ahmedalija Osmanović, 32*
29. *Meho Osmanović, 36*
30. *Sefer Osmanović, 30*
31. *Ramiz Memišević, 40*
32. *Alija Alić, 40*
33. *Salko Osmanović, 50*
34. *Hasib Osmanović, 70*
35. *Mujo Šabanović, 38*

I am willing to give this statement before any international court or commission if necessary.

Statement given and signed by:
Tima Dautović   Tuzla, June 1992
ID No. 326/88 Tuzla

5. Esad Dautović, 22
6. Ramo Dautović, 40
7. Omar Dautović, 24
8. Bariz Dautović, 23
9. Mehmedalija Beručić, 50
10. Mirsad Beručić, 26
11. Hakija Beručić, 65
12. Mehidin Beručić, 17
13. Vehid Beručić, 17
14. Mihrudin Alić, 30
15. Hrusto Alić, 50
16. Ragib Dautović, 47
17. Vehid Husejnović, 41
18. Muris Husejnović, 32
19. Ramis Ahmetović, 41
20. Hamid Ahmetović
21. Mirsad Daulović
22. Mehmedalija Alić, 18
23. Mehmed Alić, 60
24. Murat Sabanović, 26
25. Asim Ahmetović, 20
26. Venic Ahmetović, 17
27. Alija Osmanović, 38
28. Ahmedalija Osmanović, 32
29. Meho Osmanović, 36
30. Sefer Osmanović, 30
31. Ramiz Memišvić, 40
32. Alija Alić, 40
33. Salko Osmanović, 50
34. Hasib Osmanović, 70
35. Mujo Šabanović, 38

Spremna sam dati ovu izjavu ispred bilo kojeg internacionalnog suda ili komisije ako bude potrebno.

Izjava data i potpisana:
Tima Daulović   Tuzla, June 1992
ID No. 326/88 Tuzla

Preveo Goran Tomčić

Chronicle

LJETOPIS

Scribe, poet, and historian, Mula Mustafa Ševki Bašeskija was born in Sarajevo in 1731 or 1732, and died in 1809. The following excerpt is from his Chronicle, on political and daily life in 18th-century Bosnia.

Pisar, pjesnik i povijesničar, Mula Mustafa Ševki Bašeskija, rođen je u Sarajevu 1731. ili 1732. a umro je 1809. Slijedeći izvodi preuzeti su iz njegovog Ljetopisa o političkom i svakodnevnom životu u osamnaestostoljetnoj Bosni.

In the year 1167
(29 October 1753—17 October 1754)

In the month of *safer* in the year 1167, three times between *akšam* and *jacija* [the last two of every Muslim's five daily prayers; *akšam* at sunset, *jacija* two hours after the sun is down], at the same hour, one after another, one could feel the earthquake. After that, throughout the year one would hear rumbling underground, every day and every night, as if someone was beating on a barrel, or a drum.

In the year 1169
(7 October 1755—25 September 1756)

This year I grew a beard.

In the years 1160 - 1170
(13 January 1747—15 September 1757)

In the year 1160 (1747/48) there were, thanks to God's blessing, a lot of upheavals in the Bosnian *ajalet*,

GODINA 1167. (29. X 1753 – 17. X 1754)

U mjesecu saferu 1167 (28. XI – 26. XII 1753) godine tri noći između akšama i jacije, u isto vrijeme uzastopno, događao se zemljotres. Nakon toga su se kroz cijelu godinu čuli svaki dan i svaku noć ispod zemlje učestali udarci, slični udarcima u bačvu ili bubanj.

GODINA 1169. (7. X 1755 – 25. IX 1756)

U ovoj godini pustio sam bradu.

GODINA 1160 – 1170. (13. I 1747 – 15. IX 1757)

Godine 1160 (1747/48) došlo je, Božjom providnošću, do nereda u bosanskom ajaletu, a osobito u Sarajevu. Neobuzdani ljudi (yaramazlar) uzeli su toliko maha da nisu imali nimalo straha ni bojazni od starješina. Punih deset godina, sve do 1170 (1756/57), jaramazi su

particularly in Sarajevo. The rabble got so much power that they no longer feared their leaders. For ten years, until 1170 (1756/57), the rabble incited hatred amongst the peaceful inhabitants. It is clear that people killed each other for no reason. Among those who were killed, very few were from the prominent families. In most of the cases, the rabble killed the rabble out of revenge. Therefore, once again, the old proverb has proven itself: "Live by the sword, die by the sword."

In the year 1176
(23 July 1762—11 July 1763)

On the twentieth of *temuz* [July] of this year, a plague came to Sarajevo; first at Vratnik, where a man by the name of Čabrić, from inland, had gotten infected, and died immediately. Then his brother died, *hadži* Sulejman Čabrić, a kettlemaker.

After that, the plague came to Hrid, Čekaluša, Banjski Brijeg. In fact, immediately after the case in Vratnik, it spread to Sunbul-mahala, Pasja-mahala, then Koševo, Berkuša and Souk-Bunar. The plague first took its toll at the periphery, among the poor. Because of this, the "noble" citizens thought the plague was not going to catch them. The disease raged on for three years and in Sarajevo itself, it has killed 15,000 souls. The verse, about the end of its power, says: "Oh God, you, the treasury of all good, save us from all we fear."

POEM ON THE PLAGUE

Look, how one bit of news in our lovely city has been fulfilled,
And so suddenly, at the very beginning of 1176,
On the noble day of the first month of the year, God help us,
The plague came, and first to Vratnik.
From where, from somewhere, Ahmed Čabrić got infected and died immediately,
And immediately after him, a kettlemaker, *hadži* Sulejman Čabrić, fell ill.
Some said he didn't die of the plague, some said it was true.
For that is the way Allah, almighty, puts people to the test.
And the true believer is not afraid that he will catch the plague from another.

zametali kavgu među mirnim stanovništvom. Jasno je da su jedni druge bez razloga ubijali. Među ubijenim je vrlo malo ljudi od rza i obraza, nego je skoro u svakom slučaju jaramaz ubio jaramaza i osvetio se. Tako se, eto, opet obistinila ona "Ko ubije biće ubijen".

GODINA 1176. (23. VII 1762 – 11. VII 1763)

20. temuza ove godine pojavila se kuga i u Sarajevu, i to najprije na Vratniku, gdje je okužen došao iz unutrašnjosti Čabrić s Vratnika, koji je odmah i umro. Zatim je umro i njegov brat hadži Sulejman Čabrić, kazandžija.

Iza toga kuga se pojavila na Hridi, Čekaluši, Banjskom Brijegu. Zapravo, poslije pojave kuge na Vratniku ona se najprije raširila na Sunbul–mahali, Pasjoj mahali, zatim na Koševu, Berkuši i Souk–Bunaru. Dakle, kuga je u početku harala po periferiji grada među siromašnim svijetom. Zbog toga su ugledni građani smatrali i zaključivali da njih kuga neće zahvatiti. Ova bolest je pustošila pune tri godine i u samom gradu Sarajevu pomorila oko 15. 000 duša. Kronogram o prestanku haranja kuge je ovaj "Bože, koji si riznica svih dobrota, sačuvaj nas svega čega se plašimo".

PJESMA O HARANJU KUGE

Pogledaj, kako se jedna vijest u našem šeher Sarajevu ostvarila,
I to nenadano, uprav na početku hiljadu stotinu sedamdeset i šeste godine,
Na dan časni, prvog muharema, avaj pomagaj,
Pojavila se kuga i to najprije na Vratniku.
Gdje je odnekud zakužen došao i odmah umro Ahmed Čabrić,
Odmah iza njega razbolio se i kazandžija hadži Sulejman Čabrić.
Neki rekoše da ovaj nije umro od kuge, dok drugi kažu da je istina.
Što će se kasnije dogoditi nije poznato ni ljudima ni stanovnicima neba.
Jer uzvišeni Alah tako ljude stavlja na kušnju.
Pa onaj koji pravo vjeruje ne plaši se da će mu kuga

Only the ignorant fled the city in fear of the plague.
True believers stayed on patiently and calmly in
their homes.
Besides, the pride of the earth, Muhammed, has said:
"The one who dies of plague, dies a martyr."
A believer knows there is no escape from destiny,
That escape can only damage his belief.
For no one dies before his hour comes,
And all is in God's power, there is no doubt.
We are in this world like travellers,
In this world where many great men and many prophets
have lived and died.
At the beginning there were only two deadly cases of
plague,
But many more died after a month.
First, many young women in Vratnik died of the plague
Then many children died as well,
May Allah make them our advocates on the Day of
Judgement.
After eight months the plague moved from the outskirts
into the center of town.
In the beginning it was the young, the helpless and the
poor who died,
Far more than the elders.
After a year and half had passed
This illness calmed down somewhat in the city of
Sarajevo..
By then, the plague had murdered ten thousand souls
But then it came again, and killed five thousand more
And its rage lasted for three full years
And all the people of Sarajevo were in tears, in sorrow
and pain
Ay, Shevki, say *dova* and be cheerful
May Allah give security and protection to the healthy
survivors
And His mercy and peace be upon those who died.
As it was not in my power to make a chronogram in
ebdžed [counting according to the numerical values of
the letters of the Arabic alphabet]
We asked the master to do it
To express in *ebdžed* the year of one thousand one
hundred and seventy-six
There is one *dova* which should always be repeated
And which gives this year in *ebdžed* even though one
number is too much
"Oh God, you, the treasury of all good, save us from all
we fear."

preći od drugog.
Samo neznalice počeše bježati od kuge iz našeg grada.
Dok pravi vjernici ostadoše strpljivo i mirno na svojim
mjestima.
Uostalom i ponos svijeta Muhamed je rekao
"Onaj koji umre od kuge umro je smrću mučenika"
(šehid).
Ko vjeruje, zna, da ne može pobjeći od sudbine,
I bježanje može samo da šteti njegovom vjerovanju.
Jer nitko ne umrije prije određenog časa,
A sve je u Božjoj moći u to sumnje nema.
Mi smo na ovom svijetu kao putnici (musafiri)
Na kojem su živjeli i umrli mnogi velikani i
vjerovjesnici.
Na početku su bila samo po dva–tri smrtna slučaja od
kuge,
Ali se poslije jednog mjeseca smrtnost povećala.
Najprije je mnogo djevojaka na Vratniku stradalo od
kuge
A isto tako je i mnogo djece pomrlo od kuge,
Neka ih uzvišeni Alah učini našim zagovornicima na
sudnjem danu.
Nakon osam mjeseci kuga se iz okoline useli i u sred
grada.
U početku su podlegali kugi mladi nemoćni i siromašni,
Dok je među njima manji broj starijih osoba.
Nakon što je prošla godina i po dana
Ova bolest u šeher Sarajevu malo se smiri
U ovo vrijeme je kuga pomorila oko deset hiljada duša,
Ali se kuga opet pojavi i pomori još pet hiljada osoba.
Nakon što je prošla godina i po dana
Ova bolest u šeher Sarajevu malo se smiri
U ovo vrijeme je kuga pomorila oko deset hiljada duša
Ali se kuga opet pojavi i pomori još pet hiljada osoba
I njezino haranje potraja tri godine dana
Usljed čega su svi stanovnici grada bili u
tuzi, žalosti i plaču
Ej Ševki, izreci dovu i budi veseo
Alah neka zdravim i preživjelim podijeli
sigurnost i zaštitu
A na umrle neka je Božja milost i pokoj.
Kako nisam u mogućnosti za ovu priliku
sastaviti kronogram u ebdžedu
To smo se obratili vještaku
Da nam izrazi u ebdžedu godinu hiljadu
stotinu sedamdeset i šestu.
Ima jedna dova koju uvijek treba
ponavljati

In the year 1179
(20 June 1765—8 June 1766)

In the whole city of Sarajevo whooping-cough is raging among the children.
No tree gave fruit in Sarajevo.
Leaves are dry on the trees. Worms appeared, which God made as food for birds. On the ears of dogs wounds appeared, which, again, were attacked by flies thirsty for blood.
Newspapers started coming out.

In the year 1184
(27 April 1770—15 April 1771)

But let's leave that case alone, and look into one of God's miracles. All of a sudden, in front of the Beg's mosque under the lime-tree, four or five women appeared who, after they finished their noon-prayer screamed that they were poor, that there was no meat, candles, or butter to be had, and even if there was, it was too expensive. These women demanded that the city officials establish order and justice, and finally asked the crowd to join them and go to the court. There, they couldn't find *mula-efendi*, for he was away, in Travnik. At the court they found his deputy Mustafa-efendi Hadžimusić and two judges. These wicked, old boors attacked them, turning over all their writing tables. In all that turmoil, the whole pilaf became a mess. All at once, whoever could remember anything, started cursing the officials: "Where is the bribe you took from the cattle-merchants and candle-sellers for the *mufti's* court? You tyrants, give us a document by which you demand that Mehmed-efendi Fojničanin should be killed! Where is he, let him come out, that hero of yours who made it up!" The crowd took hold of one of the men who didn't know what to do and where to turn, pale and stiff as a corpse. From all sides, children were attacking shops and shopowners with stones, so they had to close. Tomorrow was market day and some of them reopened, but women, children, and soon the whole city gave them no peace. Rather, in the afternoon, they again started demanding that the document be given to them, according to which Mehmed-efendi should be killed. They screamed that he was not guilty of anything: "Where is the document? Show it

A koja daje tu godinu u ebdžedu ali je i tu jedan broj suvišan
"Bože, koji si riznica svih dobrota sačuvaj nas onoga čega se plašimo".

GODINA 1179. (20. VI 1765 – 8. VI 1766)

U cijelom gradu Sarajevu zavladao je među djecom kašalj.
U Sarajevu nije rodilo nikakvo voće.
Na drveću se osušilo lišće. Pojaviše se mnogi crvi koje Bog učini hranom pticama. Na ušima pasa pojaviše se rane koje, opet, napadoše muhe hraneći se krvlju.
Pojaviše se novine.

GODINA 1184. (27. IV 1770 – 15. IV 1771)

Ali ostavimo po strani taj mahzar, pa pogledajmo jedno čudo Božje. Najednom se nenadano u dvorištu Begove džamije pod lipom pojavi četiri–pet žena, koje poslije završenog klanjanja podne–namaza povikaše da su siromašne, da nema i ne može se dobiti mesa, svijeća, ni masla, a, i ako ima, sve je skupo. Ove žene zahtijevahu da gradski ajani postave red i poredak i konačno pozvaše svijet da idu na mehkemu, kuda se zaista svijet zaputi. Međutim, u mehkemi ne nađoše mula–efendiju, jer on bijaše otišao u Travnik. U mehkemi nađoše zamjenika Mustafa–efendiju Hadžimusića, dvojicu kadija u nekoliko bašeskija na koje hudi sijedi neznalice navališe i nogama ispreturaše peštahte i usljed velike stiske od pilava napraviše hlapu. Svi redom, što je kome na usta dolazilo, psovahu ajane "Gdje je mito koje ste uzeli od dželepčija i mumdžija za muftijin mahzar? Nasilnici, dajte nam taj vaš mahzar, kojim tražite da se ubije Mehmed–efendija Fojničanin! Gdje je, neka izađe na vidjelo taj vaš junak koji je mahzar sastavio?" Masa uhvati janjičarskog agu, koji, zbunivši se, nije znao ni lijevo ni desno i bijaše poput mrtvaca. Sa svih strana djeca navale kamenjem na neke otvorene dućane, pa ih vlasnici moradoše zatvoriti. Sutra je osvanuo pazarni dan i neki otvoriše dućane i nešto pazare, ali žene, djeca i skoro sva čaršija ne okaniše se nego opet poslije podne počeše tražiti da im se uruči

immediately!" The crowd stormed into the houses of the young and handsome *aga* Gnjida, which were close to the *hamam* of Husrev-bey. Having no choice, the guards brought the document from the chief-judge's home, and threw it out the window. For the sake of the *aga's* safety and the safety of his guests, the guards fired their guns several times and scattered the rebellious women and children with sticks. However, they immediately went to the harem of the Imperial mosque and told everyone everything. After the story got out, a larger crowd attacked the *aga's* door and broke his windows. All these events frightened the *aga* and his friends so much that they, frightened as one would fear a devil, broke through the wall and ran away, discrediting themselves even more.

Nothing like this had ever happened in Sarajevo. But, thank God, there were no victims.

In the year 1185
(4 April 1771—3 April 1772)

Mumps is a strange desease. In our city many children died of it, after being sick for 20 to 30 days. They had open wounds on their necks and suffered terribly. With some children, from the very start, the whole body, the legs, the testicles and the head would swell up like a bellows, and that would last for several days. My daughter was still walking in such a condition, the pus was running out of her ears, and she turned deaf. My son Ahmed had wounds under the chin, on two spots, from which the pus ran only after the sores were cut open with a knife, but on the eighteenth day, as was his destiny, he died, on Thursday evening, the first of *Rejeb* (10.10.1771).

In the year 1186
(4 April 1772—3 March 1773)

Hasan, the wool-carder, died on the same day as his wife, after having been a bachelor for a long time. He liked dogs.

mahzar, kojim je traženo smaknuće Mehmed–efendije. Povikaše da Mehmed–efendija nije ništa kriv "Gdje je njegov mahzar? Brzo ga pokažite!" Svjetina navali na kuće mladog naočitog age Gnjide, koje su se nalazile prema Husrev–begovom hamamu. Nemajući drugog izlaza, stražari donesoše iz muftijine kuće mahzar i baciše ga kroz prozor na ulicu. Radi agine sigurnosti i sigurnosti njegovih gosta straža opali iz pušaka nekoliko hitaca, a pobunjene žene i djecu rastjeraše toljagama. Međutim, ovi odmah odoše u harem Careve džamije i o ovome izvijestiše u čaršiji. Na to svi kao jedan navale na aginu kapiju i razlupaju mu prozore. Od svega ovoga se age koji su se nalazili u sobama prepadoše kao od Azraila i razorivši jedan zid pobjegoše, pa se tako osramotiše. Ovako nešto nije se nikada u Sarajevu dogodilo. Ali, hvala Bogu, nije bilo žrtava.

GODINA 1185. (16. IV 1771 – 3. IV 1772)

Bolest zaušnica je čudnovata bolest. U našem gradu je mnogo djece pomrlo od te bolesti, a bolovali bi po 20–30 dana. Po vratu bi im se otvorile rane i mnogo bi od te bolesti trpjeli i jada podnosili. Kod neke djece bi odmah u početku oteklo čitavo tijelo, noge, mošnje, i glava bi im otekla kao mijeh, i tako bi ostalo po više dana. Moja kćerka je čak u takvom stanju hodala, gnoj joj je tekao na uši, pa je bila i ogluhla. Kod sina mi Ahmeda, opet, pojaviše se pod bradom na dva mjesta rane, iz kojih je tekao gnoj koji je počeo teći nakon što mu je nešterom razrezana rana, ali osmnaesti dan iza toga, kako mu već bijaše suđeno, on je umro u četvrtak na mubarek–večer 1. redžeba (10. X 1771) godine.

GODINA 1186. (4. IV 1772 – 24. III 1773)

Hasan, halač, koji je umro sa svojom ženom u isti dan, a dugo vremena je bio neoženjen. Volio je pse.

GODINA 1188. (14. III 1774 – 3. III 1775)

Ove godine je sklopljen mir na starim granicama.

**In the year 1188
(14 March 1774—3 March 1775)**

This year, peace was signed along the old borders.

**In the year 1189
(4 March 1775–20 February 1776)**

Many people got sick from the fever. The wife of Ahmed-*basha* Velihodžić got a fever too, and after the sickness overwhelmed her, she jumped into the well. When she was sober again, she came out of the well. This, in itself, is quite interesting, since the well was very deep.

**In the year 1191
(9 February 1777—29 January 1778)**

The first of *šaban* (September 4, 1777). This year, during the summer months, on August 24, to be precise, snow fell and covered the houses and streets of Sarajevo. That is very early. Maybe a hundred years had passed since there had been such an early snow. Sheikh *hadži* Muhamed, the son of *hadži* Hasan, died at the age of 80. He was the sheikh of hadži-Sinan's *tekke,* [Turk., Dervish retreat] a position he held for more than 40 years. He had a big family and everyone wondered how he managed to feed them all, for the community was not rich, and he spent a lot. There was all kinds of talk, but he never took it to heart. Rather, he would say: "Passions are seductive." Sometimes, while telling a story, he would explain that he didn't like dirty jobs. As for my own humble self, I was surely loved by him. He would give me books written in Arabic, and other books to read. He wrote beautifully, a book was always in front of him, he was never bored with reading. He was learned, good in astronomy, he knew *vefk* [magic] and *reml*, he knew many prayers by heart as well as Arabic and Farsi. He was tough to his subordinates, and those who knew him thought he was stern, but he was only keeping order. He was skinny and quick and had travelled a lot, all the way to India. He was a real sheikh but wouldn't reveal his secrets to the ignorant. Several times he kept *čila*, [in Dervish practice, 40 days of temptations and solitude.] He died on Friday, at the time of *ručanica*, on 21. of *džumadel-evel* (27.6.1777) when the sun was in the seventh day of the sign of

GODINA 1189. (4. III 1775 – 20. II 1776)

Mnoge osobe obolješe od vrućice. Žena Ahmed–baše Velihodžića također se razbolila i kada ju je bolest savladala skoči u bunar. Kada se otrijeznila, izašla je iz bunara. Ovaj je događaj zaista zanimljiv, jer bunar bijaše dubok.

GODINA 1191. (9. II 1777 – 29. I 1778)

1. šabana (4. IX 1777). Ove godine u ljetnim mjesecima. 24. agistosa, pade veliki snijeg i pokri sarajevske kuće i sokake. To je sasvim rano. Možda ima stotinu godina kako ovako rano snijeg nije pao.
Šejh hadži Muhamed, sin hadži–Hasanov, u 80. godini, šejh hadži–Sinanove tekije, koju službu je obavljao preko četrdeset godina. Imao je brojnu porodicu i svak se čudio odakle se izdržavao, jer vakuf ne bijaše bogat, a on je mnogo trošio. Od kadićevaca je svakakve neugodnosti i prigovore doživio i slušao, ali on to nije srcu primio, nije nikoga napadao ni grdio, nego bi govorio "Strasti su zavodljive." Ponekad bi u obliku priče ispripovijedao kako on ne voli prljave poslove.
Mene, ovog siromaha, jako je volio i davao bi mi na čitanje knjige na arapskom jeziku napisane, a i druge knjige. Lijepo bi pisao, knjigu ne bi odmicao ispred sebe i čitanja se ne bi nikada zasitio. Bio je učen, vješt u astronomiji, znao je vefk i reml, naizust je znao mnogo dova i munađata, bio je vješt arapskom i perzijskom jeziku. Prema potčinjenima je bio žestok, tako da su to neznalice smatrali ljutitošću, ali je on samo držao red. Bijaše mršav i brz mnogo je proputovao, bio je čak i na indijskoj skeli. Bieše pravi šejh, ali neznalicama tajne nije otkrivao. Više puta bi izdržavao čilu, bivao je u erbeinu i mudžahedi. Umro je, u petak u doba ručanice, 21. džumadel–evela (27. VI 1777) kada je sunce bilo u zviježđu Raka, i to u 7. danu. Evo kronograma njegove smrti u ebdžedu "Dižući kažiprst reče Emin, o živi Bože preselio je šejh savršenih godine 1191".

GODINA 1192. (30. I 1778 – 18. I 1779)

Ove godine je samo jedan čovjek kao zamjenik otišao na hodočašće u Meku, a i ovaj ode nečujno kao

Cancer. Here is the chronogram of his death, in *ebdžed*:
" Said Emin, raising his finger, o God, you who are alive,
the sheikh of the perfect was transported in the year
1191."

In the year 1192
(30 January 1778—18 January 1779)

This year only one man, as a deputy, went on the
pilgrimage to Mecca, and even he did so in silence,
secretly, as a thief. No one else went, so be it
remembered.

The dervish Meho, born in Foča, a pauper, beggar, in a
white woolen cap and overcoat, squinting, spoke quickly
and tenderly, and received many gifts from pashas and
officers. On Fridays, during the sermon, he would put
pieces of paper in front of the visitors to the mosque, on
which were written: "Alms take away misery and
prolong life." And he would say: "Give charity!" Let this
be known, too: Children would be learning: "*Vela havle
vela kuvete illa billahi*" [Allah is the most powerful] and
he would swear at them. He smoked a lot and, indeed, if
he had money, he would put down a *liter* of tobacco
daily, but he was patient, a good and pious man. He
would dress in white clothing, but very old and dirty. He
squinted and, as he looked at you, his eyes would go off
in another direction. He was my friend. God, have mercy
on him!

In the year 1193
(19 January 1779 –7 January 1780)

Winter was so bitter that no one ever remembered one
like it. Throughout the *Erbein* [the first period of winter
which lasts for 40 days, from 22.12 - 31.1] there was very
little snow and the weather was very clear. Water turned
into thick ice. This can hardly be described in words.
Throughout the winter, children went sledding and were
so happy. Finally, as Bosnians would say, *pametara
nejma da pamti* [no man, however wise, would
remember] a winter like this. In all the storage houses
cabbages and pickled food in barrels all turned to ice, so
you can decide for yourself what that winter was like.
Many birds died in the cold.

But here is a miracle which God almighty gave as an
example this bitter winter. At the beginning of the year,
some lunatic came to Sarajevo, and no one knew who
he was and where he had come from. He was naked,

kradljivac, tajno. Više nitko nije otišao, pa neka se i to
upamti.

Derviš Meho, rodom iz Foče, siromah, prosjak, u
ćulahu i hrki, šašijast, brzo i nježno bi govorio, mnogo
je primao milostinju od paša i zabita. Petkom za vrijeme
hutbe stavljao bi u džamiji pred posjetioce u safove
papire na kojim je bilo ispisano "Milostinja odbija
nesreće i produžava život". Tom prilikom bi govorio
"Udijelite milostinju!" Neka se još i ovo zna: Djeca bi
učila "Vela havle vela kuvete illa billahi". (Alah je
najmoćniji), a on bi ih proklinjao. Veoma mnogo je
pušio i sigurno bi, da je imao novaca, dnevno potrošio
litru duhana, ali je bio strpljiv, dobar i pobožan čovjek.
Oblačio bi nekakvu bijelu odjeću, ali veoma staru i
prljavu. Bio je šašijast, pa kada bi gledao u čovjeka, oči
bi mu bile uprte na drugu stranu. Bio je moj prijatelj.
Bog mu se smilovao!

GODINA 1193. (19. I 1779 – 7. I 1780)

Zima je bila tako jaka da nema čovjeka koji pamti takvu
zimu. Kroz čitav Erbein bijaše malo snijega i sasvim
vedro. Vode se zamrzoše, pa se nakupilo nekoliko
slojeva leda. Ukratko rečeno, ovo se ne da riječima
opisati. Kroz svu zimu djeca su se sanjkala i u tome se
izdovojila. Konačno, kako se to bosanski kaže,
pametara nejma da pamti ovakvu zimu. U svim
magazama se smrznuo kupus i turšije u fučijama, pa,
eto, i po tome zaključuj kakva je bila studen. Usljed
žestoke zime uginule su i mnoge ptice.Ali evo i jednog
čuda kojeg uzvišeni Bog pokaza kao primjer u ovoj čiči
zimi: Početkom ove godine došao je u Sarajevo
odnekuda jedan luđak, za kojeg nitko nije znao odakle
je došao, iz kojeg mjesta. Bio je potpuno go, mršav,
bos. Na glavi ni na nogama nije ništa imao. Jedino je na
svom tijelu imao komad starog, otrcanog, kako se to
kaže, sukna, kojim bi se pokrivao od pojasa. Noću bi
bez vatre i pokrivača spavao na kaldrmi u čaršiji i tako
dugo vremena provodio duge zimske noći. To sam vidio
svojim očima. Svako, kome bi ovaj došao na dućan ili
na drugo mjesto da se ugrije na saksiji izgonio bi ga, jer
ovaj bijaše, prvo go, drugo lud, treće tijelo mu je
zaudaralo izmetom, četvrto bijaše ružan, ličio je na
majmuna, peto bio je pravi Karavlah. Međutim, nije
znao ništa govoriti nego bi samo vikao "Tu, tu tu, tu".
Navaljivao bi na vatru. Po noći bi ga paščad onečistila.
Kad bi ogladnio, uzimao bi sve do čega bi došao, bez
pitanja.

skinny and barefoot—had nothing on his head nor on his feet. Only his body was draped with a piece of old, ragged cloth, with which he covered himself from the belt down. At night he would sleep on the city streets without any cover and without making a fire, and so he spent a good deal of the winter. I saw all this with my own eyes. Everyone this man would visit, in a shop or anywhere warm, would chase him away for, first, the man was naked, second, he was a lunatic, third, he smelled bad, four, he looked like a monkey, and five, he was a real Karavlah [man from southern Romania]. Besides, he didn't know how to speak, he only screamed: "Tu, tu, tu, tu". He would fight fire. Dogs would piss and shit on him, in the night. When he was hungry, he would take anything he could get, without asking.

In the year 1194
(8 January 1780—27 December 1780)

Here we are, another hodža-Mula Mahmut, a librarian and teacher who lived and was an *imam* in the vicinity of the pasha's sarays. He was born in Neretva. His father was a peasant. He spent some time in Istanbul, and was also a *hafiz* [Ar., someone who knows the entire Koran by heart]. After he came to Sarajevo, he would borrow books and read them, and since he was talented and had a good memory, he progressed in science even without any teachers. Indeed, he was much stronger in science then most of the scholars mentioned. However, he was shy and minded his own business, and besides, he was poor and looked like a peasant. In all of the sciences he could solve the most difficult problems that couldn't be solved by others. He was particularly capable in astronomy, so that one can say freely he was the second Ptolemy. He didn't have nice handwriting, but in addition, subtraction, division and multiplication, as in other types of calculus, some documents written by him remain. Nothing escaped his attention, and he solved all problems succesfully. He liked dervishes.

As far as I am concerned, I, this sinful pauper, am very shy and withdrawn. Therefore, I neither taught nor preached. I only tutored some pupils from the *medresa*, [Ar., muslim religious school] as they came to me. Later, after I made friends with the sheikh of the Sinan *tekke* and after I read many works on *tesavuf* [Turk., mysticism, sufism], I became more and more enthusiastic. Our

GODINA 1194. (8. I 1780 – 27. XII 1780)

Evo nas još kod jednog našeg hodže–Mula Mahmuta, bibliotekara i sibjan–mualima, koji je stanovao i bio imam u blizini pašinih saraja. On je rođeni Neretljak. Otac mu bijaše seljak. Jedno vrijeme je boravio u Istanbulu, a bio je i hafiz. Po dolasku u Sarajevo posuđivao bi i mnogo čitao knjige, a kako bijaše darovit i dobrog pamćenja, to se i bez učitelja usavrši u nauci, a uistinu je bio u svim granama nauke jači od svih gore spomenutih ljudi. Međutim, on bijaše stidljiv i bavio se svojim poslom, a uz to je bio siromašan i ličio je na seljaka. U svim znanostima bi on rješavao najteža pitanja, koja nisu mogli riješiti ostali učeni ljudi. Osobito je bio sposoban u astronomiji, tako da se slobodno može reći da je on drugi Ptolomej. Nije imao lijep rukopis, ali u sabiranju, množenju, dijeljenju i oduzimanju i u drugim vrstama računa postoje njegovi napisani primjerci. Ništa mu ne bi promaklo i ispravno bi rješavao sva pitanja. Volio je derviše.

Što se tiče MENE, ovog grešnog siromaha, bio sam sasvim stidljiv i povučen. Zato nisam predavao, a niti sam držao propovijedi. Jedino sam predavao učenicima medresa koji su mi dolazili. Nakon izvjesnog vremena, družeći se sa šejhom Sinanove tekije i čitajući djela o tesavufu, sve više sam se naslađivao. Koliko bi tegobe podnose naši muderisi predajući konkretne znanosti, a koje znanosti nisu dovoljne bez misticizma, kao što ni ptica ne može letjeti s jednim krilom, tako ni spomenuti učeni ljudi ne mogu doći do cilja. Nakon što sam savladao stvarne znanosti zaronio sam u nauku misticizma i razmišljajući danonoćno trudio sam se i nisam sustao dok mi se konačno ne otvoriše vrata. Eto, tako sam spoznao suštinu misticizma. Sve sam drugo napustio, jer mi se otkrila tajna i meni je poznata bitnost i stvarnih znanosti kao i misticizma. I zato bi meni bilo zabranjeno reći da stvari ne poznajem. I to shvati.

Trešnje i višnje su toliko rodile da takav rod samo Bog zna kada je ranije bio, a inače pametara nejma. Višnje su u bakala prodavane po osam para, po sedam, pa i šest akči na oku. Istina, vrijeme bijaše punih deset dana kišovito, i to u mjesecu junu, a malo i u julu. Bijaše veoma mnogo grmljavine. Stiže vijest da je grom ubio pod jednim hrastom dvojicu mladića i jednu kozu. Grom je udario i u munaru Magribije džamije. U gradu Sarajevu živi jedan Židov, Moro, kojeg zovu Mojsije, i on ima mladog sina kojemu je također ime Moro, a od kojeg spomenuti ima dvadeset i osmoro

professors go through so much trouble when teaching the natural sciences, but the sciences are not sufficient without mysticism. As a bird cannot fly with one wing, so these people cannot attain the desired end. After I had mastered real sciences, I immersed myself in the science of mysticism, thinking day and night without stopping, until, finally, doors opened for me. This is how I became cognizant of the essence of mysticism. I left everything else, for the secret had revealed itself, and now the essence of both the real sciences, and of mysticism was known to me. Indeed, I should be forbidden to say that I do not know things. Understand that.

Cherries and sour-cherries gave so much fruit that only God knows when it had ever happened before. Sour-cherries were sold for 8 paras, for seven, even for six akcas [small silver money] per oka [1,28 kilos]. To tell the truth, it was raining for ten days in the month of June, then again a little in July, with a lot of lightning. The news circulated about how the lightning had killed two young men and a goat. Lightning had struck a minaret of the Magribija mosque.

In the city of Sarajevo there lives a Jew, Moro, who is called Moses, and has a young son who also goes by the name Moro, and who gave his father twenty-eight grandchildren and four great-grandchildren. So they say, and it is true. They are all short. The old Moro is healthy, and isn't even very old, while his son isn't old at all. If he would shave his beard, he would look like a young man. Month of *Šaban* 1194 (2.8 - 30.8.1780).

In the year 1197
(7 December 1782—25 November 1783)

In the year in which the plague was raging in our city, 8,000 souls died, children, Christians and Jews included. As many had died twenty years ago. It cannot be that more had died. Namely, Sarajevo has a hundred streets [*mahala*], so let's assume that in every street 80 people died—that would mean eight thousand, total. True, in Sarajevo there are only three to five big streets, all the others have a much smaller number of homes. I have asked many people in the cafés about the number of people who had died and most of them told me that there were eighty per street; some said there were more, some said less. However, idiots who cannot count would

unučadi i četvoro praunučadi. Tako kažu, a to je i istina. Svi su oni maleni. Stari Moro je zdrav, nije tako veoma ni star, dok njegov sin nije nikako star i kada bi obrijao bradu ličio bi na kakva mladića. Šaban 1194 (2. VIII – 30. VIII 1780).

GODINA 1197. (7. XII 1782 – 25. XI 1783)

U našem gradu je u godini u kojoj haraše kuge umrlo od kuge oko osam hiljada duša, zajedno s djecom, kršćanima i Židovima. Isto toliko je umrlo i prije dvadeset godina. Ne može biti da je umrlo više od toga broja. Naime, Sarajevo imo stotinu mahala, pa neka je u svakoj mahali umrlo po osamdeset osoba, to bi iznosilo 8.000 osoba. Doduše, u Sarajevu su samo tri do pet velikih mahala, a sve ostale su mahale s malim brojem domova. Mnoge osobe sam raspitivao po kafanama za broj umrlih od kuge i većina njih su mi odgovorili da ih je bilo do osamdeset po mahali negdje sam ustanovio manje slučajeva, a negdje opet više. Međutim, glupaci, koji ne znaju računati, reći će vam, ako hoćete, da je bilo i dvadeset hiljada umrlih od kuge.

GODINA 1200. (4. XI 1785 – 23. X 1786)

Hadži Omer–hodža, sofija, kadićevac, neznalica. Umro je kao bedel u Meki.
Židov Mirkado, starac, poslovao je satovima, a izrađivao je i rubtahte i mikate. Razgovarao bi s astronomima, koje je jako volio.

tell you, if you want them to, that more than twenty thousand died of the plague.

In the year 1200
(4 November 1785—23 October 1786)

Hadži Omer-*hodža*, a mystic, a judge, a fool. Died as a deputy in Mecca.
The Jew Mirkado, an old man, had a business with watches, and made quadrants and *mikate*. He used to speak to the astronomers whom he liked very much.

In the year 1201
(24 October 1786—12 October 1787)

Emir-*vaiz* [a preacher] spent a year in Mecca as a deputy, then went to Amasya and died there. He hated dervishes, and was a great fool, but the simple folks didn't know that when he arrived—therefore he was honored and respected, for all that is new is sweet. He collected some money and built a new *medresa* at Bendbaša. For ten or fifteen years he attacked dervishes from the pulpit. He was once exiled for this, but returned to Sarajevo. He was named a *mufti*. However, he proved incompetent, and was overthrown. He assembled ignorant people around him. Finally, he died.
Then, a Jew, Sumbul, with a white beard, but he walked like a youngster. He would provide services for the Muslims from the higher circles. He joined the army and went to Russia. Worked on the money exchange during 1178 (1764/5) and collected money which he didn't use, because of a sudden death.
One young man who had no money for the funeral.
Poor Hanka, homeless, who lived like that for many years; she would always lean on the balustrade of the Imperial Bridge.

In the year 1203
(2 October 1788—20 September 1789)

Until the end of *Erbein* (i.e until the January 10, 1789) there was a strong cold spell that seemed even worse because of a big snow. Some say that there were tough winters before, but in saying so they forget that a cold spell might last one to three or five to six days, and then

GODINA 1201. (24. X 1786 – 12. X 1787)

Emir–vaiz, kao zamjenik (bedel) boravio je u Meki godinu dana, zatim je otišao u Amasiju i tamo umro. Mrzio je derviše, a inače je bio neznalica, ali to prosti svijet nije znao kad je Emir došao ovamo, pa je zato bio uvažen i cijenjen, jer sve što je novo – slatko je. Sakupio je novac i na Bendbaši sagradio novu medresu. Deset do petnaest godina se s propovjedaonica (kursilerden) nabacivao pogrdnim riječima na derviše, nakon čega je jednom bio protjeran, ali se opet vratio u Sarajevo. Bio je postavljen za muftiju. Međutim, pokaza se da je nesposoban, pa ga svrgnuše. Bio je okupio neuki svijet oko sebe. Konačno je, eto, umro.
Zatim Židov Sumbul, bjelobrad, ali se kretao kao kakav mladić. Činio bi usluge muslimanima iz viših krugova. Otišao je s vojskom na vojnu u Rusiju. Bio je mjenjač prilikom sergije plaća iz 1178 (1764/5) godine i tako je sakupio novac, ali ga nije koristio, jer je naprasno umro.
Jedan delikanlija koji nije imao novaca za sahranu.
Sirota Hanka, beskućnik, koja je tako više godina živjela uvijek bi stajala uz korkaluk Careve ćuprije.

GODINA 1203. (2. X 1788 – 20. IX 1789)

Do polovine Erbeina (tj. do 10. I 1789) trajala je žestoka studen. Usljed velikog snijega studen je bila dvostruko jača. Neki pričaju kako je i ranije bilo jakih zima, ali na jedno zaboravljaju. Doduše, bivalo je jake studeni i ranijih godina, ali bi ona trajala jedan do tri, ili pak pet do šest dana, pa bi popustilo. Međutim, ovog puta je žestoka studen trajala dvadeset dana, pa su se danonoćno zaleđivale i najveće vode. Evo, na primjer, u našem gradu rijeka Miljacka je vrlo brza kod Isa–begovih mlinova, pa se i tu zaledila. I još nešto U velikoj kupoli Begove džamije zaledilo se kamenje i pojavio se mraz i inje i kada je odjužilo, počela je voda kapati po halijama koji sa sredine džamije digoše. Ovo se ranije nije događalo.

stop. This time it lasted for twenty days, and even the biggest waters turned to ice, day and night. For example, in our city, the Miljacka flows very fast next to the mills of Isa-bey, and even there, it turned into ice. Something else: in the big dome of the Beg's Mosque, stones turned to ice; frost appeared and, as it got warmer, water started to drip on the carpets which then had to be removed from the center of the mosque. This had never happened before.

In the year 1204
(21 September 1789—9 September 1790)

Here is a dream: On the sea, a *padishah* and king were travelling in a vessel. All of a sudden the ship burst into flames and a light came from heaven which led the vessel from the sea. However, only the *padishah* remained, while the king was missing—he wasn't saved. One man dreamt that some Zulfikar caught a fish with some tongs. As soon as he had laid the fish on the ground, the fish became a man. They asked him who he was and where he had come from, and he answered that he was from the Austrian land and that he came to the land of the Ottomans to find a man named Sejmić. Then he went after the herd.

Here is a dream which speaks of the joy which follows troubles: guns were heard in Beg's mosque. When the crowd asked what it was, they were told that tomorrow is the honorable holiday of Bayram. And indeeed, tomorrow the good news arrived that the general who attacked Belgrade was caught. So, all these dreams came true.

In the year 1212
(26 June 1797—14 June 1798)

A deaf pauper without a tongue left two daughters and a son behind. He had a field below Gorica. One could communicate with him only by pantomime.

In the years 1216 - 1219
(14 May 1801—31 March 1805)

In this year, I, the humble soul, suffered a stroke, and so I haven't listed the dead, and there were many. Indeed, I

GODINA 1204. (21. IX 1789 – 9. IX 1790)

Evo jednog sna: Na moru u jednoj lađi plove padišah i kralj. Najednom je lađa planula, a s neba se pojavi svjetlo koje lađu izvede iz mora. Međutim, u lađi je ostao samo padišah, dok kralja nema, nije spasen. Jedan čovjek je opet usnio kako je neki Zulfikar uhvatio ribu mašicama i čim ju je spustio na zemlju, riba se pretvori u čovjeka kojeg zapitaše odakle je i tko je, na što on odgovori da je iz austrijske zemlje i da je došao u osmanlijsku zemlju i treba da ide nekom čovjeku po imenu Sejmiću, a zatim je otišao za stadom.

Evo još jednog sna koji pokazuje na veselje koje nastupa iza teškoće U Begovoj džamiji su zapucale puške. Kada se svijet upitao šta to znači, odgovoreno je da je sutra časni praznik Bajram. I zaista, sutradan dođe vesela vijest da je uhvaćen general koji je navalio na Beograd. Eto, tako se svi ovi snovi obistiniše.

GODINA 1212. (26. VI 1797 – 14. VI 1798)

Puki i gluhi siromah, bez jezika. Iza sebe je ostavio dvije kćeri i jednog sina. Imao je jednju njivu pod Goricom. S njime se bilo moguće sporazumijevati jedino mimikom.

GODINA 1216–1219. (14. V 1801 – 31. III 1805)

U ovoj godini, mene siromaha je dohvatila kap, pa uslijed toga nisam ni bilježio umrle osobe, a bilo ih je mnogo. Doduše, nisam se ni raspitivao ni zanimao za to.

TUMAČENJE SNOVA

Za velikog haranja kuge usnio sam jedne noći moga osmogodišnjeg sina kako se u groblju popeo na nekakvu voćku, pa ugledavši ga rekoh mu "ČUVAJ SE." Kada sam se probudio, protumačih san tako da će mi sin oboljeti od kuge, jedino zbog toga što sam ga usnio u groblju, a drugo što se popeo na drvo, a penjanje predstavlja opasnost, i zaista ne prođe ni dva–tri dana, a sin mi se razboli. Ali kako da saznam da li će bolest prebroditi ili će umrijeti, to ja sebi protumačih iz mojih riječi ČUVAJ SE da će dijete ozdraviti. Mnogo sam se brinuo i žalostio zbog njegove bolesti.

didn't even inquire about them. I had no interest.

INTERPRETATION OF DREAMS

While the plague was raging, one night I dreamt of my eight year old son. He climbed a fruit tree in the cemetery and as I saw him I said: TAKE CARE. As I woke up, I interpreted this dream in the following way: My son will get the plague, first, because I have dreamt of him in the cemetery, secondly because he had climbed the tree, and to climb means to be in danger. Indeed, not more than a day or two had passed, and my son was ill. In order to know whether he will die or survive, I decided to interpret my own words—TAKE CARE—as a sign that he will survive. I was very worried and sad because of his illness.

One of my children in his fifth year, fell ill with a fever, but some time before this I dreamt how we were going with this child by carriage to Ilidža, but the road was so bad that we finally had to leave the carriage. This, too, is a true and clear dream. Women's dreams are usually about food, wheat, or they dream about something bright; light, stars. Often they see things the shape of which has changed. From many women I have heard that they have dreamt of a golden bird.

The Bosnian language is richer than the Arabic. For example, in Arabic, there are only three expressions for the verb to go. The Turkish language is the poorest, for in Turkish there is only one expression. In Bosnian, you can say that you are going forty-five different ways.

Jedno moje dijete u petoj godini bijaše se razboljelo od bolesti vrućice, ali na malo vakta prije nego se razboljelo sanjam kako mi sa ovim djetetom idemo u arabi na Ilidžu, ali po tako ružnom putu da smo najposlije morali izaći iz arabe. I ovo je istinit i jasan san.

Snovi žena kreću se uglavnom oko jela, bulgura ili sanjaju nešto kalajli, svijetlo, zvijezde, stvari često vide u izmijenjenom obliku. Od mnogih sam žena slušao kako su sanjale zlatnu pticu.

BOSANSKI jezik je bogatiji od arapskog jezika. Evo, na primjer, u arapskom jeziku, za glagol IĆI imaju svega tri oblika. Turski jezik je opet u tom pogledu najsiromašniji, jer za glagol ići ima samo izraz gitmek. Međutim, u bosanskom jeziku za oblik glagola IĆI ima četrdeset i pet izraza.

From: *Mula Mustafa Ševki Bašeskija,*
Chronicle (1746-1804)
Translated from Turkish into Serbo-Croatian
by Mehmed Mujezinović,
Published by Veselin Masleša, Sarajevo 1987;
Selected by Ammiel Alcalay; translated by Aleksandra
Wagner.

Iz: Mula Mustafa Ševki Bašeskija,
Ljetopis (1746–1804)
Preveo s Turskog na Srpsko–Hrvatski
Mehmed Mujezinović,
Veselin Masleša, Sarajevo 1987;
Odabrao Ammiel Alcalay

Zlatko Dizdarević

War Journal

SARAJEVSKE RATNE PRIČE

25 APRIL 1992
BOSNIAN ROULETTE

Today, news arrived at the *Oslobođenje* offices in Sarajevo. News which the journalists there had been dreading for two weeks: their colleague in Zvornik, Kjašif Smajlović, was no longer among the missing. Unfortunately, it is now certain that he was unscrupulously assassinated right in front of the *Oslobođenje* offices in Zvornik on the 9th of April, when the "Serbian territorialists" and their various allies "liberated" Zvornik. Those who buried Kjašif say he was dragged by the feet from the office out of which he was trying to send a report to Sarajevo about the beginning of the crimes, and was slaughtered in cold blood on the pavement.

Among the hundreds, even thousands of assassinations carried out in "liberated" Bosnia-Herzegovina, the death of a journalist might perhaps be no more remarkable than any other. And yet there is a slight difference that is worth noting, especially today: the crimes committed in Bosnia and Herzegovina and in Sarajevo—whether assassinations or other crimes—warrant those words recently uttered on television by one of our journalists who at one time was our special correspondent in Lebanon: "Any comparison between our situation today and that of Lebanon ten years ago can only be considered an insult to the Lebanese." Never had anyone there murdered a journalist simply because he was a journalist and was transmitting to his office what he had seen with his own eyes. Never had anyone there

25. TRAVNJA 1992
BOSANSKI RULET

Danas je u redakciju "Oslobođenja" u Sarajevu stigla vijest koje su se novinari pribojavali već dvije sedmice: njihov kolega iz Zvornika Kjašif Smajlović ne vodi se više među nestalim! Nažalost, on je sasvim izvjesno mučki ubijen na pragu dopisništva u Zvorniku, onog devetog travnja kada su "srpski teritorijalci" i razni njihovi suradnici "oslobađali" Zvornik . Ljudi koji su pokopali mrtvog Kjašifa kažu da je za noge izvučen iz kancelarije u kojoj je pokušavao Redakciji poslati izvještaj o početku zlodjela i potom hladno ubijen na asfaltu.

Među stotinama, možda već i hiljadama ubijenih u zločinima širom "oslobođene" Bosne i Hercegovine smrt novinara sasvim izvjesno podjednako je tragična kao i svaka druga smrt. Ima, ipak, jedna mala razlika o kojoj ovim povodom, baš danas, treba nešto reći. Zločini u

Ademir Kenović/Nino Žalica, *Eight Years After* (July 1992)

deliberately fired upon a Red Cross vehicle, and never had anyone killed a doctor who was trying to save a wounded man. No one in Lebanon had ever kidnaped three buses with two hundred children aboard who were trying, with the help of the *Organisation de l'ambassade des enfants*, to escape this bloody circle ravaged by the army's tanks and heavy guns.

12 JUNE 1992
NEW HORIZONS

Yesterday afternoon our small team of journalists, which had been on call for a week, twenty-four hours a day, came home. For how long, we don't know. If the times were different, we would know that we would have a two-week break, after which we would return to the same spot, with the same tasks. But nowadays, two weeks has become a lifetime!

Today, a week after we came back to our tall glass building, which keeps getting smaller and smaller—and which we love even more, wounded and bloody, but standing—the city already is not the same as when we left it. Some streets have simply disappeared; there are no street corners, our places of rendezvous; certain huge trees are even missing, trees that, for decades, even centuries, blocked the view of the hills of Trebević. It took me a whole morning to understand why, suddenly, I could see parts of the city I could not see before from my window. The answer is simple and striking: the houses, walls, and branches that had always been part of the landscape around me no longer exist. My universe is "expanding" by the hour.

They have now been spitting steel at our dear city, on our gardens and alleys, our courtyards and facades, for

Eight Years After

Bosni i Hercegovini i zločini u Sarajevu, završili se oni smrću ili nekako drugačije, "zaslužuju" rečenicu koju je ovdašnji novinar, svojevremeni izvještač iz Libanona, izrekao nedavno pred TV ekranom: "Svako uporeрivanje naše situacije danas s onom libanonskom situacijom prije desetak godina čista je uvreda za Libance." Tamo niko nikada nije ubio novinara samo zato što je novinar i zato što svojoj redakciji javlja ono što vidi vlastitim očima. Tamo niko nikada nije pucao u kola Crvenog križa zato što su to baš ta kola, i tamo niko nije ubijao ljekara što je pokušavao pomoći ranjeniku. Konačno, tamo niko nije kidnapirao tri autobusa sa 200 djece što su u organizaciji "Dječije ambasade" pokušavali da izaрu iz krvavog okruženja razaranog armijskim topovima i tenkovima.

12. LIPNJA 1992
ŠIRENJE VIDIKA

Jučer iza podne naša mala družina novinara koji su proveli osam dana u smjeni što je trajala i dan i noć, vratila se kući. Ko zna do kada. Da je kako nije, znali bi smo da je to pauza od 14 dana, pa bi smo se opet u istom sastavu našli na istom mjestu sa istim zadatkom. Ovako, četrnaest dana je čitav život. Danas, osam dana otkako smo krenuli tamo, u onu našu veliku zgradu od stakla koje sve manje ima, a mi je sve više volimo tako ranjenu, okrvavljenu ali uspravnu – ovdje u gradu više ništa nije kao što je bilo kad smo odlazili. Nekih ulica, zapravo, više uopšte nema. Nema ćoškova po kojima smo se sastajali, nema čak ni nekih ogromnih stabala u okolinim parkovima što su decenijama i stoljećima zaklanjali pogled prema padinama Trebevića. Cijelo mi je jutro trebalo da shvatim kako to odjednom mogu da vidim neke dijelove grada koje sa svog prozora nikada nisam vidio. Odgovor je prost, i užasan: nema kuća, nema zidova i nema krošnji drveća što su odvajkada bili uglavljeni u sliku mog okoliša. A na takav način vidik mi se iz sata u sat sve više i sve brže "otvara". Oni ne prestaju sa čeličnim pljuvanjem po našem šeheru, po našim baštama i alejama, po avlijama i fasadama evo već šezdeset sati neprekidno. U ovom paklu više nema pauza, nema odmora, nema novih podešavanja usijanih cijevi, nema više ni naredbi ni potrebe da se kaže – "razumem". Smrt se popela na beskonačnu pokretnu traku i sa nje se ceri prema svima nama, bez razlike.

sixty hours nonstop. In this hell there is no longer any respite, nor any rest, no longer any real aiming of the burning hot canons, no longer any need to give orders nor to say "at your command." Death has rolled in on a moving walkway and is laughing in each of our faces, indiscriminately.

Its best sons and daughters are leaving Sarajevo—the city we love so completely and with such special affection—leaving more and more rapidly, inexorably. Death finds them, one by one. What a monstrous lie to say: "Fortune smiles upon the brave." In Sarajevo, it smiles upon morons and madmen. Fortune is on the side of idiots and savages, for obviously it must be a commodity that is bought, exchanged, or extorted from those who have money and arms. Here, so far from the heart of the rest of the world, we have neither the money to buy it nor the will to beg for it. This is why our horizons expand by the hour; soon, very soon, there will be nothing at all to block the view, no obstacle to reason, to feelings. For those who survive.

10 AUGUST 1992
SARAJEVO'S DETAINEES

The world has been so moved since it discovered the existence of concentration camps in Bosnia and Herzegovina. In fact, people are extremely worried because the "reports" about the situation in the camps could turn out to be true.

Since the West is an empiricist world, this information must still be confirmed in black and white, or rather, in red and white, in order for the "reports" to be accepted as something palpable. In any event, there is quite a commotion. There is constant talk of an intervention that would rid these camps of those "malnourished political detainees who were convicted in fair trials"—as our local Himmler, Radovan Karadžic, puts it.

The CNN gentlemen, badly in need of news since the end of Desert Storm, have begun to support openly the idea of a military intervention, after which a General Patton would come into the camps bearing, beneath his American banner, American freedom. From all appearances, things are getting serious. For two nights in a row, while there was still electricity, we watched an hour of American television

Iz Sarajeva, onakvog kakvog smo voljeli bez ostatka i na poseban način, sve brže i sve neumitnije odlaze najbolja raja. Odlaze oni što su od prvog časa znali da neće otići drugačije nego mrtvi. I eto, stiže ih sve jednog po jednog. Laže kao pas onaj što je nekada izmislio da sreća hrabre prati. Sreća ovdje, u Sarajevu, prati kretene i umobolne, sreća je sa budalama i šumskim ljudima jer je sreća očigledno nešto što se kupi, organizuje, dogovori ili iskamči od onih koji za nju imaju para i oružja. Mi ovdje, sasvim sa periferije srca cijelog svijeta, nemamo ni para da je kupimo, ni volje da je molimo i zato su nam vidici svakim satom sve širi, sve dok ubrzo, vrlo brzo, ne bude više nikakvih prepreka dokle oko seže, ali i dokle pamet, osjećanje i sentimenti dobacuju. Za one što prežive.

10. KOLOVOZA 1992
LOGORAŠI SARAJEVO

Vidim, uzbudio se svijet povodom činjenice da u Bosni i Hercegovini postoje koncentracioni logori. Zapravo oni su se uzbudili zbog "nagovještaja" da je to s logorima tako kako je. Budući da su oni takozvano empirijsko društvo, njima treba još samo crno na bijelom, ili još bolje na krvavo bijelom, pa da taj nagovještaj prihvate kao nešto opipljivo. U svakom slučaju uznemirili su se i ne prestaju s novim valom priča o nekakvoj intervenciji koja bi ili očistila te logore od "neuhranjenih političkih zatvorenika, kojima je regularno suđeno" –kako bi to kazao ovdašnji Himmler Radovan Karadžić. Gospoda s TV–kompanije CNN, kojoj je po svoj prilici izmakla nova zaljevska oluja, odjednom je počela tako upadljivo navijati za intervenciju nakon koje bi neki novi general Paton ušao u razvaljene koncentracione logore, noseći

Srđan Vuletić, *I Burnt Legs* (March 1993)

programming devoted to us. An hour is really something when you know that every second of CNN summer programming costs millions of dollars. They must have sniffed out some good business, and we are grateful. Here, the amount of blood has reached a point that will perhaps lead to some action. As for the quantity of suffering, it is already so great that any action, if it occurs, will occur too late. We can no longer forgive anyone for what has already happened. Anyway, how could we forgive them for the story of the camps that they refused to see and acknowledge when it was right in front of their noses?

The story of the camps began, was played out, and is coming to an end here, in Sarajevo, the biggest concentration camp in the world. The world will be hard-pressed ever to see another one on this scale. In the camps that we know from history books, people were prevented from moving about freely; the same is true here. The detainees were given only a few mouthfuls of food; the same here. All the rights that are specified in international documents were taken away from them; here too. Collaborators and traitors, "the fifth column," were the ones who had some possibility of surviving. The detainees had no hope of contacting their relatives and their friends on the outside. From time to time, a ripped-open package or a censored letter managed to reach the detainees. The same is true here. Finally, in the camps of the past, detainees were killed according to a criminal "logic": the old, the weak, Jews, communists, Gypsies; or because they were guilty of something.

Here there is not even any logic. We are all being slaughtered, in no order, arbitrarily. In fact, we are all guilty of not being *chetniks*. Guilty of not being able to

I Burnt Legs

na svojoj zastavi američku slobodu – da stvar postaje doista ozbiljna.

Dvije noći zaredom, dok je još bilo struje, gledali smo sat programa iz Amerike posvećenog nama, što, naravno, nije mačiji kašalj kad se zna kako se svaka sekunda "ljetne šeme" CNN–a mjeri milijunima dolara. Znači, nanjušili su novi biznis i baš im hvala za to. Kritična masa krvi postala je dovoljna da se možda nešto učini. Kritična masa patnje već je ovdje tolika da će takvo činjenje, ako ga bude, biti prekasno kako bismo im svima oprostili ono što se već desilo. Prije svega, kako bismo im oprostili što priču o koncentracionim logorima nisu htjeli da vide i prepoznaju onda kada je to i vrapcima na grani moglo biti jasno. Ta se priča začela, odmotala i privela kraju baš ovdje u Sarajevu, zapravo najvećem koncentracionom logoru koji je svijet ikad imao i vjerojatno ga nikad tolikog neće ni imati.

U logorima koje znamo iz historije držali su ljude zarobljene bez ikakvih mogućnosti da se prijeđe iz "kvarta u kvart". Tako je i ovdje. Tu i tamo davali su tim ljudima hrane na žličicu, a tako je i ovdje. Oduzeta su im sva ljudska prava taksativno pobrojana u onim svjetskim knjigama i zbornicima. Tako je i ovdje. Šanse da prežive imali su kolaboracionisti i izdajnici, peta kolona što bi se reklo. Tako je i ovdje. Logorašima je ukinuta svaka mogućnost komunikacije s njihovima, s prijateljima i rođacima koji su ostali vani. Ponekad bi se možda uspio dostaviti očerupani i opljačkani paket uz cenzurirano pismo. Tako je i ovdje. Konačno, logoraši iz "onih logora" ubijeni su po nekakvoj zločinačkoj "logici": zbog starosti i iznemoglosti, zato što su Židovi, komunisti ili Cigani, ili zato što su nešto zagriješili.

Ovdje logike nema. Ubijaju nas sve bez reda i odabira. Zapravo, grešni smo svi zato što nismo četnici i zato što ne možemo svijet da uvjerimo da ne želimo ništa drugo nego živjeti onako kako to u onim debelim knjigama piše da se može i ima pravo živjeti. Ili jednostavno zato što bismo životom koji želimo da živimo poremetili neke velike planove ljudi što kroje sudbinu svijeta. Ustvari, našli smo se u krivom trenutku na krivome mjestu, misle oni. Mi se možemo složiti da je trenutak možda kriv. Što se tiče mjesta – ono je pravo i nemamo ga namjeru mijenjati, bez obzira na to što je ono danas

convince the world that our only desire is to live according to rules that have been internationally recognized. Or is it that our way of life would upset the plans of those who decide the world's fate? In short, they think that we have chosen our time and place badly. Perhaps in fact the moment is not propitious. But as far as the place is concerned, it is good and we have no intention of looking for any other. Even if it has become—whether one wants to admit it or not—a concentration camp in the classic sense of the term.

19 NOVEMBER 1992
SONGS IN DOBRINJA

Since the beginning of the war in Sarajevo, many people have referred to Dobrinja as an example of the worst that war has to offer: hunger, death, total isolation, abandonment, and injustice; tanks beneath the windows, deportation, a handful of rice for ten days, three rifles to defend a thousand people, constant fear of what the next hour will bring. . .People who spoke of Dobrinja in these terms were right. Just as it was right to say that it was above all a matter of people and not of war. That the important thing was will, constancy, strength that had gone unsuspected in normal times, everything that could be produced by defiance, perseverance, solidarity and knowledge.

In Sarajevo, Dobrinja is again being spoken of with admiration, and rightly so. A miracle is happening there that only people, in the noble sense of the word, can accomplish. In this neighborhood—almost completely shut in, surrounded by bloody zones where snipers and heavy artillery reign—songs can be heard more and more often. More and more inhabitants of Dobrinja are refusing to move to "the city" and, even from here, they want to return to Dobrinja. Clearly, it is not war that has gotten the upper hand there, but humanity. Whatever the final outcome of this war, Sarajevo has won its greatest battle in Dobrinja. Or rather, Dobrinja confirms the secret desire that Sarajevo, even destroyed, will never be conquered.

The inhabitants of Dobrinja spend entire days hiding from hangmen who have come inches from their homes. A passive resistance has been born from these traumas, and transformed into a movement, an organization. Today, Dobrinja is a community without peer in our

klasični koncentracioni logor, pravio se netko da to vidi ili ne.

19. STUDENOGA 1992
PJESMA IZ DOBRINJE

Nije malo onih koji su još onda kad je počinjao rat u Sarajevu pričali priču o Dobrinji kao o mjestu na kojem se prepoznavalo sve ono najgore što je rat uopće mogao donijeti sa sobom: glad, smrt, potpuna izoliranost, jad napuštenosti i nepravde, tenkovi pod prozorima kuća, odvođenja i maltretiranja, cigarete od deset puta iscijeđenog čaja, šaka riže za deset dana, tri puške na tisuću glava i stalni strah od toga što će biti u idućem satu...I kada se tako, onda, pričalo o Dobrinji, ljudi su bili u pravu. Kao što su apsolutno bili u pravu kazujući da je, prije svega, riječ o ljudima, a ne o ratu, riječ o postojanosti, volji, unutrašnjim snagama možda i neslućenim u normalnim vremenima; o tome što i koliko mogu da urade prkos, upornost, solidarnost i znanje.

O Dobrinji se po Sarajevu danas ponovo priča punih usta, opet s velikim razlogom. Tamo se i danas dešava čudo kakvo mogu da priprede samo ljudi, u punom smislu te riječi. Iz ovog dijela grada, poluzatvorenog i opasanog krvavim zonama po kojima caruju hici snajpera i teških mitraljeza, sve češće dopiru zvuci pjesme, sve je više odbijenih poziva da se dođe "u grad" i sve više zahtjeva onih koji su sada ovdje, a htjeli bi da se vrate tamo. Tamo, očigledno, nije pobijedio rat, već su pobijedili ljudi. Tamo je, bez obzira na krajnji ishod, Sarajevo definitivno i konačno dobilo svoju najveću i najznačajniju bitku. U stvari, poštenije bi bilo da se kaže – Dobrinja je opravdala sve one potajne nade

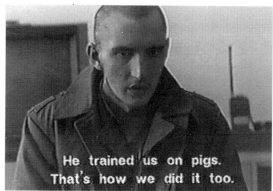

Ademir Kenović/Ismet Arnautalić, *Confessions of a Monster*
(November 1992)

lands. This district has a life that all the "normal" people in the rest of the city envy, even if they do not openly acknowledge that envy. In Dobrinja, they know who is who. They know how many inhabitants there are, the state of their apartments, who can share their living quarters and who cannot, who may be carrying a weapon, who can scrub and clean, cook, or put on plays. Today, Dobrinja knows every one of its invalid old people, every one of its children without parents. This small city is trying to compensate as best it can for their irreversible loss.

The peacekeeping forces, stationed at the airport near Dobrinja, gladly come to this district; they don't go back to their barracks as soon as they have finished their humanitarian work, they hang around in apartments, in improvised clubs that have become places of meeting and discussion. A few days ago, they sang a French song to their hosts, dedicated to this heroic district, this triumphant district, whatever tomorrow or the day after may bring.

The inhabitants of Dobrinja have shown, with dignity, on what Sarajevo's future depends: neither alms, nor pleas, nor the guilt of others. Everything that the future may hold already belongs to us, in our relationships today. In the strength of persevering, in the will to survive, in the ability to share one's pain and one's smile with others. In the certainty that lies and treason will no longer be tolerated.

It is easy to condemn the demagogy of "the equality of hunger," the "harmful character of theories of social justice," but these theories have found their confirmation in Dobrinja. For this is what has allowed these people to endure their worst moments. Today the

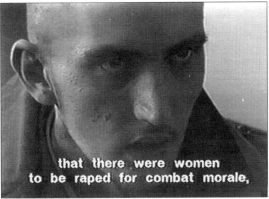

Confessions of a Monster

prema kojima Sarajevo može biti srušeno, ali nikada poraženo.

Iz trauma otvorenih u danima i noćima samoće i sakrivanja pred krvnicima nadomak svakog stana, rodio se otpor pretočen u pokret, u organizaciju, i evo sada, u svojevrsnu komunu kojoj na ovim prostorima nema premca. Taj dio grada živi svoj život na kojemu mu, iako to neće da priznaju otvoreno, zavide gotovo svi "normalni ljudi" u ostatku grada. Tamo se, jednostavno kazano, dobro zna tko pije i tko plaća. Tamo je poznato koliko ima ljudi, u kakvim su stanovima, tko te stanove može, a tko ne može dijeliti, tko je sposoban da nosi pušku, tko da čisti i pere, tko da kuha ili razvrstava pomoć, a tko da piše, pjeva ili – glumi. Dobrinja danas zna za sve svoje starce što su nepokretni i treba im odnijeti na vrata ono što im pripada. Dobrinja zna i za svu onu djecu što su ostala bez oca i majke, djecu kojima će taj mali grad pokušati , koliko može i umije, da nadoknadi nenadoknadivi gubitak. U Dobrinju danas dolaze izuzetno rado vojnici s plavim šljemovima sa "susjednog" aerodroma, i ne vraćaju se u kasarne čim prevezu pomoć, već ostaju sve češće i po stanovima, i po improviziranim klubovima i zabunkeriranim "javnim sastajalištima". Prije neku večer, svojim su domaćinima otpjevali pjesmu na francuskom, komponiranu naselju heroju, naselju pobjedniku ma što bilo sutra ili prekosutra.

Oni, ljudi Dobrinje, pokazali su na nepobitno konkretan način zašto budućnost Sarajeva i cijele priče koja se brani u Sarajevu nije u moljakanju okolo, nije u prošnji i kukanju, u žalbama i upiranju prstom prema drugima. Sve što se uopće može nazvati sutrašnjicom, već je danas ovdje, u nama i među nama. U snazi da se istraje, u volji da se opstane, u sposobnosti da se podijeli s drugim i muka i osmijeh, u saznanju da tu nitko nikoga ne laže, ne otima i ne vara. Može netko pričati koliko hoće o "demagogiji jednakih stomaka", o "pogubnosti teorije socijalne pravde", ali, i ta "demagogija" i ta "pogubnost" jednostavno su potvrđeni na prostorima Dobrinje kao nešto što ih je održalo i učinilo ljudima onda kada je to bilo jako teško. Da bi Dobrinja danas imala sve što ima, usprkos činjenici da svi njeni putovi i dalje vode kroz podrume, spavaće sobe, garaže i preko krovova, usprkos istini da se tamo još uvijek pokopava

paths of Dobrinja pass through cellars and bedrooms, garages and roofs. The dead are buried in the streets and in the gardens. But, six months ago, the officers ate the same insipid rice as the other inhabitants of the district, when they no doubt could have done otherwise. If they had, everything would be different today. Worse, obviously, than in the rest of the city and, in particular, in the sections where the first heroes were being proclaimed even before the first shots had been fired. This story is well-known to all of us. Luckily it did not apply to Dobrinja. Our ray of hope.

5 DECEMBER 1992
PRIZE AND PUNISHMENT

May I be forgiven, after all this time and this plethora of "Sarajevo war stories," for transgressing professional deontology, for seeming pretentious and even, perhaps, for lacking political tact. I am going to tell you a little story about all of us who are plunged in this insanity. One might be inclined to think that it concerns "my personal case," but in fact, it is not a "case" and not simply "personal."

In short, *Journalistes sans Frontieres* told me from Paris that I had won their annual prize, which, in their own words, "is awarded for the defense of the dignity and the freedom of the press," in these times when information is undergoing a great deal of pressure from propaganda and politics. In addition to this wonderful bit of news, I have been invited, next Thursday, to Paris, to receive the prize during a ceremony planned for the occasion. They will take care of the tickets and everything else. But it is here, precisely, that this episode of "war stories" begins, on the surface related to me and me alone.

Water and Blood —— Sarajevo 1993 (SAGA collective, January 1993)

po ulicama i iza kuća —njeni komandanti morali su prije šest mjeseci s ostalim narodom jesti golu rižu na mlakoj vodi, kao i svi ostali. A vjerojatno su mogli i drugačije. Problem je samo u tome što bi u tom slučaju i sve ostalo danas, vjerojatno, bilo bitno drugačije. Gore, naravno. Kao što je drugačije na mnogim mjestima u "ostatku Sarajeva". Naročito na onim mjestima gdje se od samog početka inzistiralo na onim "novim spomeničarima" i prije nego što je ispaljen prvi metak. Ta je priča o prvoborcima prije borbe dobro poznata. Sreća je, evo, što je obični, normalni ljudi Dobrinje nisu priznavali ni onda, ni sada. Dakle, ima nade.

5. PROSINCA 1992
NAGRADA I KAZNA

Neka mi bude oprošteno, nakon toliko vremena i tolikih "Sarajevskih ratnih priča", što ću biti profesionalno nekorektan, ljudski neskroman i politički možda pomalo netaktičan, pa jednu malu pričicu o svima nama u ovome ludilu početi nečim što je na prvi pogled "moj slučaj" mada on, taj slučaj, zapravo i nije i ne treba biti nimalo ličan. Ukratko, stigla mi je vijest iz Pariza, od "Reportera bez granica", da sam ovogodišnji laureat njihove međunarodne nagrade koja se, kako su napisali, "dodjeljuje za obranu digniteta i slobode javne riječi", u vremenima kada je obična, profesionalna novinarska informacija pod snažnom presijom propagande i politike. Uz ovu lijepu vijest došao je, kako to obično biva, i poziv da se narednog četvrtka nađem u Parizu i na velikoj fešti upriličenoj tim povodom primim nagradu. Karte za put i ostalo, kako kažu, njihova je briga. A eto baš na tom mjestu, smjestio se i povod za ovu "Sarajevsku ratnu priču", samo na prvi pogled posvećenu tom mom slučaju.

U Pariz, naime, usprkos neviđenim naporima "Reportera", prijatelja, znanih i neznanih, tajnih službenih i poluslužbenih osoba, ambasadora i ministara, savjetnika i novinara – po svemu sudeći – neću stići na vrijeme, a možda i nikada. Netko mi ne dopušta. Lijepa, ali lažna strana priča ostat će na papiru s ljubaznim pozivom, a istina o tome tko smo, kako nas tretiraju i što nam rade smjestit će se ponovo tamo gdje joj je mjesto – u Sarajevo logor, Sarajevo zatvor, Sarajevo sramotu sitih, razmaženih i debelih, Sarajevo

In fact, despite the incredible efforts of the *Journalistes*, friends—known and unknown—Individuals Official and Officious, ambassadors, ministers, advisors and journalists, I will not—it appears—be in Paris on that day, or perhaps ever. Someone will not allow me to go. The good side of this story will remain the documents, the friendly invitation, while the truth about what we are and how they treat us and what they are doing to us will fittingly take place where it should: in Sarajevo, which has become a camp, a Sarajevo-prison, a Sarajevo-shame of the well-fed, the spoiled, and the fat; a Sarajevo that embodies the pain from which we will escape one day, stronger, more dignified, and more honest that those who, when they think of us, will no longer dare look at themselves in a mirror.

Simply put, I can only leave Sarajevo at the cost of treason and extreme humiliation. Those who cannot leave are precisely the ones who have something to say to this world that has itself gone mad: writers, journalists, intellectuals, actors. . .Those who do not resemble the Kurds, whose images have overwhelmed newspapers and TV screens; those who can perhaps evoke a truth which reveals that we are not a group of savages deserving only suffering, rotting, and death, but were, even yesterday, akin to Europeans.
This is, perhaps, why Europe too is being suffocated today by pitiful people and assassins. Clearly, those who cannot leave Sarajevo are the principal witnesses of the most shameful events that the world has ever seen. These witnesses could be bothersome: the time is not ripe for an examination of conscience.

In the name of the defense of the dignity and the freedom of the press, as the *Journalistes* said, I had to write this story. Too bad for the prize itself, the time is not right. Outside Sarajevo, it will perhaps be awarded one day to those who will have managed to master the monster of cultural degeneration inside them, which has made them so insensitive to the sufferings of innocent and worthy beings. This is why we must not leave Sarajevo. Our place is here. What would they do with our freedom? I had to say it one more time.

Translated by Alyson Waters

muku iz koje ćemo izaći kad–tad, jači, uspravniji i mnogo pošteniji no što su oni koji se povodom nas, jednom, ni u ogledalo neće moći pogledati.

Iz Sarajeva danas naprosto ni po koju cijenu ne mogu izaći, osim prevarom, savijanjem kičme do poda. Ne mogu izaći ljudi koji imaju tom arogantnom svijetu što kazati. Ne mogu pisci, novinari, intelektualci, glumci...Ne mogu oni koji ne sliče na Kurde čijim su slikama preplavljene novine i TV–ekrani po svijetu, oni što mogu možda sugerirati istinu prema kojoj mi nismo gomila primitivaca što je zaslužila patnju, smrad i smrt, već smo koliko jučer bili isto tako Europa koju su, vjerojatno baš zato, poklopili smrdljivci i ubojice. Odavde, očito, ne smiju izaći krunski svjedoci jedne od najsramnijih priča što ih je svijet vidio. Njihove priče koje bi tamo ispričali nekoga bi, vjerojatno, barem malkice uznemirile, a nije vrijeme za uznemiravanje i nečiste savjesti.

U ime obrane slobode i digniteta javne riječi, kako su to rekli "Reporteri", moralo se ovako napisati. A za ovu nagradu, manje–više. Ionako nije vrijeme za nagrade. Njih će jednoga dana, možda, zaslužiti oni tamo, izvan Sarajeva, koji uspiju u sebi, za sebe i pred sobom pobijediti neman civilizacijskog degenerizma koja ih je učinila do te mjere neosjetljivima pred patnjama nevinih i dostojanstvenih. Mi, zato, i ne treba da "izlazimo". Naše je mjesto tu, a njihovo tamo. Što bi oni s našom slobodom? Možda samo još jednom da im se to kaže.

RAFO'S COURTYARD
RAFINA AVLIJA

Isak Samokovlija, born in Goražde in 1889, served on the front as a physician in World War I, was imprisoned by the Ustaše during World War II, and joined Tito's partisans in 1944. He died in Sarajevo in 1955.

Isak Samokovlija rođen je u Goraždu 1889. Tokom Prvog Svjetskog Rata služio je kao liječnik na frontu. Tokom Drugog Svjetskog Rata bio je zatvoren od Ustaša, a Titovim partizanima priključio se 1944. Umro je 1955u Sarajevo.

The courtyard was peaceful all day. The gates opened and closed without their usual creaking. Leah had chased the kids off into the alley and old Katya was rubbing the hinges with bacon crust. The sun shone through the thick foliage and flies buzzed at the windows, hitting the glass, throughout the afternoon.

Anka came into Rafo's room. She was sad. She wasn't wearing her white scarf, something made her heart pound. She stood in the middle of the room holding her small fingers in her mouth.

How are you, Tio Rafo?

The wrinkles around Rafo's eyes began to twitch.

Good, *Mash'allah*, as God wills it, good.

I prayed to the mother of God that you get well, and tonight I will again.

Rafo nodded his head but couldn't understand what the girl was saying to him. He asked for the copper vessel and drank from it. He put his hand on the little girl's head and blessed her, barely moving his swollen lips. As Rafo's chin moved the girl fell to her knees.

Don't be scared, Rafo. God is good and so is the mother of God. And grandmother will pray for your health.

Cijeli dan bilo je u avliji sve mirno. Avlijska vrata otvarala su se i zatvarala bez one obične škripe. Leja je bila otjerala djecu na sokak, a baba–Kata namazala korom od slanine baglame na vratima. Kroz duboko lišće sjalo je do podne sunce, i muhe su zujale na prozoru i udarale o stakla.

Ankica je danas ušla u Rafinu sobu. Bila je snuždena. Nije nosila bijelog rupca, bila je gologlava. Srce joj je kucalo od nekog straha. Stala je nasred sobe i držala prste u ustima.

– Kako ti je, tijo–Rafo?

Rafi zaigraše bore oko očiju.

–Dobro, akobogda, dobro.

–Ja sam se molila majci božjoj da ozdraviš, i večeras ću opet.

Rafo je klimnuo glavom, ali nije razumio šta mu je djevojčica kazala. Zaiska ibrik, pa se napi. Onda joj položi ruku na glavu, pa je blagosiljaše, mičući jedva nabreklim usnama. Rafina brada se pomicaše, a djevojčica se spusti na koljena.

That afternoon Rafo began coughing, and pains like knife stabs pierced his chest. His phlegm was bloody and thick.

Leah put the wash basin near the mattress.

Don't drink water, it all comes from water. Drink milk. Rafo sipped some milk.

Do you want me to heat up these cookies for you?

He shook his head.

Give them to the kids.

Yuso, the tinsmith at Predimaret and the *gabbai* at the synagogue, came toward evening. He stayed in Rafo's room.

Leah, old Katya, and two other women had gathered and waited for him by the courtyard gate.

How does he look?

Yuso took out a box, tapped on the lid, and rolled a cigarette. Then, monotonously, he said: old age. How does old age look? It doesn't take much, one thing stops beating, then another, and so it goes. It goes fast. But it doesn't look that bad with him. Chest pains. Lighting the cigarette, he took two or three puffs and stepped out into the alley.

Stop in on him when you can, around when the muezzin calls for afternoon prayer.

Rafo couldn't fall asleep again that night until dawn. The question tormented him: Why me. . ? Maybe they didn't. Of course they didn't.

Leaning on his pillow, he began going through things in his memory. Tinko the gut cleaner appears constantly, drunk, legs astraddle, while Rafo waves his hand as if chasing flies. And if they did, it isn't because of them, I am on in years. Everything is in the hands of God.

Putting his hands on his head, he remembered Yom Kippur, how on that day fates are sealed with God's seal. Someone will become poor, someone rich, someone healthy, someone sick, someone will die a natural death, someone from water, someone from fire; someone will rejoice, someone mourn. It is all written, written and sealed. And it was determined for Rafo by the Lord, according to his merit, by the

– Ne boj se, Rafo, Bog je dobar i majka božja. I baba će moliti da ozdraviš.

Rafo je to popodne počeo kašljati, i bolovi su bivali kao ubodi od noža. Balgan je bio krvav i teško se otkidao.

Leja je metnula leđa kraj mindera.

– Nemojte piti vodu. Sve je to od vode. Pijte mlijeko. Rafo gucnu malo mlijeka.

– Hoćete li da vam ugrijem ove kolačiće?

Klimnuo je glavom da neće.

– Podaj ih djeci.

Pred veče dođe Juso, tenećendžija u Predimaretu i gabaj u bjelavskom hramu. Ušao je u Rafinu sobu.

Na avlijskim vratima skupile se i čekale ga Leja, baba–Kata i još dvije žene.

– Kako vam izgleda Rafo?

Juso izvadi kutiju, kucnu prstima po kapku, pa savijajući cigaretu, reče važno:
– Starost. Kako izgleda starost? Tu ne treba mnogo. Nek prestane jedan damar – prestaće i drugi, pa tako redom. Kod starih ide to brzo. Ali nije baš svo sve opasno. Sandžija.
Zapalivši cigaru i otpuhnuvši dva–tri dima, zakorači na sokak:

– Obađite ga koji put, tamo do jacije.

Ni te večeri ne zaspa Rafo sve do pred zoru. Mučilo ga pitanje: zašto su baš njega...? Pa možda i nisu. Nisu sigurno.

Naslonivši se na jastuk, poče da prevrće po pameti. Neprestano mu izbija crevar Tinco, raskoračen i pijan, a on, Rafo odmahuje rukom kao da tjera muhe:

– Pa i ako su, nije ovo zbog njih, ja sam u godinama. A u božjim je rukama sve.

great justice of God. *Adonai Eloheinu, Adonai Ehad.*
He let himself descend into the breadth of the
prayers and their melodies, thinking, and this
quieted him. He lived strictly by the laws and
decrees of the holy books, where the words and
commandments of God are written. As a boy he had
gone to a religious school; that was long ago.

Long ago, but he had learned something. The
masters then had been Hacham Ribi Yossef,
Hacham Ribi Yitshak, and Hacham Reuven Levi—
peace upon their ashes—what teachers they had
been! He remembered it all as if it were yesterday.
Even now you can see the house near where the
school had been. Half of its courtyard lay in the
shadow of a climbing heath that went up the wall to
the first floor, then turned and continued on the
trellises over the courtyard. He remembered how
once in the fall they'd gone down to Hacham
Reuven's courtyard. He brought them to the vines,
cleared away some branches, pointed to a large,
black-beaded berry and said: Here, these are
grapes; look at them and tell me, how many times
are grapes mentioned in the Books of Solomon? You
don't know? One hundred and four times, and that is
how many grapes there were in the golden cluster
in Solomon's treasury.

That fall his father had died, and from that time on
his mother worked during the day for the Danons.
At night she came home carrying a copper pan with
leftovers; she arranged it all nicely in small portions:
pilaf with coarse rice white as snow, chicken wings
and necks, roasted fish head, light cookies of
ground almonds decorated with red confetti. Every
now and then in winter, an overripe apple, pears
that had never touched the ground, and in the
summer, a slice of yellow or red melon, little green
figs, and always a piece of bread, white and soft as
cotton.

After a lunch of beans, Rafo would go to work. He
worked for Shimon the quilt maker. He spread out the
cotton, drew the red thread into the needle, and held the
ends of the satin and silk that Shimon cut into measured
pieces with huge scissors. He tore the old quilts, faded
and soiled on the edges, cleaned the black and red
fabric pillow cases, hemmed with black or red borders,
carried the customer finished goods, and flipped the
coins he occasionally got as Bakshish over and over in
his palm. Before nightfall he would wait for his mother
by the courtyard gate and dream about what kind of
supper she would bring.

Metnu ruku pod glavu, pa se sjeti Jom Kipura, i
kako se na taj dan u dvorovima božjim pečate
određenja. Zapisuje se na Novu godinu, a na Jom
Kipur se pečate pečatom božjim. Pa neko će
osiromašiti, neko će se obogatiti, neko će
ozdraviti, neko će se razboljeti; neko će umrijeti
od prirodne smrti, neko od vode, neko od vatre;
neko će se radovati, neko žalostiti. Zapisano je to
sve, zapisano, i zapečaćeno. A gospod je bog
njemu Rafi, odredio po zasluzi, po velikoj božjoj
pravdi. Bog je naš jedan jedini!

Razmišljajući tako i padajući u širinu molitava i
njenih napjeva, malo bi se umirio. Ta on je strogo
živio po zakonima i odredbama svetih knjiga u
kojima su zapisane božje riječi i božje zapovijedi.
Išao je kao dijete na nauku svetu; davno je to bilo.
Davno, al se tada nešto i učilo. Tada su bili učitelji
ham–ribi Jozef, pa ham–ribi Jichak, pa haham
Reuben Levi –mir pepelu njihovom–, i to kakvi
učitelji! Sjeća se on svega toga kao da je jučer bilo.
Eno i sad one kuće tamo gdje je bila škola. Pola joj
je avlije u sjeni lozova vrijesa, koji je ispuzao uza
zid do prvog kata, pa otuda krenu po letvama nad
avlijom. Sjeća se kako je jedne jeseni sišao s njima
u avliju ham–Reuben. Doveo ih je pod lozu,
razgrnuo lišće i kad se ukaza veliki grozd sa crnim
bobama, reče:

– Evo, ovo je grožđe; gledajte i recite mi koliko je
puta spomenuto grožđe u Solomonovim knjigama?
– Ne znate. Sto i četiri puta, a toliko je boba bilo na
zlatnom grozdu u riznici kralja Solomona.

Te jeseni mu je umro otac, i od tog vremena radila
mu je majka po danu kod Danonovih, a uveče bi
dolazila kući i donosila u tepsiji ostatak jela. Bilo
je tu svega, a sve bi majka lijepo poređala u hrpice:
pilav od krupna pirinča, bijela kao snijeg, kokošja krila i
vratovi, pečena riblja glava, bijela zvijezda od
samljevenih badema, nakićena crvenim konfetima. Zimi
po koja natrula jabuka, jeribasma kruška, a ljeti kriška
od žute ili crvene karpuze, zelena mala smokva, i uvijek
komad hljeba, bijela i mekana kao pamuk.

Rafo je tada za ručak od graha pošao na zanat. Radio je
kod Šimona jorgandžije. Razastirao je pamuk, uvlačio
crveni konac u igle, držao krajeve atlasa i svile koje je

When his mother died he wasn't even sixteen. Feeling abandoned, he embraced faith. He always arrived to the synagogue early and didn't miss a single prayer. He beat his breast penitentially before his confessions: I stole, I lied, I killed, I burned, I cursed, I wished evil, I measured wrongly, I cheated, I did wrong, Lord of Hosts! He tallied up these great sins with extraordinary delight, beating his fist against his chest, shaking his head and rolling his eyes. And that habit stayed with him until he reached old age. He felt a certain sense of satisfaction in admitting to sins that he couldn't have even imagined in his sleep, much less carry out, even had it been his destiny to do so.

Bending over quilts and bowing over prayers, his young spine twisted and later stiffened in that position.

He felt the third death most.

Shimon the quilt-maker's widow arranged for him to run the place; she promised him clothes, a fez and Shimon's shoes for Passover, as long as he kept on sewing as he had up until now for his lunch and dinner along with an extra coin or two on Sunday. He didn't go on more than two months; the customers dwindled and then tapered off completely. Left without a job, he started selling whatever he could find around the house: dishes, a kettle, a rug, and suits. He started smoking and going to cafes and drinking Turkish coffee. Coming out of the synagogue, he would stop in the yard, put his hands in the sleeves and watch the way a few old men, grey and bearded, in tattered clothing, stood by the door while merchants went by doling out *tsedaka*.

They wanted to marry him three times.

The first time it was a widow with three kids; the second time an older girl, pockmarked and fat; and the third time a young girl, poor like him, thin but healthy, with red curly hair and freckles on her face and arms. But he never once dared to say either yes or no. The widow had a house; Sarina carried a dowry of a hundred forintas; but Rivka, *la roja*, didn't have anything at all. He pondered over the offers at length, became preoccupied with them, then excited; the days hardly seemed to go by, yet at the end everything faded away and nothing came of all his marriages.

Later on he sold prayer books in the courtyards of synagogues. On Purim he went around collecting presents from the wealthier families. On Tisha Be'Av he spent the night in the synagogue, sitting on the floor and mourning with the other believers who

Šimon velikim makazama rezao u jednake komade. Parao je stare izblijedjele i po rubovima zamašćene jorgane, čistio ukalupljene jastuke od crne i crvene čohe, oivičene crvenim ili crnim paspoalom, nosio mušterijama izrađenu robu i prevrtao na dlanu karantane koje je rijetko dobijao kao bakšiš. Pred večer bi čekao majku na avlijskim vratima i sanjario kakvu će večeru danas donijeti.

Kad mu i majka umrije, bijaše mu jedva šesnaest godina. Osjeti se siročetom i pade u pobožnost. Ranio je u hram, nije propuštao ni jedne molitve. Udarao se pokajnički u prsa pri ispovijedi: "Krao sam, lagao, ubijao, palio, psovao, želio zlo, mjerio krivo, varao, griješio, Gospode nad vojskama!" S neobičnom nasladom nabrajao bi te velike grijehe, udarao se pesnicom o grudi, mahao glavom i prevrtao očima. I osta mu to do u stare dane. Osjećaše neko zadovoljstvo da priznaje sve te grijehe koje ni u snu nije zamišljao, koje nije mogao ni po položaju da učini.

Sagnutom nad jorganima i nadvijenom nad molitvenicima, previ mu se mlada kičma, da se kasnije ukruti u tom položaju.

Treću smrt osjeti najjače.

Udovica Šimona jorgandžije pogodi se s njim da joj vodi posao. Obeća mu haljine, fes i Šimonove cipele na Pesah, a on da šije dosad za ručak i večeru i dva groša na nedjelju. Ali ne sastavi ni dva mjeseca, jer se mušterija odbi. Osta bez posla i poče prodavati što nađe po kući. Uputi suđe, kazan, ćilim i odijela. Propuši se i poče piti crnu kavu po kavanama. Zastajkivao je izlazeći iz hrama po dvorištu, turao ruke u rukave i motrio kako neki starci, bradati i sijedi, u izderanim haljinama, stoje kraj vrata i kako im trgovci udjeljuju sadaku.

Htjeli su ga tri puta da ožene.

Prvi put bijaše to neka udovica sa troje djece, i drugi put neka starija djevojka, ospičava i debela, a treći put mlada djevojka, sirota kao i on, mršava ali zdrava, crvena, kudrave kose i pjegava u licu i po rukama do lakata. Ali on nijednom ne smjede da iskaže ni da, ni ne. Udovica je imala kuću, debela Sarina je nosila miraz od sto forinti, a Rifka

sought consolation in their lament, and salvation from God.

As the years passed his life settled, quietly, became uniform, constant, and certain. Those were the nicest years of his life. He settled down in Belava. At the break of dawn, he started down from the hill into the city, to the Great Synagogue to pray, winter and summer. He carried his prayer book and tallith under his arm and smoked a cigarette in his *cigarluk*. He stood by the door after the prayers so they would dole out *tsedaka* to him too and, with a few coins in his hand (the rest in the pouch hanging from his neck and tucked under his belt), he went straight to the bakery and from there, with hot sourdough under his arm, to Señor Leon's grocery. He crouched by the swinging doors, split open the bread, blew on the tops of his fingers to cool them, and waited for the customers to go. Then he would say slowly: Good morning, and Señor Leon would return happily, with a big smile: *I salud i vidas!* How are you, Tio Rafo? Rafo held the bread open and Señor Leon pored over it from a small flask and said: Olive oil, squeezed and refined, it's better than butter or *kaymak*. Eat it with a blessing.

From there he would go to Predimaret. He gathered butts from around the stores, sitting here a little, there a little, drinking coffee somewhere, somewhere someone would give him some fruit and, when he had collected enough butts, he would withdraw to the end of the street, open his box, remove the burnt ends, unravel the tobacco, mix it, smell it, and roll a cigarette. In the afternoon he went to Papo's public kitchen. He washed his hands, said a prayer, drank some soup, ate a portion of beans, took his pouch from his belt, paid, wiped his mouth, again said a prayer aloud, and went straight to a café. Here some played cards, others *shesh-besh*, others dominoes. He watched and listened to the talk of things told and retold, and to the sound of coffee being noisily sipped from squat *findjans*.

At dusk he returned to the synagogue. Afterwards, holding the bag with his *tallit* and prayerbook under his arm, he would buy some bread and cheese and slowly set out to climb back up Belava toward home. At home he took the copper vessel, went down to the well, filled it, returned, sat on the mattress, spread out everything on the green chest, and had his dinner. Then he would go out by the door, sit on the step, roll a cigarette, call to the kids, and give them each something sweet. He threw Lisa, the sandy-colored dog, a bit of bread and every now and then he would bring her a bone from Papo's kitchen. Leah brought out coffee and, when her husband

"laroja" nije imala nigdje ništa. Premišljao je on o tim ponudama mnogo, zanosio se, uzbuđivao, jedva mu prolažahu dani, ali na kraju se sve nekako razbijalo i od njegove ženidbe ne bi nijednom ništa.

Prodavao je poslije molitvenike po dvorištima hramova. Na Purim je išao te kupio darove po bogatijim kućama. Na Tišabeov noćivao je u hramu, sjedio na podu i plakao s ostalim vjernicima koji su u plaču tražili utjehu i od boga spasenje.

Prolažahu godine, dok se život ne utiša i ne posta jednolik, stalan i siguran. Te su godine najljepše u njegovom životu. Nastanio se ovdje na Bjelavama. Rano u zoru spuštao se odozgo u grad, u Veliki hram na molitvu, zimi i ljeti. Pod rukom je nosio molitvenik i talet, pušio cigaru na cigarluku. Stajao je poslije molitve kraj vrata da mu udijele sadaku, pa odatle, sa dva krajcara u ruci, a ostatkom u kesici koja mu je visila o vratu, a bila turena za pas, ravno u pekaru, pa sa vrućim somunom pod pazuhom šjor–Leonu u dućan. Tu čučne kraj ćepenke, skida sa vrućeg somuna kapak, puše u vrhove prstiju i čeka dok mušterija ode. Onda polako rekne: "Dobro jutro" a šjor–Leone odvrati široko i zadovoljno: "I salud i vidas! Kako ste, tijo–Rafo?" Rafo drži somun s otvorenim kapkom, a šjor–Leone sipa zejtin iz male kantice i govori: "Od maslina je, cijeđen i procijeđen, bolji je i od masla i od kajmaka. S blagoslovom da ga pojedete."

Odatle ode u Predimaret, kupi čikove ispred dućana, sjedne ovdje malo, ondje malo, negdje popije kavu, negdje mu dadnu voćku, pa kad sakupi podosta čikova, ukloni se u kraj, otvori kutiju, kida ogarke, razmotava, istresa duhan, miješa ga, miriše, pa savija cigaru.

U podne ide u aščinicu "kod Pape", opere ruke, rekne molitvu, popije čorbu, pojede sahan graha, izvadi kesicu iza pasa, plati, otare usta, izrekne glasno opet molitvu, pa iziđe ravno u kavanu. Tu se drugi kartaju, igraju damu, dominaju; on gleda, sluša šta pričaju, govore i pretresaju, i kako srču iz debelih fildžana vruću kavu.

Pred veče ide u hram, onda, s koračom pod pazuhom, kupi za marjaš sira i somun, i polako se penje na Bjelave kući. Tu uzme ibrik, siđe do česme, natoči vode, vrati se, sjedne na minder, rasporedi sve po zelenom

got home early, he would sit with them; they'd call Katya too and sip the coffee slowly and talk. The years passed peacefully, the way most dear to God.

He enjoyed the holidays; at Papo the porter's, where he was a regular guest on the eve of holidays, he would read the *kiddush* festively, that the spirit of the occasion might be felt all the more. Holding a glass of wine in one hand with the prayer book in the other, he'd throw his head back to look straight up to where God resides, from where He observes and rejoices how Israel, God's nation, celebrates in their Lord, *Adonai HaTsevaot*. The *kandil* bathed him in light and Papo smiled with secret contentment, taken up with the spirit.

And now, lying down, sick as he was, his hands on his head, Rafo remembered the dignified way he always started the blessing:

Savri maranan!

He stood looking about as if he were in a big hall with a long table, surrounded by respectable people: old, young, men and women, girls and boys, all in their finest clothes, the hall filled with candles and oil lamps, and tables covered with white tablecloths, with loaves of white bread on them, fresh and soft. And while blessing the Lord of Hosts, he smelled the bread. Rafo would lift his glass with his eyes half closed and start merrily: *Savri maranan...* And Papo, pleased at having given Rafo the place of honor, would answer contently: *Le haím!*

Thus, he lived in a way dear to God. But from the day that Tinko had told him about the bet, other thoughts tormented Rafo and he infused his prayers, without words, with the wish that he might only fulfill God's desire. He couldn't understand the reasons for his sickness; maybe the entreaties of those who had bet on him soared so high they reached the throne of God, while his prayers, somewhere near the stars, were deterred from going farther? Or else was it simply that he, Rafo, so old and bent, grey and unkempt, had committed a sin that made God angry at him? Wracked, he tossed and turned on the mattress. One second he would prop himself up on his elbows, another he stretched himself out straight as a board on the quilt like some penitent, waiting for the voice of God, filled with wrath, to resound over his place of rest.

Memories reel towards him but his mouth is dry and his tongue darts so the thread is constantly lost; he tries braiding events, images, words, and faces together. Everything fuses into a chaotic glowing

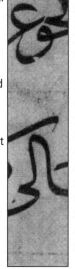

sanduku, pa večerava. Onda iziđe na vrata, sjedne na prag, savija cigaru, zove djecu, podijeli im kakav kolač, žutoj Lisi baci koji komadić somuna, a nekad joj donese po koju kost iz Papine aščinice...Leja iznese kavu, njen muž, kad dođe ranije, sjedne s njima, zovnu i babu– Katu, pa piju i razgovaraju.

Eto kako su mirno prolazile godine. Onako kako je bogu drago. Radovao se praznicima, i kod hamalina Pape, gdje je bio redovan gost na prazničko veče, molio je Kiduš najsvečanije, pa se i još kako osjećalo da je praznik. Držao je u ruci čašu vina, u drugoj molitvenik, a glavu bi zabacivao da može ravno pogledati gore gdje nastava bog, i odakle gleda i raduje se kako Izrael, narod božji, slavi svoga gospoda, gospodina nad vojskama. Kandilo bi ga svega obasipalo svjetlošću, i Papo se smješkao od prazničke sreće i tajne radosti.

I sada, ležeći ovako bolestan, s rukom pod glavom, sjeća se kako bi onako lijepo i dostojanstveno započinjao molitvu:

– *Savri maranan!*

Stajao je i gledao oko sebe kao da se nalazi u nekoj ogromnoj dvorani za velikim stolom, a naokolo puno otmena svijeta: starci, mladići, ljudi i žene, djevojčice i djeca, svi u svečanim čistim odijelima, a dvorana puna svijeća i kandila, stolovi prekriveni bijelim stolnjacima, a na njima hljebovi bijeli, svježi i mekani. I mirišu hljebovi na blagoslov Gospoda boga Savaota. Rafo bi zanesen i poluotvorenih očiju podizao čašu i počinjao svečano: *Savri maranan...*A Papo, hamalin, osjećajući čast što je svoje mjesto ustupio Rafu, odgovarao bi sa izrazom zadovoljstva i iskrenosti: *Le hajim!*

Da, da...Živio je kako bogu drago, i mučila ga je sad misao što ga baš u ovoj godini snađe to probadanje. Od onog dana kad mu je Tinco pričao da su ga osigurali, unosio je Rafo bez riječi u svoje molitve želju da se vrši samo božja volja nad njegovim životom, i ne mogaše nikako da razumije razloge svom oboljenju. Možda su želje onih koji su ga osigurali bile tako visoko uzletjele, te su mogle doći do prijestolja božjeg, a njegova molitva da je bila tamo negdje blizu zvijezda sprečavana da iziđe pred Gospoda? Ili je on, Rafo, ovako star i

twilight gathering in red before his eyes and deep within he again makes out the form of Tinko, drunk. He shivers, starts, grabs his sides, coughs, waves his hands, and still struggling, calls out: *Bueno! Bueno! Ya veremos!*

After that he wilts like a flower, falls exhausted, and his blue lips slowly move in quiet prayer: *Shema' Israel! Adonai Eloheinu, Adonai Ehad.* He repeats it, for the hundredth time.

Again, at dawn, when the neighbor's roosters first call, exhaustion overtakes him and he falls asleep.

Soft steps and whispers swept across the courtyard; neither shouting nor the sound of carpets being beaten could be heard anywhere. Kids stole in and out noiselessly; only the shrill chirping of sparrows nestling under the leaves got higher as older ones flew in to them with butterflies in their beaks. The leaves on the mulberry tree rustled softly, though they wished nothing other than to simmer in the hot sun under a gentle breeze from Gordonia.

People came to call on Rafo. They bring soup, lemon, sugar, and coffee. Even Renucha, the old healer, came to put poultices on his head in order to wash away his shivers. She put water on one end of a scale, grabbed coals with a set of tongs Leah handed her, then threw them in the water. The steam hisses, the red-hot coals dropping in the water hiss, and Renucha talks; she whispers chants and spells.

See, dear daughter, how the water steams! He is afraid, afraid, my daughter.

Rafo blinks under the scarf, mumbling; as the coals drop into the water he trembles.

Toward evening some Jews come to his room to say a prayer. Feverish, Rafo babbles: Ribi Elazar. . .Tinko. . .Tinko. . .Ribi Akiba. . .

People pray, shake their heads, sway, raise their eyes. The prayers are passionate but hushed, whispered to themselves. In this common prayer, with the movements of their bodies, arms, heads, and eyes, they induce a single plea: mercy for Rafo. They pronounce God's name with such rapture and sanctity that it seems even now the arm of God will descend from above and perform a great miracle.

Rafo moans and sobs. His throat is choked by a rattle,

mator, bradat i sijed, počinio kakav grijeh, te se bog rasrdio na njega?

– Ne, ne...nisu oni...nije zbog njih, nije...Godine...godine...volja božja.

Mučen ovakvim mislima, pretura se Rafo i namješta na minderu. Čas se podiže na lakte, čas se pruža pod jorganom kao grešnik koji čeka da će glas razljućenog boga jeknuti nad njegovim ležajem.

Sjećanja nalijeću, a kako mu se usta suše pa mora jezikom da paluca, gubi neprestano nit i ispreplice događaje, slike, riječi i lica. Sve mu se stapa u jedno kaotično sumračje koje mu se crveno osvijetljeno hvata pred očima, i duboko u njemu počne jasno da raspoznaje opet pijanog Tincu. Tada se trgne, prihvati se rukom za slabine, zakašlja se, odmahne rukom, pa govori glasno mucajući:

–*Bueno! Bueno! Ja veremos!*... Dobro, dobro! Vidjećemo!

Poslije toga klone, leži iznemogao, a pomodrele mu se usne pomiču u tihu molitvu: "Šema jisrael!...čuj Izraelu, gospod naš Bog je jedan jedini", – i ponavlja je po stoti put.

Istom u zoru kad se oglase prvi pijetli u komšiluku, svlada ga umor i zaspi.

Avlija se prekrila šapatom i koracima kao po pamuku. Nigdje se ne čuje lupa ili dreka. Djeca otvaraju vrata na avliji kao da se kradu u nju ili iz nje, samo mali vrapci pijuču u gnijezdu pod strehom, a još više se pomame kad im stari dolete sa kakvim leptirom u kljunu. I dudovo lišće šumi. Ni ono ne mari nizašto, do da treperi na vrelom suncu pod laganim vjetrom sa Grdonja.

Rafu obilaze. Nose mu čorbu od kokošjeg mesa, limunove, šećer i kavu. Došla je i stara vidarica Renuča da mu meće obloge na glavu i salije stravu. Vidarica drži tas sa vodom, pa mašama dohvata ugljevlje, koje joj Leja dodaje, i baca u vodu. Čššš...vrišti užareno ugljevlje padajući u vodu, a Renuča govori, šapće, baje...

his face turns blue, his eyes bulge dim and bloodshot. His mustache drapes over his glistening lips, his beard is covered with spit. He cannot hear the prayer, nor recognize who is praying; everything is in shade. Within his mumbling he only feels the premonition that he is not yet done with the thought of the horror Tinko had revealed to him, and that the question still racks him: Why this, so suddenly, without warning, just this year?

The barber, a Muslim, was brought in the evening to let blood. He sliced a vein on the forearm with a razor, near the joint, already swollen like a fat, serpentine leach. Black blood sprung forth and flowed over the quilt. They ran for the wash basin. One of the three Jews there fell in the middle of the room, white as a sheet. Everyone stirred, Leah jumped in and Katya, as they helped him out, clenched her hands, crossed herself, and holding up the cross from her rosary, cried out in a shrill voice: Save, mother of God, pure Virgin, holy Jesus. . .

From the mosque the muezzin was calling out the evening prayer. While his mellow voice reverberated across the *mahala*, calling forth the greatness of Allah over the blackened rooftops and empty alley, Rafo asked them to open the little window. He straightened himself up on the mattress. In the light of the small lamp that Leah had hung on the wall that day a smile could be seen on Rafo's unwashed and swollen face. With his good hand he reached for a glass of sugared water with slices of peeled lemon. Listening to the muezzin's call and looking at his bandaged arm and the bloody quilt, his smile appeared even stronger. Then he closed his eyes and thus, behind his shut eyelids, Rafo raised his vision towards his Lord, the juice gurgling in his throat. Rafo drank to the last drop; letting the glass down slowly on the quilt and looking around the room, he greeted them: *Shabat Shalom!*

The whole evening he listened peacefully to the cantillation. Every now and then he would cough. Around midnight he asked for some water, then he took out his bag with money and offered it before him without saying a word.

Soon after he fell asleep, and those on watch didn't even notice as his breath left him. In the morning he was stiff. The smile remained on his face. Those who had been on the vigil said that he had died like a *malach*, an angel.

Rafo's courtyard was full of people. Candles and oil lamps burned, people whispered, and everyone had

– Vidiš li, draga kćeri, kako se voda puši! Ustravio se, ustravio, kćeri moja.

Rafo žmiri pod maramom i ropće, i, kako ugljevlje pada u vodu, stresa se.

Pred veče došlo je nekoliko Jevreja da u Rafinoj odaji reknu molitvu. Rafo je u vatri, i trabunja: "Ribi Elzar...Tinco...Tinco...Ribi Akiva..."

Ljudi mole, mašu glavama, njišu se, podižu oči. Molitva im je strastvene iako tiha, iako je mole u sebi. U tu običnu molitvu unose svojim kretnjama tijela, ruku, glave i očiju, jednu jedinu molbu: mole milost za Rafu. Izgovaraju božje ime s takvim zanosom i tako pobožno, da im se čini: sad će se ruka božja pojaviti sa tavanice i učiniti neko veliko čudo.

Rafo stenje i grca. U grlu ga davi ropac, lice mu pomodrjelo, oči iskočile, mutne su i krvave. Brkovi pali po usnama, mokri, a brada se raščupala i zabalila. Ne čuje molitvu, ne raspoznaje ljude: svijest mu je pomućena. Jedva se iz njegovog trabunjanja naslućuje da ga još uvijek nije ostavila misao o onom strašnom, što mu je Tinco otkrio, i da ga muči pitanje: kako ovo dođe, odjednom, nenadano, i upravo još ove iste godine.

Uveče dovedoše berbera da mu pusti krv. Berberin, musliman, zareza brijačem jedan damar na podlaktici, blizu pregiba što se bio naduo kao vijugasta uhranjena pijavica. Udari crna krv, pa poteče na jorgan. Razletješe se po leđen. Jedan od trojice Jevreja preturi se i pade blijed kao krpa nasred sobe. Uskomeša se sve, doletjela i Leja, a baba–Kata, kad iznesoše onesviještenoga, lomi ruke, krsti se, i podižući krstić na krunici u vis vapije: "Spasi, majko božja, prečista djevice, Isuse lijepi..."

Mujezin je sa džamije javljao jaciju. I dok se mekan glas njegove molitve razlijegao mahalom i treperio nad pocrnjelim krovovima i praznim sokacima, tražio je Rafo da mu otvore prozorčić. Ispravio se na ležaju. U osvjetljenju male lampe, vidje se osmijeh u neopranom i nabulom licu bolesnoga Rafe. Njegova zdrava ruka uze čašu

the feeling that they were present at the funeral procession of a man much more prominent than Rafo had been. As they carried him out, Anka's sobs could be heard.

Hacham Yeshua took hold of one corner of the bier and passed with it through the courtyard gate. The courtyard was deserted; it had emptied in minutes. The smell of candles faded, and Anka's sobs finally died down. Around noon, when an uncanny stillness reigned in which only the rustling of the mulberry leaves could be heard, scrawny Lisa jumped out from nowhere and started howling.

After they managed to chase her out, an even deeper silence set in; and the whole summer the bright calls of children's names did not volley from one end of the courtyard to the other, nor did anyone have to stir at their usual yelling and shouting in grabbing after a wooden peg or a rusty hoop.

Translated by Ammiel Alcalay

zašećerene vode sa kriškama oguljena limuna. Slušajući mujezinovu molitvu i gledajući u zavezanu ruku i okrvavljen jorgan, ukaza mu se taj osmijeh još jače. Oči mu se tada sklopiše, i onako iza zatvorenih kapaka Rafo ih podiže svome Gospodu, i tekućina zagrgota u grlu. Rafo ispi u kap. Spustivši čašu na jorgan, pogleda po sobi, pa pozdravi: *Šabat šalom!*

Cijelu večer je mirno slušao čitanje. Katkada bi se zakašljao. Oko ponoći zaiska malo vode, pa izvuče kesicu s parama i pruži je bez riječi.

Zaspao je malo kasnije, i čuvari nisu ni primijetili kada je izdahnuo. Ujutro je bio ukočen. Na licu mu je ostao osmijeh. Čuvari su pričali po gradu da je umro "kao malah" – "kao anđeo".

Rafina je avlija bila puna svijeta. Gorjele su svijeće, šaptalo se, i svi su bili ispunjeni osjećajem da prisustvuju sprovodu nekog viđenijeg čovjeka nego što je to Rafo bio. Kad ga iznesoše, začu se plač male Ankice, a ham–Ješua uze na rame nosiljku i pređe s njome avlijska vrata.

Osta avlija pusta. Isprazni se začas. Nesta zadaha od svijeća; polako je zamirao i Ankin jecaj. O samo podne, kad je zavladala neobična tišina i u njoj se samo čulo šuštanje dudova lišća, izbi odnekud žuta mršava Lisa i poče da zavija.

Jedva je otjeraše. Tada utonu avlija u tvrdo ćutanje. I cijelog se ljeta njome ne prosu smijeh djece, niti je potrese njihova vika i dreka otimajući se o klis ili zarđao obruč.

Letters from the Siege

Pisma iz opsade

From Izeta Građević in Zagreb to Jo Andres and Paula Gordon in New York

10 February 1993
To: Paula

Dear Jo,

I will send you those drawings made here in Zagreb last month. I start to work again, as you see. I have a lot of similar things made during the war, and now wait for a friend, a British pilot, who will bring me some of the rest. I gave all instructions to Miro and left Sarajevo with one suitcase.

I was working every day during this time of blockade, doing a lot of drawings, photographs, paintings, with no idea what for. With no reason. (To save my mind? To find sense in the chaos? To have a proof of my presence in hell? To say: yes, I was there.)

I was working for our performance since November very seriously (and Jo—I know, all this year, we will work together).

It is very difficult for me to express myself in your language. I forgot mine for this time (I don't exaggerate, I forgot mostly names of people and things. People told me the same, forgotten works, forgotten faces, forgotten movement . . .).

Srđan Vuletić, *I Burnt Legs* (March 1993)

Od Izete Građević u Zagrebu za Jo Andres i Paulu Gordon u New Yorku.

10. veljače, 1993
Za: Paulu

Od: Izete
Draga Jo,

Poslat ću ti one crteže napravljene ovdje u Zagrebu prošlog mjeseca. Ponovo sam počela raditi, kao što vidiš. Imam mnogo sličnih stvari napravljenih tokom rata, i sada čekam na prijatelja, britanskog pilota, koji će mi donijeti neke od preostalih.

Dala sam sve instrukcije Miru i napustila Sarajevo s jednom putnom torbom.
Svakog dana za vrijeme blokade radila sam na mnogo crteža, fotografija, slika, ne zajući ni sama zašto. Bez razloga. (Da bih sačuvala duh? Da bih našla smisla u kaosu? Da bih dokazala svoju prisutnost u paklu? Da bih rekla: Da, bila sam tamo.)

Radila sam za naš performance do studenoga, vrlo ozbiljno (i Joi – znala sam cijele ove godine, mi ćemo raditi zajedno).

Vrlo mi je teško izraziti se na tvom jeziku. Za sad sam zaboravila svoj (ne pretjerujem, uglavnom sam zaboravila imena ljudi i stvari. Ljudi su mi rekli isto, zaboravljeni radovi, zaboravljena lica, zaboravljeni pokret...).

Ispočetka sam hodala vrlo otuđeno, ovdje u Zagrebu, u "slobodi". Bez koordinacije ruku i nogu, glave i očiju. Bilo je vrlo smiješno i činilo me nervoznom.

U Sarajevu

bilo me strah smrti, ali još više boli i tjeskobe. I ne sjećam se vremena kada sam bila ljubav, svjetlo, zvijezde, mjesec, kiša, sunce...tišina, tako kao zadnjih nekoliko mjeseci.

Plašim se da se nisam sposobna izraziti riječima, ovo iskustvo nikako ne može biti verbalno.

I was walking in a very strange way at first, here in Zagreb, in a "freedom." no coordination between legs and arms, and head, and eyes. That was very funny and made me nervous.

In Sarajevo

I was very afraid of death, but more of pain and torment. And I can't remember the time when I was love, light, stars, moon, rain, sun. . .silence as much as the last few months.

I'm afraid I'm not able to express myself by words, this experience can't be verbal at all.

Every night, lying in my bed, under the three blankets and sleeping bag, I had such a strong feeling how the human body is very, very soft, very unprotected.

In full darkness, trembling during the mortar shelling, I could feel so clearly "their" intention to kill. This intention is so direct, so vulgar and so simple at the same time. That is the real pornography. Sometimes nights were so quiet, so dark, I couldn't see my one hand. Felt as in a grave.

Sarajevo now is a strange place, almost surreal. Burned houses, burned cars, big holes on the walls. Through the hole you can see somebody's apartment, with table and chairs—sometimes I was going (that means running) through the street in front of the Academy of Drama, which is very dangerous (as a challenge to my destiny). Obala street, the one with big traffic, is empty now, deserted on the horizon you can see—burnt—trams, seems like they are coming. In full silence you can hear only the sound of your own steps through the million pieces of broken glass. These little glasses sparkle under the sun and some strange plants with beautiful flowers grow up in the middle of the street. I love Sarajevo more than ever (fatal attraction!).

Dear Paula, this is something for you!
Some lessons about arms and feelings
The city of Sarajevo is attacked by different arms, but the most famous are:

1. mortar (mortar shells 64mm, 72mm, 82mm, 105mm, 120mm)
2. antiaircraft cannon (42mm)
3. antiaircraft machine-gun (12mm)
4. machine-gun called "sower of death"
5. snipers (all different bullets-inflammable, exploding, tracer)

I was afraid especially of a mortar shell. I told my friends: if it happens, don't save me, leave me to die. Amra gave the same instructions to us. The wound of a mortar shell

Svake noći, ležeći u mom krevetu, ispod tri prekrivača i vreće za spavanje, imala sam strahovito jak osjećaj da je ljudsko tijelo vrlo, vrlo meko, vrlo nezaštićeno.

U mrklom mraku, drhteći tokom granatiranja, mogla sam osjetiti vrlo jasno "njihovu" namjeru da ubiju. Ta namjera je tako direktna, tako vulgarna i tako jednostavna u isto vrijeme. To je stvarna pornografija. Ponekad su noći bile tako tihe, tako mračne, da nisam mogla vidjeti vlastitu ruku. Osjećala sam se kao u grobu.

Sarajevo je sada čudno mjesto, gotovo nadrealno. Spaljene kuće, spaljeni automobili, velike rupe u zidovima. Kroz rupu ponekad možeš vidjeti nečiji stan, sa stolom i stolicama – ponekad sam išla (u stvari trčala) ulicom nasuprot Dramskoj Akademiji, što je vrlo opasno (kao izazov mojoj sudbini). Obala ulica, inače prometna, sada je prazna, opustošena. U horizontu možeš vidjeti – spaljeni – tramvaj, izgleda kao da dolazi. U čistoj tišini možeš čuti jedino zvuk svojih vlastitih koraka po milijunu komadića razbijenog stakla. Ova stakalca se cakle pod suncem i neke čudne biljke s prelijepim cvjetovima niču po sredini ulice. Volim Sarajevo više nego ikad (fatalna atrakcija!).

Draga Paula, ovo je nešto za tebe!
Neke lekcije o oružju i osjećajima
Sarajevo je napadnuto različitim oružjem, ali najpopularnija su:

1. Granata (64mm, 72mm, 105mm, 120mm)
2. Protuavionski top (42mm)
3. Protuavionski mitraljez (12mm)
4. Mitraljez nazvan "sijač smrti"
5. Snajperi (raznorazni meci–upaljači, raspršivači, svjetleća zrna)

Naročito sam se plašila od granata. Rekla sam svojim prijateljima: Ako se to dogodi, ne spašavajte me,

I Burnt Legs

is usually fatal. Very small part of this thing, shrapnel, can cut your legs, or arms. Power of explosion depends on material of target: harder material (as concrete)—bigger explosion. (You are not safe at 50-100m around explosion). Antiaircraft machine gun is the favorite arm of the chetniks. It has very strong big bullets (long 200mm, width 12mm). We don't have aircraft at all (unfortunately), and chetniks have so many of these

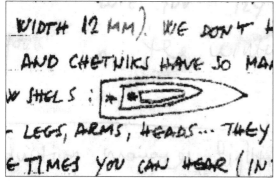

arms. The bullet has a few shells.

It is very useful, too, for cutting legs, arms, heads . . . they don't economize with ammunition. Sometimes you can hear (in the silence of the night) something like rhythm of music made by that machine-gun (named PAM protiv avionski mitraljez).

And there is one thing more which makes me tremble. Shining rocket (tracer rocket). In the full darkness of the night it looks almost wonderful. But you know, it could be the star of mortar shelling and you can hear detonation from the hills and the city. That detonation is the beginning of a mortar shell trajectory. You start to count one, two, three, four . . . until the explosion is somewhere in your neighborhood. You can guess the position of mortar by this counting (never exactly) and try to find a safe place. There is no safe place in our apartments. We have to run in the cellar. Luri is first always. But the way through our stairs is also dangerous, and you have to make a big decision (should I stay, or should I go . . .).

True story

One old woman died in Sarajevo. Her son tried to find a chest for the funeral. There is no wood at all to make a chest. And he is going three days looking for some way to bury the body.

And the body was lying down all this time in the room. Fourth day, a mortar shell fell into that room, destroyed everything, and the problem of a funeral is solved. The man buried his mother's body in one sack. (And then two fingers Willy is coming . . .)

ostavite me da umrem. Amra nam je dala iste instrukcije. Rana od granata je obično fatalna. Vrlo mali dio ove stvari (geler ili šrapnela?) može ti odsjeći noge, ili ruke. Snaga eksplozije ovisi o materijalu mete: teži materijal (kao beton) – veća eksplozija. (Nisi siguran na oko 50 – 100 m oko eksplozije). Protuavionski mitraljez je omiljeno oružje Četnika. Koristi vrlo jake, velike metke (duge 200mm, široke 12 mm). Mi uopće nemamo avione (na žalost) dok Četnici imaju tako mnogo tog oružja. Metak ima nekoliko čahura:

Vrlo je korisan, također, za odrezivanje nogu, ruku, glava...Oni ne štede s municijom. Ponekad možeš čuti (u tišini noći) nešto kao ritam muzike, stvoren pomoću mitraljeza (nazvanog PAM Protu Avionski Mitraljez).

Postoji još jedna stvar od koje se tresem. Svijetleća raketa. U mrklom mraku noći izgleda gotovo predivno. Ali ti znaš, to bi mogla biti zvijezda granatiranja, i možeš čuti detonaciju s brežuljaka i grada. Detonacija je početak granatne putanje. Počinješ brojati jedan, dva, tri, četiri... dok ne eksplodira negdje u tvom susjedstvu. Možeš nagađati poziciju granate pomoću ovog brojanja (nikad točno) i pokušati naći sigurno mjesto. Nema sigurnog mjesta u našim stanovima. Moramo trčati u podrum. Luri je uvijek prvi. Ali put našim stepenicama je također opasan, i moraš donijeti veliku odluku (*Should I stay, or should I go* ....).

Istinita priča

Jedna stara žena je umrla u Sarajevu. Njen sin je pokušao naći lijes za pogreb. Ali ovdje nema drva da bi se napravio lijes. Lutao je naokolo tri dana, ne bi li pronašao neki način da pokopa tijelo.

I tijelo je svo to vrijeme ležalo u sobi. Četvrtog dana granata je pala u sobu, sve uništila, i problem pogreba je bio riješen. Muškarac je sahranio tijelo svoje majke u jednoj vreći. (Dolazi dvoprsti Willy...)
Volim te
Izeta

I Burnt Legs

love you
Izeta

******

*From Izeta Građević and Mirsad Purivatra in Sarajevo to
Paula Gordon in New York.*

Dear Paula,
                Sarajevo, 30 November 1992

I'm so happy to have your letter two days ago. I thought
that the message for you was lost, and I prepared
another one.

It is a very bad situation here, chetniks are shelling us
(last few days less than usually). There is no electricity,
no water, no food. As I told you we are living here at
Obala cellar since August (ten of us).

Teno is coming right now. Pero is on the first defense
line and he is a real hero! He has really good company
there. His brigade is formed by very interesting people,
musicians, filmmakers, etc.

We have a very good friend from UNHCR. His name is
Mark and he is from Canada. He takes care of us with
food.

I've got one invitation from France to make an exhibition
but because of bad communication I am late, and
probably lost this chance!

I was very ill (my asthma), but now I'm much better. Luri
is good. He was hysterical about shelling, but in the
cellar the sound of bombing is not so strong and he is
much better as well.

Miro is working very hard (I try to help as I can). He
prepares exhibitions in the destroyed place (the new
Obala space, we told you about this).

There was a concert at our stage last month. It was
fantastic. Pero played saxophone, and he came straight
from the front line. He had very dirty boots on stage,
dressed in uniform (with gun). All people here are
impressed by my press card of WFMU, as a real
journalist of WFMU, my dear news director, I will
prepare something for you. Srđan will make one video
tape with all our friends and we will make the audio tape
for your station with all the recent news from Sarajevo.
You'll have one exclusive report form hell, very soon.

I am working on my escape from here, and Miro is
staying. It is his final decision.

I have no words to express my gratitude to all of you
(especially Jo and you).

*****

Od: Izete i Mira
Za: Paulu

Draga Paula,
           Sarajevo, 30 prosinca, 1992

Tako sam sretna što sam primila tvoje pismo prije dva
dana. Mislila sam da se moja poruka za tebe izgubila, pa
sam pripremila novu.

Ovdje je situacija vrlo loša, Četnici nas granatiraju
(zadnjih nekoliko dana manje nego obično). Nema
elektrike, vode, hrane. Kao što sam ti rekla, mi živimo
ovdje u Obala podrumu od kolovoza. (Nas desetoro).

Upravo stiže Teno. Pero je u prvoj obrambenoj liniji i
pravi je heroj! Tamo ima zaista dobro društvo. Njegova
brigada je formirana od vrlo zanimljivih ljudi, muzičara,
filmskih stvaraoca, itd.

Imamo vrlo dobrog prijatelja iz UNCHR, iz Kanade je i
zove se Mark. On se brine o nama, o našoj hrani.

Dobila sam jedan poziv iz Francuske, za prirediti
izložbu, ali zbog loše komunikacije, zakasnila sam i
vjerojatno izgubila tu priliku!

Bila sam vrlo bolesna (moja astma), ali sad sam mnogo
bolje. Luri je dobro. Bio je histeričan zbog granatiranja,
ali u podrumu zvuk bombardiranja nije tako jak, pa je i
on mnogo bolje.

Miro mnogo radi (pokušavam mu pomoći koliko
mogu). On priprema izložbe u uništenom mjestu (Novi
Prostor Obale, o čemu smo ti prije rekli).

Prošlog mjeseca imali smo koncert na našoj pozornici.
Bilo je fantastično. Pero je svirao saksofon, došavši
pravo s linije fronta. Na pozornici je imao vrlo prljave
čizme, odjeven u uniformu (s pištoljem). Ovdje su svi
impresionirani mojom press kartom WFMU, i kao prava
WFMU novinarka, moja draga novinarska direktorice,
nešto ću pripremiti za tebe. Srđan će napraviti jednu

I Burnt Legs

love you
Izi

Dear Paula,

Very soon we are waiting for you, MIKE, COLLIN, CASSELLI, AND JO . . . and Co. in free Sarajevo. Those quantity of violence by chetniks cannot last so long, very soon we will WIN.

Miro

******

From Izeta Gradević to Michael Boonstra in New York

Dear Michael,

I am writing this letter to you by candlelight. It's cold, there is no electricity. Miro and I live since August at the Academy of Theater Arts (in the basement) with some of our friends. We stoke a fire to stay warm. We've already burned three sets in our stove. We've cooked on "The Bald Soprano" and "Midsummer Nights Dream"! Life here is very difficult, a struggle to survive. The chetniks have us blockaded without food, water and power and on their television they show us an advertisement with tables full of food, with swimming pools, with happy people while their voice over follows the action: "How all of these things are now beyond your reach! Don't wait for help from anyone because it isn't coming! Separate yourselves as soon as possible!" That's very cynical, isn't it?! Very sad!

But what can we do, we have to live through all of this! Miro works hard. He's always walking in the city and that is very dangerous. I am always in the basement. There are still many people in Sarajevo, of different nationalities. It is a great and sad lie that Serbs are here in concentration camps. Here everyone is **equally** hungry, equally cold, and equally dies. The city defends all, not some Jihad of warriors, green beret or Muslim army.

I Burnt Legs

video traku, sa svim našim prijateljima, i napravit ćemo audio traku za tvoju stanicu, sa svim recentnim novostima iz Sarajeva. Uskoro ćeš imati jedan ekskluzivan izvještaj iz pakla.

Ja radim na mom bijegu odavde, Miro ostaje. To je njegova konačna odluka.

Nemam riječi da vam svima izrazim zahvalnost, (osobito Jo i tebi).

Volim te
Izi

Draga Paula,

Očekujemo te
uskoro...
i Co. u slobodnom Sarajevu. Ovolika četnička nasilja ne mogu tako dugo trajati, vrlo skoro, mi
ćemo..

Miro

*****

Od: Izete
Za: Michaela

Dragi Michael, pišem ti ovo pismo uz svjetlo voštanice. Hladno je, nema struje. Miro i ja od kolovoza živimo u Akademiji Scenskih Umjetnosti (u podrumu) sa nekoliko naših prijatelja. Ložimo vatru da se ugrijemo. Već smo spalili tri scenografije u našem šporetu. Kuhali smo na "Ćelavoj pjevaćici" (Ionesco), "Hasanaginici" i "Snu ljetne noći". Život je ovdje vrlo težak, borba za preživljavanje. Četnici nas drže u opsadi, bez hrane, vode i struje, a na svojoj televiziji, pokazuju nam strane reklame sa stolovima punim hrane, sa bazenima, sa sretnim ljudima, i sve to prati njihov glas : "Kako su sada ove stvari daleko od vas! Ne očekujte pomoć ni od koga jer ona neće doći! Podijelimo se što je prije moguće!" To je vrlo cinično, zar ne? Vrlo tužno!

Ali šta možemo, sve to moramo preživjeti! Miro radi mnogo. Stalno hoda po gradu, a to je vrlo opasno. Ja sam stalno u podrumu. U Sarajevu je i dalje mnogo ljudi različitih nacionalnosti. Velika je i tužna laž da su Srbi ovdje u koncentracijskim logorima. Ovdje su svi JEDNAKO gladni, jednako im je hladno, i jednako umiru. Grad brane svi, ne samo Džihad ratnici, Zelene Beretke, ili Muslimanska vojska.

Mnogi su naši prijatelji stradali, mnoge su zgrade uništene. Stara biblioteka, sagrađena od Austrijanaca, izgorila je do temelja. Begova džamija pogođena je s preko 80 granata. Orijentalni Institut je spaljen, kao i Stara Pošta, Pekara, Sportski Centar Skenderija, Narodno pozorište, Kamerni teatar (tom prilikom je dvoje prolaznika poginulo)...Alipašina džamija, Stara

Many of our friends have died, many buildings are destroyed. The old Austrian built library is burned to the ground. Begova Mosque has been struck by over 80 grenades. The Oriental Institute is burned, the old post office as well, the bakery, Skenderia Sports Center, National Theater, Chamber Theater (and in that instance two passerbys were killed) . . . Alipasha's Mosque, the old Orthodox Church is a little damaged by part of a grenade with neighboring buildings, the big Cathedral has been targeted, the tram rails are torn apart, damaged many times. The open market is targeted many times and the indoor city market has been hit even more. A beautiful building was burned that has been up until now a museum and once the American Consulate. Baščaršija [Old City] and the surrounding area is terribly destroyed.

Thank god we are all healthy. We try to maintain our sanity and our will to live. Miro is preparing an exhibit in the destroyed Red Cross building with Sarajevo artists.

At this moment your warm greetings mean a great deal. From time to time we look at photographs from days gone by. They are the only things we have taken with us from our apartment. There are people here who have fled from one suburb that has been occupied by chetniks. And all they carried with them was only photographs. In this way we show each other pictures of our friends from days past, from happier times. For that we now have ample time. Once in a while we encounter people who we haven't seen in a long time, even though we live in the same town. Everyone has changed, grown older looking and gotten thinner. We are here in a concentration camp (all of different nationalities, all equal in our grief and distress).

But I have also met some good people, I've learned to bake bread in a pot, to make savory pies on the fire, to make mayonnaise from only flour and a little oil without even one egg.

The man who will take this letter to Paris (a French reporter) has just arrived. I must bring this letter to a close.

With excitement I remember the days we spent in New York. That is now really very far away.

Accept many warm greetings from this cold and sad (but still alive) town.

Love from your friends
Izeta and Miro

******

Pravoslavna crkva i obližnje zgrade su malo oštećene granatom, Katedrala je gađana, tramvajske pruge su mnogo puta razorene. Pijace su mnogo puta gađane, a gradska tržnica je više puta pogođena. Spaljena je divna zgrada, koja je do sada bila muzej, a nekoć Američki konzulat. Baščaršija (Stari grad) i okolna naselja su strašno uništena.

Hvala Bogu da smo svi zdravi. Nastojimo sačuvati zdrav razum i dobru volju za životom. Miro priprema izložbe sa sarajevskim umjetnicima, u razorenoj zgradi Crvenog Križa.

U ovom trenutku tvoji topli pozdravi tako mnogo znače. Ponekad gledamo fotografije iz prošlih dana. Jedino to smo ponijeli iz našeg stana. Ovdje se nalaze ljudi koji su pobjegli iz jednog naselja koje su okupirali Četnici. I oni su ponijeli sa sobom samo fotografije. Na ovaj način, jedni drugima pokazujemo slike naših prijatelja iz proteklog vremena, iz sretnijih vremena. Sada za to imamo dosta vremena. Ponekad susrećemo ljude koje dugo vremena nismo vidjeli, iako živimo u istom gradu. Svi su se promijenili, postarali i smršavili. Mi smo ovdje u koncentracijskom logoru (svi različitih nacionalnosti, svi jednaki u tuzi i jadu).

Ali također, upoznala sam neke dobre ljude, naučila sam peći kruh u loncu, napraviti pitu na vatri, napraviti majonezu samo od brašna i malo ulja, bez ijednog jajeta.

Upravo stiže mladić (Francuski novinar) koji će odnijeti ovo pismo za Paris. Moram privesti pismo kraju.

S uzbuđenjem se sjećam dana koje smo proveli u New Yorku. To je sada zaista daleko,

primi mnogo toplih pozdrava iz ovog hladnog i tužnog (ali još uvijek živog) grada.

Vole te tvoji prijatelji
Izeta i Miro

I Burnt Legs

Hello Paula

A long time already disorder
has been devouring my dreams, my hopes
any time I cast a glance at small groups of the headless
playing a game of survival

—fall down—get up—

somebody says it's revolution
oh god it is not revolution
chaos it is
chaos that departs us from anger
chaos that disestablished us, makes malicious
out of spite toward fear

—fall down—get up—

It really seems to me now
soon we'll all go together down
bearing a huge stone in our entrails
it's too early my only friend
even before we succeed
to make progress and greet the genesis of civilization
probable could be our question then
why must just my birth fill the hole of the universe
on a filthy day
of the filthy time
of our savagery
of our crime

Thank you for all

Senad (Teno) Hađimusić

P.S. I just started to work on the Muslim's radio "Hayat"
(playing music).

Don't be afraid. I love you.
                                    --Pero

*From Srđan Vuletić in Sarajevo to Paula Gordon in New
York*

I Burnt Legs

*****
Zdravo Paula

Već dugo vremena nered
proždire moje snove, moje nade
U bilo koje doba da bacim pogled na male grupe
bezglavih igrajući igru preživljavanja

– padni – ustani

Netko reče to je revolucija
Oh Bože to nije revolucija
To je kaos
Kaos koji nas udaljava od gnjeva
Kaos koji nas odvaja, čini pakosnim
ni pakosnim

izvan pakosti prema strahu

– padni – ustani

Sad mi zaista izgleda
Uskoro ćemo svi ići dolje zajedno
noseći ogroman kamen u našim rukama
Prerano je moj jedini prijatelju
Čak prije nego što nam uspije
Napredovati i dočekati genezu civilizacije
Naše će pitanje tada vjerojatno biti
Zašto samo moje rođenje mora ispuniti rupu svemira
U prljavom danu
Prljavog vremena
Naše okrutnosti
Našeg zločina

                                                3/90
Hvala ti za sve

Senad(Teno) Hadimuzić

P.S. Upravo sam počeo raditi na muslimanskom radiju
"Hayat" (puštam muziku)

Nemoj se plašiti. Volim te.
                                                Pero
*****
Od: Srđana
Hi Paula

Nadam se da će te ovo pismo zateći živu i zdravu(uh).
Hvala za tvoje pismo i za brigu o nama (ne o meni
direktno).

Samo ti želim reći da ti (i drugi ljudi u NYC) nemate
pojma što se događa, kako je ovdje strašno! Čovjek
može umrijeti svake sekunde deset puta. Moj život (kao
i životi drugih!) ovisi o Četnicima, koji se nalaze na
planinama oko Sarajeva, i bombardiraju grad cijelog
dana i noći. *Non–stop bomb delivery*. Sasvim je
svejedno da li si u kući, u uličnom skloništu ili bilo gdje.
U Sarajevu nema sigurnog mjesta. Svi pričamo o

Hi Paula

I hope this letter will find you well and safe. Thank you for letters and care about us (not me directly).

I just want to let you know that you (and other people in NYC) have no clue what's happening here, how terrible it is here! A man can die every second ten times. My (and others') life depend on CHETNIKS, who are on the hills around Sarajevo and bombing the town all day & night. NON-STOP BOMB DELIVERY. It's completely the same to be in the house, at the street shelter or anywhere. There is NO SAFE place in Sarajevo. So all of us are talking about DESTINY and "EVERYONE HAS OWN SHELL" and waits for DEATH. We have a lot of ways to lose LIFE: BULLET, SHELL, FIRE + more).

I was working in a hospital during the end of May, June. There was so much BLOOD, CUTTING LEGS, ARMS, broken heads . . . I couldn't stay in the hospital anymore.

LAMENT is over here.

Life is not interesting here.

—When we have no electricity, we are sitting in the DARK and we know how life looked like before Christ.

—Town is some kind of puzzle. You have streets covered by chetnik snipers, you have "free" streets (tanks, cannons,—mortar—not included in this game), and of course you have chetniks snipers that you don't know where they are. Task is to get across the street For example (THIS IS WHERE I'M LIVING).

You know my attitudes about music. NOW, I'm listening to tanks, canons, mortars, antiaircraft machine-guns, missiles . . . It's big NOISE and I'm happy as much as I'm sad that weapons exist.

What do you think: Is there any band who wants to play here? I think it is possible to find such a band in NYC. I will try to bring FUGAZI here. And there is my task for you: Please contact JELLO BIAFRA, and tell him about us and my idea to make concerts here. I'm sure that he will come here with some band or he will send to us some ALTERNATIVE TENTACLES band.

—Please contact Henry Rollins and do the same.

Don't worry, I love you SRĐAN

P.S. Next time I'll send you few songs from JESUS LIZARD, MEGA CITY 4, ALL, SCH gigs on video.

SUDBINI i "SVATKO IMA VLASTITU GRANATU" i čeka SMRT. Na mnogo načina možemo izgubiti život:

Radio sam u bolnici krajem svibnja i u lipnju. Tamo je bilo mnogo krvi, odrezanih ruku, nogu, slomljenih glava...Nisam više mogao ostati u bolnici niti malo.

JADIKOVKA je ovdje.

Život ovdje nije zanimljiv.

Kada nemamo struje sjedimo u mraku i znamo kako je život izgledao prije Krista.

Grad je neka vrsta zagonetke. Neke ulice su pune četničkih snajperista, ima "oslobođenih ulica" (tenkovi, topovi, granate – nisu uključeni u ovu igru) i naravno ima četničkih snajperista za koje se ne zna gdje su. Zadatak – prijeći preko ulice
na primjer (Tako je gdje ja živim).

Znaš moje stavove o muzici. Sada slušam topove, tenkove, granate, protuavionske mitraljeze, projektile... to je jaki ZVUK, i ja sam sretan isto koliko i tužan da postoji oružje.

Što ti misliš: da li tamo postoji ijedan *band* koji želi ovdje svirati? Mislim da je moguće pronaći takav *band* u NYC. Pokušat ću dovesti FUGAZI ovdje. I ovo je moj zadatak za tebe: Molim te kontaktiraj JELLO BIAFRA i reci mu o nama i mojoj ideji da bi ovdje priredio koncerte. Siguran sam da će on doći ovdje s nekim *bendom* ili da će nam poslati neke alternativne *tentacles bands*.

Molim te kontaktiraj HENRY ROLLINSA i učini isto.

Ne brini, volim te SRĐAN

P.S. Slijedećeg puta poslat ću ti nekoliko pjesama JESUS LIZARD, MEGA CITY 4, ALL, SCH *gigs na* videu.
Preveo Goran Tomčić

I Burnt Legs

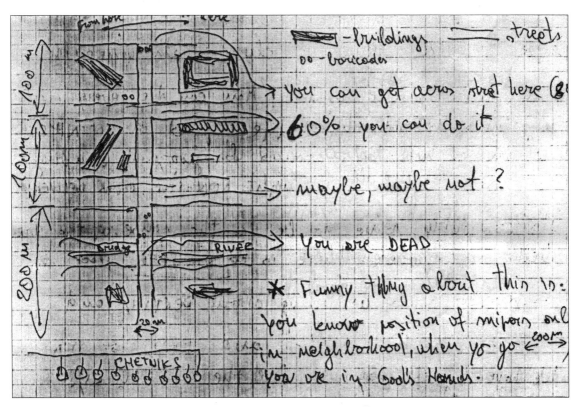

From Dragutin Wagner, a resident of Sarajevo, to his daughter Aleksandra, in New York.

Od Dragutina Wagnera, stanovnika Sarajeva, kćerci Aleksandri, u New Zorku.

Our dear Aleksandra,

Today, on November 19, 1992—as I am writing with hopes that tomorrow your brother will leave this city, a sad vale of tears and pain, and that he will find the time to send you this letter, once in Split or in Ljubljana—is the eighth month of the war we are surviving. Surviving, not living, and it would be hard to put in a few sentences what we have experienced and what we are experiencing every day. The fear for life alone, one's own and that of people around us, is the biggest burden of all, next to the lack of food, water and electricity. It happens that we have been without water for ten days; so we bring it in buckets from the train station, the stadium, always threatened by the bullet of a sniper, or a grenade. Since power is out as well, we eat mostly rice for it takes the least to cook. The result is visible. Your mother lost 17 kilos, I about the same, your brother will tell you himself about him: we look very much like scarecrows, everything on us is too big, and our faces

Draga naša Aleksandra,

Danas, 19 studenog, 1992, kad ti ovo pišem s nadom da će tvoj brat sutra ujutro napustiti ovaj grad, tužnu dolinu suza i bola, i da će naći vremena da po dolasku u Ljubljanu (ili avionskim poštom iz Splita) uputi k tebi

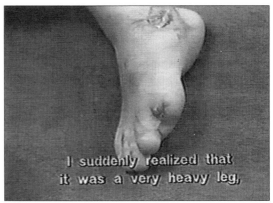

I Burnt Legs

quite ascetic. Even that would look worse if it was not for humanitarian organizations, and if your proud father wasn't begging from the priests in *Caritas* of the *Croatian Cultural Society*—for what 'society' gives us cannot last longer than a week.

Mother and I are still employed. She walks to her work every day, a moving target, to the pharmacy close to the Medical Faculty; they have removed her from her former office. She walks down Jukićeva street, then across the market (below the highway) to the highrise where Željko and Slava live; the pharmacy is on the groundfloor. I got permission to work at home, and so I am translating the papers on hydrobiology from English and German. Twice or three times a week I go to see Katarina, up through Nemanjina, frightened not so much for my life, but that I might become an invalid. I have been sick since July and should have an operation—here it is a risky thing to do. Anyway, they hardly accept any civilians—fighters have the priority. Since many doctors have left, I probably wouldn't have a chance. For the work which I mentioned, we get about 60.000 worth of coupons, while one kilo of potatoes on the black market (there is no other market) is 15 DM (1 DM = 1.400 coupons). Enjoy until you drop dead! When you add that all the windows are gone (we have put up some kind of plastic), and that at any stronger rain we have to watch, day or night, you can imagine how much energy we spend on sheer existence. And imagine how it will be from now on: tonight it was snowing, and it's two degrees centigrade.

Yet, there are those who are hit harder, as well as there are those for whom the war is profit...

I haven't seen my friends since April. I know that Brane and his family are alive...Since the city is divided between Serbian and ours, I know nothing about the friends in Grbavica and Ilidža. Many have left on time, some with different convoys (Jews, some Croats, Slovenes), soon the Gypsies will leave too, as I read in the papers. Others came; the demographic structure of the city has completely changed. <u>You ask Davor why and for what we were waiting.</u>

The fact that Davor is leaving, as you did before, is difficult for me. I mean, very difficult, no matter that I was telling him in March to go to the country where he was born. Still, I shall be the happiest man when, and if, we receive the information that he has arrived safely, as well as your letter about you and your life. Since we are in a complete information quarantine

ovo pismo, osmi je mjesec rata koji preživljavamo. Preživljavamo, ne živimo, i bilo bi teško u nekoliko rečenica zgusnuti sve ono što nam se dešavalo i što se dešava svakodnevno. Strah za goli život, vlastiti, kao i bližnjih, najveći je duševni teret, pored nedostatka hrane, vode, energije. Dešava se da vode nema po desetak dana, tako da je dovlačimo u kantama sa željezničke stanice, stadiona, stalno strahujući od metka snajpera, granate. Struje također nema po 15 dana, tako da nam je osnovna hrana riža (traži najmanji utrošak energije). Rezultat toga vidi se na nama. Tvoja majka je smršala 17 kila, ja približno, a brat će ti reći sam koliko, tako da izgledamo kao strašila za ptice, sve nam je preveliko, a lica su kao u isposnika. Ni takvi ne bi bili da nema humanitarnih organizacija, te da tvoj ponosni otac ne torbari od župnika (CARITAS) do Napretka (Hrvatsko Kulturno Društvo), jer od onoga što "društvo" daje ne može se živjeti ni tjedan dana. Majka i ja smo ostali u radnom odnosu. Ona svaki dan odlazi na rad u apoteku kod Medicinskog Fakulteta, smijenili su je s prijašnjeg mjesta, niz Jukićevu, preko pijace u ulici Đ. Đakovića (ispod nadvožnjaka) do solitera gdje Željko i Slava stanuju, u prizemlju je apoteka. Tako je svaki dan izložena opasnosti, da kao živa meta bude ustreljena. Ja sam kao savjetnik dobio dozvolu da radim kod kuće, te prevodim stručnu literaturu s engleskog i njemačkog. Dva do tri puta tjedno idem Kati, kroz Nemanjinu, pun straha, ne samo za život, više od straha invalidnosti. Bolestan sam od jula (10. 07), moram na operaciju, ali ovdje je to riskantno, iz već navedenih razloga (struja, voda), ali takoreći ne priznaju civile, jer su bojovnici u prednosti. Kako lijekova nema, šanse su mi nevjerojatne. Za navedeni rad primamo približno 60.000 bonova, a kila krompira na crno, drugog nema, je 15 DM (1DM=1400 bonova). Uživaj dok ne crkneš. Kad tome dodaš da su prozori u kuhinji, dnevnoj sobi i Davorovoj razbijeni (stavili smo najlon) te da pri svakoj jačoj kiši dežuramo danju ili noću, možeš misliti koliko energije trošimo na golu egzistenciju. A tek kad je kao danas izjutra zabijelio snijeg (2C). Međutim ima onih koji su gore prošli, kao i onih kojima je ovaj rat dobro došao...

Svoje prijatelje nisam vidjeo od travnja. Znam da su Brane i njegovi živi... Kako je grad podijeljen na srpski i naš, za prijatelje sa Grbavice i Ilidže ne znam ništa. Mnogi drugi su otišli na vrijeme, drugi raznim konvojima (Jevreji, dio Hrvata, Slovenci), uskoro će i Cigani, danas čitam u novinama. Davora upitaj šta smo i

(no telephone, no mail, no news) you will have to keep in touch with your brother and somehow take care of him. I know that he is a grown-up man and that you are your mother's children, but still.

Once, before, in the good old times, I used to spend my time practicing science. I use that time now to make four albums of photographs: family, mother's, Davor's and mine. While putting them together I was looking at my life, and yours, from the time I've had photographs. I hope you will not spend your life on the road between the house and the library—a good part of it is gone already—your mother had you both, quite grown, when she was your age. I hope that you will reach the years when you will be putting together images of your life, and that you might wish, even in thoughts, to see someone growing and changing. I hope the same for your brother, my son.

Now it is 11:30, Thursday in the 33rd week of the year. On Sunday is the holiday of Christ, the King: I hope that I shall then, in the cathedral, pray to God for you and your happiness. I believe this could have been better, longer, and more lucid. But many things can be told only in person. We send you warm regards, especially I, the writer, who did not even ask how you are. Simply, I thought, everything outside this hell must be good.

Your parents, Marija and Dragutin, are kissing you

* Kata, your grandmother who is 88, every time I see her asks: Have you spoken to Sanda?

Translated by Aleksandra Wagner

što smo mi čekali..

Meni ovaj Davorov odlazak, kao i tvoj ranije, pada teško. Mislim, vrlo teško, iako sam ga u ožujku tjerao svim silama da ide k rođacima u zemlju rođenja. Pa i pored toga, bit ću najsretniji kad dobijemo povratnu informaciju da je stigao, kao i istim putem tvoje pismo s vijestima o tebi, tvom životu. Kako smo mi u potpunoj informativnoj izolaciji (telefon, pošta, novine, časopisi), morat ćeš s bratom ti kontaktirati i savjetovati ga, to jest voditi neki vid brige o njemu. Znam da je punoljetan i da ste vi djeca svoje majke, pa ipak.

Kako sam, prije u dobra vremena, svoje vrijeme slobodno trošio u znanstveni rad, to sam sad isto iskoristio i složio četiri albuma fotografija: Obiteljski, majčin, Davorov i moj. Slažući ih gledao sam svoj i naš život do onog momenta za koji sam imao slika. Nadam se da život nećeš sprovesti (a dobar dio je već prošao, jer tvoja majka vas je imala u tvojim godinama već povelike) samo na putu od kuće do biblioteke, te da ćeš i ti u nekim godinama početi slagati slike svog života. Da li ćeš, pa i u mislima imati želju da vidiš nekoga kako raste i mijenja se. Isto važi za tvog brata a mog sina.

Sad je 11.30 sati, četvrtak u 33 nedjelji kroz godinu. U nedjelju je praznik Krista Kralja i nadam se da ću u Katedrali, na misi, moliti dragog Boga za Vas i za Vašu sreću. Vjerujem da je moglo bolje, opširnije i lucidnije. Ali mnoge se stvari mogu reći samo usmeno. Zato primi mnogo pozdrava od nas, posebno od mene, koji te ne upitah ni kako si. Jednostavno, mislih, sve što je izvan ovog pakla dobro je.

Ljube te i vole tvoji roditelji Marija i Dragutin

* Kata (baka, 88 godina) svaki put pita jesi li razgovarao sa Sandom.

Izeta Građević, *Excerpt from a Diary* (Sarajevo, Winter 1992)

Facing the reality and fearing helplessness before force and barbarity drove me to the wall. To hit my head against it or to jump over it? A civilizational urge for an action, creation and beauty, led me out into the streets of my town and helped me to meet people, those I had known before and those I had not, who revealed to me anew the positive side of a human being, the civilized and the creative one. I spent with them some unforgettable moments from October 1992 until April this year and with their help I was able to realize the project Witnesses of Existence.

I take this occasion to express my gratitude to all the wonderful people who "saving their face" as the witnesses of existence.

Mirsad Purivatra
Director of Gallery OBALA

Suočavanje sa stvarnošću i strah od nemoći pred silom i barbarstvom doveli su me pred zid. Udariti glavom ili preskočiti ga? Civilizacijska potreba za djelovanjem, stvaranjem i ljepotom odvela me je na ulice grada gdje sam upoznao nove i sreo stare prijatelje. Od oktobra 1992. do aprila ove godine sa njima sam proveo nezaboravne trenutke i ponovo otkrio pozitivnu stranu ljudskog bića, njegovu kreativnu i civiliziranu stranu. Projekat Svjedoci Postojanja rezultat je našeg zajedničkog rada. Želio bih da se zahvalim i svim divnim ljudima koji su u ova zla vremena kao svjedoci postojanja sačuvali "čist obraz".

Mirsad Purivatra
Direktor Galerije OBALA

WITNESSES OF EXISTENCE SVJEDOCI POSTOJANJA

Rođen 10. august 1947. godine u Kotor Varoši. Živi u Sarajevu.

Born on August 10, 1947 in Kotor Varoš. Lives in Sarajevo.

Mustafa Skopljak

Mustafa Skopljak, Sarajevo 91' 92' 93' 94', 1993.

Mustafa Skopljak, Sarajevo 91' 92' 93' 94', 1993

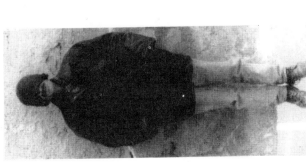

Ante Jurič

Born on April 15, 1954 in Vinjani. Lives in Sarajevo.

Rođen 15. aprila 1954. godine u Vinjanima. Živi u Sarajevu.

The faces of the dead were in that grave separated from the spectators with the pieces of glass, so that you could watch them like faces of killed soldiers from another war or from another movie. The soldiers who returned home in tin coffins with a small window looking only in one direction. At the opening of the exhibition the artist buried the terra-cotta faces and the art grave became identical to any real grave. In that way the art unconditionally respected the dictate of reality, the damned finality of an artist which even those chaste and protected by God who know nothing about death, life or art did not dare to change.

An excerpt from a critique

by Miljenko Jergović

Lica mrtvih u tom su grobu od svijeta bila odijeljena komadima stakla, tako da smo ih mogli gledati poput lica ubijenih vojnika iz nekog drugog rata i nekog drugog filma. Vojnika koji su se kući vraćali u limenim sanducima na kojima bi bio mali prozor što gleda samo u jednom pravcu. Na otvaranju izložbe umjetnik je zemljom zatrpavao lica od terakote i grob iz umjetnosti postajao je identičan bilo kojem grobu iz stvarnosti. Umjetnost je tako bezuvjetno poštivala diktat stvarnosti, prokletu konačnost umjetnika koju, eto, nisu smjeli popraviti ni oni, čisti i jurodivi, koji o smrti, životu i umjetnosti ne znaju ništa.

Izvod iz kritike

Miljenka Jergovića.

Nusret Pašić

Born on March 1, 1951 in Sarajevo. Lives in Sarajevo

Rođen 1. marta 1951. godine u Sarajevu. Živi u Sarajevu.

Rođen 8. marta 1957. godine
u Kozluku. Živi u Sarajevu.

Born on March 8, 1957 in
Kozluk. Lives in Sarajevo.
Zoran Bogdanović

People threw out their pets on the street

because of the lack of food. Those dogs now

roam the streets in packs rummaging among

heaps of garbage.

December 23rd 92'

Zbog nedostatka hrane mnogi su svoje kućne

ljubimce izbacili na ulicu. Sada kao psi lutalice

u čoporima kruže gradom rovareći po hrpama

smeća.

23. decembra '92

Zoran Bogdanović, Destruction-spirituality- rematerialisation, 1992

Zoran Bogdanović, Destrukcija–duhovnost–rematerijalizacija,

Edo Numankadić

Born on June 13, 1948 in
Sarajevo. Lives in Sarajevo

Rođen 13. juna 1948. godine u
Sarajevu. Živi u Sarajevu.

Edo Numankadić, War Trails, 1993   Edo Numankadić, Ratni Tragovi, 1993

On February 3rd, at the OBALA Gallery, the exhibition of Edo Numankadić, War Trails 93', was opened. The temperature at 1 o'clock p.m. was 2 C, clear sky. Diplomatic relations established with Italy. During the exhibition opening a man was wounded in front of the gallery. No electricity ot water in town again.

3. februara '93 u Galeriji OBALA otvorena je izložba Ede Numankandića, Ratni Tragovi '93. Temperatura u gradu u 13 h iznosila je 2 C, vedro. Uspostavljeni diplomatski odnosi sa Italijom. U to u izložbe ranjen je čovjek pred vratima Galerije. U gradu nema ni struje ni vode.

Roden 13. maja 1957. u
Sarajevu. Živi u Sarajevu.

Born on May 13, 1957 in
Sarajevo. Lives in Sarajevo.

Sanjin Jukić

Sanjin Jukić, Ghetto Spectacle, 1993

Sanjin Jukić, Ghetto Spectacle, 1993

Radoslav Tadić

Born on April 14, 1946 in Sarajevo. Lives in Sarajevo.

Rođen 14. aprila 1946. godine u Sarajevu. Živi u Sarajevu.

The opening day of the exhibition was a paradigm of a ghetto spectacle. Everything that originally inspired this display was present. All the primary signs were repeated: the shelling, destruction, killing, wounding. Then again it all ran on television. And there were secondary signs: notorious problems with UNHCR, the hopes and glances of citizens of Sarajevo aimed towards the USA, the indifference and incompetence of Europe, the establishment of the war crimes court, etc. The Sarajevo ghetto spectacle daily reaches the world mega-stage which has already been full and brimming with other and different spectacles. That is why I think that art has to play its remarkable promotion role. The fight continues. We will be the winners.

Sanjin Jukić

Dan otvaranja izložbe bio je paradigma ideje o geto spektaklu. Ponovilo se sve ono što je i inspiralo ovu postavku. Primarni znakovi: granatiranje, rušenje, ubijanje, ranjavanje. Onda to sve na TV ekranima. Sekundarni znakovi: poznati problemi sa UNHCR, nade i pogledi Sarajlija upereni prema Americi, ravnodušnost i nesposobnost Evrope itd. Sarajevski geto spektakl svakodnevno dospijeva na svjetsku–mega scenu, koja je već prepuna i pretrpana raznim drugim i drugačijim spektaklima. Zato mislim da sada umjetnost mora da odigra svoju poznatu propagandnu ulogu. Borba se nastavlja. Mi ćemo biti pobjednici.

Sanjin Jukić

Radoslav Tadić, America likes Sarajevo and Sarajevo likes America, 1993
Radoslav Tadić, Amerika voli Sarajevo i Sarajevo voli Ameriku, 1993

Rođen 23. novembra 1950.
u Travniku. Živi u
Sarajevu.

Born on November 23, 1950
in Travnik. Lives in Sarajevo

Petar Waldegg

design: Opher Shapiro

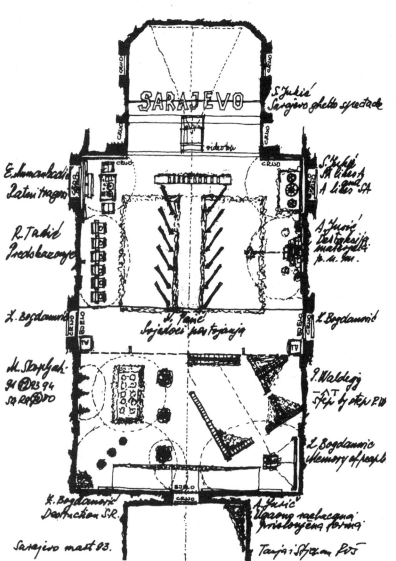

Tanja and Stjepan Roš, Witnesses of Existence - Exhibition design
Tanja i Stjepan Roš, Svjedoci Postojanja – Postavka izložbe

The Open Stage OBALA planned to produce its first theatre play in the reconstructed premises of the former cinema Sutjeska in May 1992. Suddenly, the war destroyed the hall, shells pierced it, fire burned it. Just a memory is left, a large and dark hall and a place to rest for those who pass through it using it as a shortcut and a safer passage.

Spirituality and artistic act of eight artists in the hell of war and in the atmosphere of destruction of identity of "man" sanctified the room; their presence and the exhibited installation are a way of resisting annihilation, destruction and aggression.

Architects
Tanja and Stjepan Roš

Otvorena scena OBALA u maju 1992. godine planirala je da odigra prvu teatarsku predstavu u svom renoviranom prostoru nekadašnjeg gradskog kina. Odjednom, rat je uništio dvoranu, granate su je izbušile, požar je spalio. Ostalo je samo sjećanje, velika crna i mračna dvorana, i mjesto predaha mnogih koji su tu prolazili kraticom tražeći sigurniji put. Umjetnici, njih osam, svojom civilizacijskom duhovnošću i umjetničkim činom u paklu rata i atmosferi uništenja identiteta "čovjeka" posvetili su taj prostor svojim prisustvom, radovima, instalacijama, suprostavljajući sebe i svoje radove uništenju, destrukciji, agresiji.

Arhitekti

Goran Tomčić

EXPLOITATION OF THE DEAD
EKSPLOATACIJA MRTVIH

P.S. When we see cakes at an exhibition, we immediately laugh, we are suprised and perhaps even moved, and when we see a painting we hardly notice it. The question arises: What are paintings doing at an exhibition? Where are the cakes?

Mladen Stilinović

P.S. Kada vidimo kolače na izložbi, smijemo se, možda čak raznježimo. Kada vidimo sliku, odmah je opazimo. I zatim se postavlja slijedeće pitanje: Što rade slike na izložbi? Gdje su kolači?

Mladen Stilinović

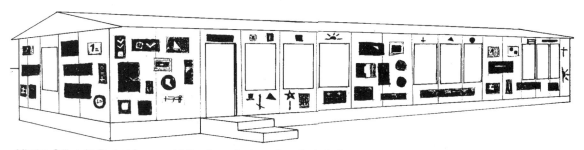

Mladen Stilinović, Project for an exhibition in worker's canteen (exterior)

Mladen Stilinović, Projekt za izložbu u radničkoj kantini (exterior)

Exploiting signs of the Russian avantgarde (first of all, Suprematism), as well as YU-Socialist Realism, and geometric abstraction, Mladen Stilinović was giving us, for more than a decade, a complete graveyard of ideology in modern art. His EXPLOITATION OF THE DEAD is a utopian discourse about dead signs, but at the same time it is also very humorous and nihilistic, exactly because the sign is dead. For example, as I think I could enter into his *worker's canteen*, his project (still not fully exhibited) for the EXPLOITATION OF THE DEAD, I go back to 1984 when I was a soldier of The Yugoslav People's Army (JNA), a famous army of an even more famous *brotherhood and unity,* and when we soldiers were forced to answer the everyday question (just remember "Lili Marlen's torture") about the three "real conditions" for Socialism (The officers said: The English Worker's Movement; Marxism; The October Revolution), and we all knew that the sign was already dead, and its meaning had gone out of our experience, and we

Eksploatirajući znakove Ruske avangarde (prije svega, Suprematizam), YU soc-realizma, i geometrijske apstrakcije, Mladen Stilinović, više od jedne decenije, davao nam je kompletno groblje ideologije u modernoj umjetnosti. Njegova EKSPLOATACIJA MRTVIH je utopijski diskurs o mrtvim znakovima, ali u isto vrijeme, vrlo humoristički i nihilistički, baš zato jer je znak mrtav. Na primjer, kada mislim da bih mogao ući u njegovu *radničku kantinu*, njegov projekt (koji još uvijek nije izložen u cjelosti) za EKSPLOATACIJU MRVIH, odlazim natrag u 1984. godinu, kada sam bio vojnik Jugoslavenske Narodne Armije (JNA), famozne vojske još famoznijeg *bratstva i jedinstva*, kada smo, mi vojnici, bili prisiljeni odgovarati na svakodnevno pitanje (poput "Lili Marlen torture") o tri "stvarna uvjeta" Socijalizma (oficiri su nam rekli: Engleski Radnički Pokret, Marksizam, Oktobarska Revolucija), i kada smo svi mi znali da je znak već mrtav, a njegovo značenje izvan našeg

thought all the time about how many beers we could drink during the half hour break after the lesson. So, where are the beers? *"Where are the cakes?"*

Born in 1947 in Belgrade, Mladen Stilinović lives and works in Zagreb, Croatia. One of the major artists of the Croatian contemporary art movement, he has had solo and group exhibitions worldwide; these include Vienna: Museum des 20. Jahrhunderts *(Zeicheen im Fluss)*; Zagreb: The Museum of Contemporary Art *(Moscow Portrets)*; New York: The New Museum of Contemporary Art *(The Interrupted Life)*; Sydney: Museum of Contemporary Art *(Le kodnj qui chante, radical art from Croatia)*; Moscow: Lenin Procpect 12 *(NSK Embasy)*.

iskustva, i kada smo cijelo vrijeme mislili o tome koliko piva možemo popiti tokom polusatnog odmora nakon lekcije. Dakle, gdje su pive? *"Gdje su kolači?"*

Mladen Stilinović rođen je 1947 u Beogradu. Živi i radi u Zagrebu, Hrvatska. Jedan je od važnijih umjetnika suvremene hrvatske umjetnosti. Imao je solo i grupne izložbe širom svijeta. Najrecentnije, svoje je radove, između ostalog, izlagao u Beču: Museum des 20. Jahrhunderts *(Zeicheen im Fluss)*; Zagreb: Muzej Suvremene Umjetnosti *(Moskovski Portreti)*; New York: The New Museum of Contemporary Art *(The Interrupted Life)*; Sydney: Museum of Contemporary Art *(Le kodnj qui chante, radical art from Croatia)*; Moskva: Lenin Prospect 12 *(NSK Ambasada)*.

Mladen Stilinović, *Project for an exhibition in worker's canteen* (interior) / Projekt za izložbu u radničkoj kantini (interior)

Tomaž Mastnak

A Journal of the Plague Years: Notes on European Anti-nationalism

DNEVNIK KUŽNIH GODINA:
Bilješke o europskom antinacionalizmu

Nationalism, it is often said, is the plague of the late 20th century. But the name of the plague is anti-nationalism, when seen against the backdrop of what has been happening in ex-Yugoslavia. Someone out there, one of the great number of those who have directly suffered from the war, may be writing, or is going to write, a journal of death and calamities that they have had to endure. Yet they may choose to try to forget the horrors which cannot be conveyed to those who have not experienced them, and they should be allowed to forget as much and as well as they can. What cannot be forgotten or forgiven is the attitude of those who call themselves the international community: European governments and supra-national political institutions, in the first place but also, proportional to their lesser power, non-governmental organizations and a great part of the public. Allegedly impartial spectators, they have been major players in the so-called Yugoslav crisis; with their "neutrality" they have taken sides, and their "balanced view" has only strengthened "The fearful assymetry of war."

Needless to say, the war in Bosnia has its history. However, this history does not reach very far back in time. It is Europe which lives immersed in its own not really glamorous history, which is haunted by memories of the past wars, and has not only not overcome, but cultivates, historical animosities. In looking for deep-rooted hostilities in the Balkans, Europeans only project

Nacionalizam je, kako je često isticano, kuga kasnog dvadesetog stoljeća. Ali ime kuge je antinacionalizam, kada je viđen na pozadini onoga što se događalo u bivšoj Jugoslaviji. Netko tamo, netko od velikog broja onih koji su direktno podnosili nedaće rata, možda piše, ili će pisati dnevnik smrti i nesreća koje su morali pretrpjeti. Ipak, mogu pokušati zaboraviti strahove koji ne mogu biti preneseni na one koji ih nisu doživjeli, i trebalo bi im biti dozvoljeno da zaborave što više i koliko bolje mogu. Ono što ne može biti zaboravljeno ili oprošteno, jest stav onih koji sebe zovu internacionalna zajednica: na prvom mjestu, europske vlade i nadnacionalne političke institucije, ali isto tako, proporcionalno njihovoj slabijoj moći, i ne–vladine organizacije i veliki dio javnosti.Navodno nepristrani promatrači, oni su bili glavni igrači u takozvanoj jugoslavenskoj krizi; sa svojom "neutralnošću" zauzimali su strane, a njihov "izjednačeni pogled" samo je pojačao "strašnu asimetriju rata".

Suvišno je reći da rat u Bosni ima svoju povijest. Ipak, ova povijest ne prodire vrlo daleko u vrijeme. Europa je ona koja živi zadubljena u svoju vlastitu, ne baš slavnu povijest, koja je uznemirena sjećanjima proteklih ratova, i ne samo da nije savladala, već je i kultivirala povijesna neprijateljstva. U potrazi za duboko ukorijenjenim

and impose their tormented mind on those who had been surprisingly free of the burden of history. Of course, in the common image of the wild Balkan tribes there is a great deal of racism, too, yet this itself is a crucial element of the living European past. The *Ubermenschen* can only sustain their understanding by denigrating those whom they do not consider to be of their own race. The irony about the historicizing racist view of Bosnia is that the medieval Bosnian state gave shelter to many of those who fled religious persecution in the West, and it also appears that, since the early-modern era, there has been less war in the Balkans than in Europe.

The organising principle of the discourse in Europe on the Yugoslav crisis and the wars that followed the dissolution of Yugoslavia is nationalism. If nationalism were better understood this might not be a misleading principle. However, nationalism is equated with ethnic strife and with xenophobia, chauvinism, and fascism. Because this understanding of nationalism is fallacious, it distorts the comprehension of what is going on in the former Yugoslavia; and, consequently, the West's policies, founded on an opposition to nationalism—the politics of anti-nationalism—are utterly destructive.

The sources of this anti-nationalism *antietatisme* are diverse. Serbia, under its present rule a fascism *sui generis*, is an anti-state. In the years of Yugoslavia's final crisis and war, it has never striven to become a nation. The truth of the matter is that Serbia cannot be accused of nationalism. On the contrary, power has developed to the people: the Serbian nation has become the "people." In the Germany of the 1930's, this process was termed the *Volkwerdung der Nation*. In Serbia, the people has become not the origin of power but power itself—the ethnic immediacy of national being. Consequently, it was declared, with the authority of leading Serbian intellectuals, that Serbia was, and ought to be, not only where Serbs live but also the soil in which they are buried. In order to involve the dead in the celebration of the new Serbian life, the remnants of Czar Lazar toured the land, graves were laid open and, among other rituals, bones were—literally—"sunbathed" (*sunčanje kosti*). Serbian dominion was to be founded on blood and soil, extended so far as to encompass all the living and all the dead of that race, regardless of any existing civil institutions, and this territory was to be "cleansed" of the "impure breed" of the "inferior races." Croatia seems to be tending to take a similar way inasmuch as the nation, under the stress of the war and inept

neprijateljstvima na Balkanu, Europljani jedino projiciraju i nameću njihov tjeskobni duh na onima koji su bili iznenađujuće oslobođeni tereta povijesti. Naravno, u uobičnoj slici divljih balkanskih plemena, također je veliki udio rasizma, iako je ovo, samo po sebi odlučan element živuće europske prošlosti. *Ubermenschen* može nositi svoje razumijevanje samo pomoću klevetanja onih za koje ne smatraju da su pripadnici njihove vlastite rase. Ironija o historiciziranju rasističkog pogleda na Bosnu je u tome da je srednjovjekovna bosanska država dala sklonište mnogima od onih koji su pobjegli od religijskog proganjanja na Zapadu, i također se pokazuje da je do rane–moderne ere, bilo manje ratova na Balkanu nego u Europi.

Organizirajući princip diskursa u Europi, o jugoslavenskoj krizi i ratovima koji su slijedili raspadanje Jugoslavije, je nacionalizam. Da je nacionalizam bio bolje shvaćen, ovo ne bi trebao biti obmanjujući princip. Ipak, nacionalizam je izjednačen s etničkim sukobom, s ksenofobijom, šovinizmom, i fašizmom. Zato što je ovo shvaćanje nacionalizma obmanjujuće, ono iskrivljuje shvaćanje onoga što se događa u bivšoj Jugoslaviji; i dosljedno tome, zapadne politike, osnovane na opoziciji nacionalizmu – politike antinacionalizma – potpuno su destruktivne.

Izvori ovog antinacionalističkog antietatisma su različiti. Srbija, pod svojim vladajućim fašizmom *sui generis*, je antidržava. U godinama jugoslavenske finalne krize i rata, nikada nije nastojala postati nacija. Činjenica je da Srbija ne može biti optužena za nacionalizam. Suprotno tome, moć je prešla na narod: srpska nacija postala je "narod". U Njemačkoj 1930. ovaj proces označen je *Volkwerdung der Nation*. U Srbiji, narod je postao, ne samo izvor moći, već moć po sebi – etnička neposrednost nacionalnog bića. Dosljedno tome, bilo je deklarirano, autoritetom vodećih srpskih intelektualaca, da je Srbija bila i da mora biti, ne samo tamo gdje Srbi žive, već i zemlja na kojoj su Srbi pokopani. U cilju da se smrt uključi u proslavu novog srpskog života, ostaci Cara Lazara putovale su zemljom, grobovi su ležali otvoreni, i među ostalim ritualima, kosti su doslovno, bile izložene suncanju. Srpski dominion bio je osnovan na krvi i zemlji, i proširen tako daleko da obuhvaća sve žive i mrtve ove rase, bez obzira na bilo koje postojeće civilne institucije, i ovaj teritorij trebao je biti "očišćen"

leadership, is turning into a "community" (*hrvatska zajednica*).

I do not want to imply that the state is an (much less the) ethical good. However, it is a good in the sense that civil order is a good. It is this good that Euro-Serbian anti-nationalism is effectively destroying. Slovenia seems to have escaped the worst. Croatia is becoming a ghastly place to live in. In Bosnia, anti-nationalism has been most successful. In proportion to the degree to which national sovereignty has been frustrated or destroyed, the politics of ethnocentrism, chauvinism, xenophobia, racism and fascism are gaining momentum. The politics of anti-nationalism have generated ethnic hatred and ethnic strife. For the *camarilla* in Belgrade, this was the starting point; yet it took a couple of English lords and an American *politicus emeritus* to elaborate the ethnic strife thesis as the guideline for official Euro-American policy. In March 1992, they first imposed a general scheme for the ethnic division on Bosnia (the so-called cantonisation plan), which provided the blueprint for initial Serbian aggression in that country. (As if it needed one. What it needed was a kind of authorisation, and this was given. The war broke out in a month.) When the first wave of aggression achieved its basic aims, the Western diplomats drew a more detailed ethnic map, signed by Vance and Owen, as if they wished to set the objectives for the continuation of warfare. Serbs and Croats were eager to act and implement, or correct, this map. It is inconceivable that Eurocrats might recognize that their "peace plan" is fueling the war. They will continue to play the obscene game: for the murderous consequences of their "peace policy"—for all that which in the eyes of the old-fashioned and the naive does not really correspond with the idea of peace—they will blame the "traditionally barbarous" Balkan peoples. For Eurocrats, this "peace plan" has become a *point d'honneur*, and Bosnia may, and will, perish only that Europe will save its "honor." The European political elite has been offering, as the peaceful solution, the very same model that the Serbian—and now also Croatian—military and paramilitary forces are putting into practice with a genocidal war.

This is certainly not a formalistic approach to politics. It has succeeded in finding a substance. And it was also successful in dismantling the existing formal structures without

which civil order is inconceivable. The consistency with which the West deconstructed the Bosnian government can only be admired by philosophers of deconstruction. Western diplomats seem to have felt no discomfort in promoting Serbian chieftans from Bosnia as their equals in negotiations. The French president even took the trouble to fly to Sarajevo to have a talk with them. Their setting up of a hyperactive apparatus of rape and slaughter obviously called for respect. Euro-American politicians also chose to treat Bosnian Croats, who were represented in, and by, the Bosnian government, as a separate entity. As a result, the government was declared the representative only of Bosnian Muslims and put on an equal footing with the self-styled Croatian leaders and the Serbian terrorists and war criminals. Instead of treating the latter as outlaws, the West has outlawed, as it were, the elected government, making it a problematic "warring faction" and compelling it to deal with those whose aim is to destroy it—that is, it has been forced to participate in its own destruction. The plans of European diplomats and Serbian fascists (as well as Croats, who have been all too happy to begin to participate in the partition of Bosnia) coincided. The former were dismantling the legal government ideally, in their heads and around conference tables; the latter materially, on the ground; and both were treating the government as a warring ethnic faction: as warring Muslims.

With the progressive disintegration of civil order, with "no Society; and which is worst of all, continuall feare, and danger of violent death; and the life of man, solitary, poore, nasty, brutish, and short," the anxieties of Western anti-nationalists are materializing, their politics have born fruit. Here they have "nationalism" *in actu*. And as the war continues, affecting all who have come into contact with it, teaching them the lessons of Serbian genocidal practices, it will be all to easy to say that there are no "good guys" in the conflict and to construe an image of creatures who are totally alien to the civilized Western race. In this way an ex post facto justification is provided for Western policies, suppressing the embarassing truth that these policies have helped to create the facts. The understanding of what the West has done is so much easier to suppress because the racial, if not racist, view of the Balkans is proving that "nothing could be done." (When convenient, the Western power appears clad in powerlessness.) And if "nothing could be done," the

jedino filozofima dekonstrukcije. Izgleda da se zapadni diplomati nisu osjećali nelagodno u promoviranju srpskih vođa razbojnika iz Bosne kao njima ravne u pregovaranjima. Francuski predsjednik čak se potrudio odletjeti za Sarajevo da bi s njima razgovarao. Njihov obračun s hiperaktivnom aparaturom silovanja i krvoprolića, očito poziva na poštovanje. Euro–američki političari također su izabrali plašiti bosanske Hrvate, koji su bili predstavljeni bosanskom vladom, kao posebnu suštinu. Kao rezultat, vlada je deklarirala predstavljanje samo bosanskih Muslimana i postavila jednaki temelj sa samoprozvanim hrvatskim vođama, i srpskim teroristima i vojnim kriminalcima. Umjesto tretiranja potonjeg poput odmetnika, Zapad je odmetnuo, jednom izabranu vladu, čineći je problematičnom "ratničkom frakcijom", i prisiljavajući je da posluju s onima čiji je cilj da je uništi – a što znači, biti prisiljen sudjelovati u vlastitoj destrukciji. Planovi europskih diplomata i srpskih fašista (kao i Hrvata, koji su svi, bili presretni da otpočnu sudjelovanje u podjeli Bosne), podudaraju se. Prijašnji su razorili legalnu vladu idealno, u svojim glavama i oko konferencijskih stolova; potonji materijalno, na zemlji, a i jedni i drugi su plašila vladu kao ratujuće etničke frakcije: kao ratujući Muslimane.

S progresivnom dezintegracijom civilnog poretka, s "ne Društvom: i što je gore od svega, s neprestanim strahom i opasnošću od nasilne smrti; i život čovjeka, samotan, jadan, ružan, surov, i kratak", materijalizirane su tjeskobe zapadnog antinacionalizma, a njihove politike urodile su plodom. Oni ovdje imaju "nacionalizam" *in actu*. I dok se rat nastavlja, dodirujući sve koji su došli u kontakt s njim, učeći ih lekcije srpske genocidne prakse, biti će prejednostavno reći da nema "dobrih tipova" u sukobu, i konstruirati sliku kreatura koje su sasvim strane civiliziranoj zapadnoj rasi. Na ovaj način, *ex post facto* opravdanje stvoreno je za zapadne politike, svladavajući uznemiravajuću istinu da su ove politike pomogle stvoriti činjenice. Shvaćanje onoga što je Zapad učinio, puno je lakše svladati, zato što rasni, ako ne rasistički, pogled na Balkan dokazuje da "ništa ne može biti učinjeno". (Kada je prikladno, zapadna moć javlja se obložena u nemoći.) I "ako ništa ne može biti učinjeno" – jednostavan i obmanjujuć zaključak na prvi pogled, je da ništa nije bilo učinjeno – utoliko više, jer je vjerovano da Zapad može jedino učiniti dobro. Nakon ovog odlučnog odjeljka, o tome

easy and fallacious inference is at hand that nothing has been done—so much the more so because it is believed that the West can only do good. Since this crucial chapter, on what the West has actually done, is commonly missing in the story, the irrationality of those who are supposedly the sole protagonists, the indigenous tribes, is laid bare and exaggerated to the neutral Western eye.

Yet the self-congratulatory conclusion that the West was right to have opposed nationalism from the outset is perverse not only in the sense that it defines, as the reality of nationalism, an ethnic hatred which its own anti-nationalist policies have generated. There is a deeper perversity involved: anti-nationalism, the opposition to national sovereignty, absolves anti-nationalists from opposing ethnic hatred, chauvinism, racism, and fascism. They are anti-nationalists in order not to have to be anti-racists, anti-chauvinists, and anti-fascists, although some would prefer to think of themselves as anti-nationalist because they are anti-racists, anti-chauvinists, and anti-fascists. They are anti-nationalists because, in their own opinion, nationalism equals racism, chauvinism, and fascism. But what they actually do when they equate nationalism with racism, chauvinism, and fascism is that they create an imaginary enemy. These phenomena, tied together into a *fascio,* may not be necessarily easier to break than each of them separately; yet it surely gives a much greater satisfaction to fight an opponent who is great, unitary, omnipresent and unreal, than to grapple with unpleasant, harsh, and fragmented realities. Yet it is not only that a crusade against an imaginary enemy frees one from confronting real dangers; it is that anti-nationalism—leaving racism, chauvinism, and fascism actually unchallenged—weakens, or destroys, that set of institutions which are the reality of nationalism, that is, the state. And when the state is weakened or destroyed, the device is lost which alone could hold ethnic hatred, chauvinism, racism, and fascism in check. Without the state, indeed, little or nothing can be done against these sinister phenomena. There is yet another important aspect of this problematic. To oppose these things would necessarily involve some introspection, some self-questioning on the part of the West. To oppose national sovereignty most often involves opposing an external reality, confronting the "other" and boosting one's own identity. To confront ethnic

što je Zapad stvarno učinio, u priči uobičajeno nedostaje, iracionalnost onih koji su navodno solo protagonisti, domaća plemena, leže ogoljeno i pretjerano u neutralnim zapadnim očima.

Ipak, zaključak da je Zapad bio u pravu, kada se suprostavio nacionalizmu, od početka je perverzan, ne samo zbog toga što kao stvarnost nacionalizma definira etničku mržnju koju je proizvodila njihova vlastita antinacionalistička politika. Ovdje je upetljana dublja perverzija : antinacionalizam, opozicija nacionalnoj suverenosti, rješava dužnosti antinacionaliste od suprostavljanja etničkoj mržnji, šovinizmu, rasizmu i fašizmu. Oni su antinacionalisti, da ne bi bili antirasisti, antišovinisti i antifašisti, iako bi neki od njih voljeli o sebi misliti kao o antinacionalistima, zato što su antirasisti, antišovinisti i antifašisti. Oni su antinacionalisti, zato što je, po njihovom mišljenju nacionalizam jednak rasizmu, šovinizmu i fašizmu. Ali ono što stvarno rade kada izjednače nacionalizam s rasizmom, šovinizmom i fašizmom, je da stvaraju izmišljenog neprijatelja. Ove pojave spojene zajedno u *fascio,* možda neće biti nužno lakše slomiti, nego svaku od njih posebno; iako ona zasigurno daje mnogo veće zadovoljstvo za borbu sa jednim protivnikom koji je velik, zajednički, posvudašnji, i nestvaran, nego boriti se sa neugodnim, neskladnim i fragmentiranim realnostima. Iako nije samo da kampanja protiv izmišljenog neprijatelja oslobađa nekoga od suočavanja s realnim opasnostima; već antinacionalizam, ostavljajući rasizam, šovinizam i fašizam, u stvari neizazvanim, slabi ili uništava; to je pravilo institucija koje su stvarnost nacionalizma, a što je država. I kada je država oslabljena ili uništena, izgubljen je plan koji može obustaviti etničku mržnju, šovinizam, rasizam, i fašizam. Bez države svakako, malo ili ništa može biti učinjeno protiv ove zlokobne *phenomene.* Još je jedan važan aspekt ove problematike. Za suprostaviti se ovim stvarima, nužno bi trebalo uključiti neke introspekcije, neka samoispitivanja sa strane Zapada. Suprostavljanje nacionalnoj suverenosti najčešće uključuje suprostavljanje vanjskoj realnosti, suprostavljajući "drugo" i uzvisujući nečiji identitet. Suprostaviti se etničkoj mržnji, šovinizmu, rasizmu i fašizmu značilo bi priznanje da su zlokobne *phenomene* internalne: to bi značilo ispitivati identitet Zapada, najboljim mogućim riječima – a to je izvan pitanja.

hatred, chauvinism, racism, and fascism would mean recognizing that the sinister phenomena are internal; it would mean questioning the identity of the West, of the best of all possible worlds—and that is out of the question.

The Western incapacity to confront Serbian fascism is telling, but not unexpected. In the big "ethnic strife" which has entered history books as World War II, fascism was defeated militarily. However, the West has never deconstructed and destroyed it symbolically, that is, politically. This is why fascism is still alive. In the policies toward the present Serbian regime there is much that evokes memories of the Spanish Civil War and the Treaty of Munich: the traditions of the politics of appeasement to fascism, so well exemplified by Chamberlain, appear not to have been abandoned. Much effort has been made in the West not to describe the Serbian regime as fascist but rather to look for fascism elsewhere, where the Belgrade gaze saw it (and never thinking that fascism might be in that gaze). And insofar as the Serbian regime and its aggressive politics have been confronted, they have been confronted as "bolshevism," communism," or "nationalism"–all familiar enemies, which history has already defeated and surpassed. Because everything has been done not to confront Serbian fascism as fascism, Serbia has not been confronted at all. Not only is Europe as far as ever from the symbolic destruction of fascism: it currently even shuns a military confrontation with it.

This may become one of the messages of the "Yugoslav War," and Croats seem to be the first to have learned the lesson. Paradoxically, as long as Croats had been victims of Serbian fascist violence, Europe called them fascist; now, as they themselves have started to fight Bosnian Muslims Serbian style, they are no longer described as fascists. As long as the Croatian population fell prey to Serbian genocide, Croats were decried as a genocidal nation; now, as they have started to "cleanse" the territory, granted to them by European peace-makers, of the Muslim "rubbish," these accusations have quieted down.

The Orwellian fiction which used to be projected, without a second thought, on the communist East, seems to have made its way back home where it has come true.

Zapadna nesposobnost da se suoči sa srpskim fašizmom, govori ali ne neočekivano. U velikom "etničkom sukobu" koji je ušao u povijesne knjige kao Drugi Svjetski Rat, fašizam je bio vojno poražen. Pa ipak, Zapad ga nikada nije dekonstruirao, i uništio simbolički, tj. politički. Zato je fašizam još uvijek živ. U politikama prema sadašnjoj srpskoj vladi, štošta toga pobuđuje sjećanje na Španjolski Civilni Rat i Munchenski ugovor: tradicije politika pomirenja fašizma, tako dobro dokazane na primjeru Chamberlaina, izgleda da nisu napuštene. Na Zapadu je uloženo mnogo napora da se srpski režim ne opiše kao fašistički, ne bi li se radije fašizam tražilo svugdje gdje ga je beogradski pogled vidio (a nikada ne misleći da bi fašizam mogao biti u tom pogledu). I tako daleko dok su srpski režim i njegova agresivna politika bili suprostavljeni, bili su suprostavljeni kao "boljševizam", "komunizam" ili "nacionalizam" – sve familijarni neprijatelji, koje je povijest već porazila i nadmašila. Zato što je bilo učinjeno sve, da se srpski fašizam ne suoči kao fašizam, Srbija nije bila suprostavljena nikako. Ne samo da je Europa, kao i obično, tako daleko od simboličke destrukcije fašizma: ona trenutno čak izbjegava vojnu konfrontaciju s njim.

Ovo može postati jedna od poruka "jugoslavenskog sukoba", i Hrvati su izgleda prvi koji su naučili lekciju. Paradoksalno, dok su Hrvati bili žrtve srpskog fašističkog nasilja, Europa ih je zvala fašistima; sada kada su i sami otpočeli borbu protiv bosanskih Muslimana na srpski način, više ih se ne opisuje kao fašiste. Tako dugo dok je hrvatsko stanovništvo osjećalo žrtvu srpskog genocida, Hrvati su osuđivani kao genocidna nacija; sada, kada su otpočeli "čišćenje" teritorija poklonjenog od europskih mirotvoraca, od Muslimanskog "smeća", ove optužbe su se utišale.

Orwellovska fikcija koja je bila projektirana, bez druge primisli, na komunističkom Istoku, izgleda da je napravila svoj put natrag tamo gdje se i obistinila. Europski diplomati (a manje pacifisti) umuju da je rat mir, a mir rat. Iako je ovo, na čudan način, trenutak istine. Mirovni plan za Bosnu pripada dugoj tradiciji. Europski mir nikada se nije odvojio od rata. Europska potraga za mirom, samo se suprostavljala ratovima u Europi, njena je jedina želja bila da bi krsna krv trebala prestati biti prolijevana. Način oslobađanja Europe od

European diplomats (and lesser pacifists) argue that war is peace and peace is war. Yet, in a strange way, this is a moment of truth. The peace plan for Bosnia belongs to a long tradition. European peace has never parted from war. European peace-seeking was only opposed to wars in Europe, it only desired that baptized blood should cease to be shed. The way of freeing Europe from wars was to export them to non-European territories, or to the margins of Europe. Moreover, the idea of European unity is intimately connected to the idea of war, or a real war, against an enemy from without, and as a rule that enemy is the Muslim. The Muslim is the symbolic enemy of Europe, and I do not believe that it is by accident that Euro-Serbian policy has made Muslims out of the Bosnians. And whether accidental or not, this is certainly not inconsequential.

The image of the warring Muslim invokes both the *Urangst* of the Christian, cultured, and civilized West, and the more recent specter haunting Western politicians and intellectuals, that of "Islamic fundamentalism." Once they were styled "Muslims," the Bosnians who refused to join, or surrender to, either Serbian or Croatian ethno-fundamentalist formation, became total aliens to Europe. That they have been, as Muslims, excluded from Europe religiously, culturally, and politically, was to be expected. More surprising is the form of their racial exclusion. Because the Bosnians are Slavs, the often used argument against giving effective help to the Bosnian government–that this would upset the Russians who feel deeply with their "fellow Slavs," the Serbs–is actually nonsense. Yet out of such matter is European policy "compos'd and made." The Slavs, it is true, are only second class, or potential, Europeans, but Muslims simply do not belong to Europe. That is why it is assumed that the Bosnians are not Slavs.

Not much effort has been made in the West to explain the nature of Bosnian society, that it was a largely secular society and that the Bosnian towns which are falling victim to the urbicidal mob were historical centers of cultural pluralism and tolerance. And even if such efforts were made, it would not make much difference. For to argue against anti-Muslim feelings and images is as futile as to argue against ant-Semitism–arguments cannot change anything. A further difficulty is that it is impossible to prove *in concreto* that anti-Muslimism is a constitutive moment of Western policy in Bosnia. The very suggestion that this may be the case is energetically refuted. Yet the outcomes of the

ratova, bio je izvesti ih na "neeuropske teritorije" ili na rubove Europe. Osim toga, ideja europskog ujedinjenja je intimistički povezana s idejom rata, ili stvarnog rata, protiv vanjskog neprijatelja, i kao pravilo, taj neprijatelj je Musliman. Musliman je simbolički neprijatelj Europe, i ja ne vjerujem da je slučajnost što je euro–srpska politika Bosance učinila Muslimanima. Bila to slučajnost ili ne, ovo zasigurno nije nedosljedno.

Slika ratujućih Muslimana poziva se na *urangst* kršćana, kultivirani i civilizirani Zapad, i najnovija sablast, ona "Islamskog fundamentalizma" uznemirava zapadne političare i intelektualce. Kada su jednom bili nazvani "Muslimanima", Bosanci koji su se odbili pridružiti ili predati, bilo srpskim ili hrvatskim etno–fundamentalističkim formacijama, postali su totalni stranci za Europu. Da su, kao Muslimani, bili isključeni iz Europe, religijski, kulturno i politički, to je bilo za očekivati. Više iznenađuje forma njihove rasne isključivosti. Zato što su Bosanci – Slaveni, najčešće korišten argument protiv pružanja efektivne pomoći bosanskoj vladi – da bi ovo moglo ražalostiti Ruse koji duboko suosjećaju sa svojim "prijateljskim Slavenima", Srbima – je zapravo *nonsense*. Čak izvan takvog predmeta, europska politika je "komponirana i napravljena". Slaveni su, to je točno, samo druga klasa, ili potencijalni Europljani, ali Muslimani jednostavno ne pripadaju Europi. Zato je prihvaćeno da Bosanci nisu Slaveni.

Nisu uloženi veliki napori da se objasni priroda bosanskog društva, a to je da je ono uglavnom bilo svjetovno društvo, i da su bosanski gradovi koji su padajuće žrtve gomile razoritelja, bili povijesni centri kulturnog pluralizma i tolerancije. Pa, čak i da su ti napori bili učinjeni, to ne bi napravilo mnogo razlike. Navoditi razloge protiv anti–muslimanskih osjećaja i slika, je isto toliko uzaludno kao i navoditi razloge protiv anti–semitizma –argumenti ništa ne mogu promijeniti. Daljna poteškoća ja da je nemoguće dokazati *in concreto* da je antimuslimanizam konstitutivan trenutak zapadne politike u Bosni. Prava sugestija da bi ovo mogao biti slučaj, energično je pobijena. Iako rezultati politike –svjesne ili nesvjesne, objašnjene ili nepriznate, određene ili neodređene, nastajući u idiotizmu ili zlobi – ne može biti krivo shvaćena. I ovo je pisanje po zidu.

policy—whether it is conscious or unconscious, spelled out or denied, intended or unintended, originating in idiocy or malice—cannot be misread. And this is the writing on the wall.

The obvious fact is that there is a genocide of Bosnian Mulsims taking place and that its perpetrators have not been countered in any effective way, much less stopped. The masterminds of the genocidal practices are distinguished guests at European diplomatic conferences, equal (if not more equal) negotiators, and are given full access to the media to disseminate their lies. It is sometimes said that European governments lack the will to confront Serbian fascism, but I'm afraid that the premise of this explanation is false—it would first have to be proved that they want to act in any different way. It takes a strong will to endure the horrors of the war in Bosnia, to sustain the genocide, and the West has not lacked this will. Its policy is one of anti-nationalism in the guise of anti-Muslimism. The Bosnian nation, the sovereign Bosnian state, has to be destroyed not only because state-building, as a principle, is perceived as a nuisance, but also because the danger of a Muslim political presence in Europe has to be averted. The "shortest way" is to sufficiently reduce the number of Bosnian Muslims so that they will give up hope of ever being anything but an ethnic group.

I would not call this a conspiracy. It is much more like a dream coming true. To chase the Muslims out of Europe is the European dream. To cleanse Europe of "the Turks" was the dying thought of the greatest figure of the Enlightenment: "It is not enough to humiliate them, they should be destroyed," urged Voltaire. "Beat the Turks and I will die content," he confided to the Russian Emperess. This dream is still very much alive, living as dreams live.

The war against the Bosnian state and the genocide of Muslims is the execution of the Enlightenment testament. The Sadean soul of European enlightened rationalism reigns free. Serbian fascists are fulfilling the European dream. If the dream is too dreadful for Europeans to live it themselves, it is nevertheless their dream. If it is coming true with the help of Serbian and Croat fascists, this only gives to Europeans double pleasure: the pleasure of the fulfillment of the dream and the pleasure of not having soiled their own hands with blood. They have the pleasure of realizing their barbarity and, in the face of barbarity, preserving their civility. While their wildest political imagination

Očita činjenica je da se vrši genocid nad Muslimanima i da njihovi počinitelji nisu bili spriječeni na niti jedan djelotvoran način, a još manje zaustavljeni. Osnivači genocidnih praksa uvaženi su gosti na europskim diplomatskim konferencijama, ravnopravni (ako ne ravnopravniji) pregovarači, i dat im je pun pristup mediju da razglase svoje laži. Ponekad je kazano da europskim vladama nedostaje volje da se suprostave srpskom fašizmu, ali ja se plašim da je premisa ovog objašnjenja dvolična —prvo bi moralo biti potvrđeno da oni žele djelovati na bilo koji drugačiji način. Potrebna je jaka volja da bi se izdržalo strahote rata u Bosni, da bi se podnosilo genocid, i Zapadu nije nedostajalo ove volje. Politika Zapada je jedna od antinacionalizma *cum* antimuslimanizma. Bosanska nacija, suverena bosanska država , treba biti uništena ne samo zbog stvaranja države, kao princip, doživljena kao smetnja, već također zbog opasnosti od muslimanske političke prisutnosti u Europi, treba biti spriječena. "Najkraći način" je, dovoljno reducirati broj bosanskih Muslimana, tako da odustanu biti bilo što, osim etničke grupe.

Neću ovo zvati urotom. To je više kao san koji se obistinjuje. Prognati Muslimane izvan Europe jest europski san. Očistiti Europu od "Turaka" bila je misao do posljednjeg daha najvećih ličnosti prosvjetiteljstva. "Nije dovoljno poniziti ih, oni bi treballi biti uništeni" urgirao je Voltaire. "Pobijedite Turke i ja ću umrijeti zadovoljan." saopćio je ruskoj carici. Ovaj san je još uvijek vrlo živ, živeći kao što snovi žive.

Rat protiv bosanske države i genocid nad Muslimanima jest izvršenje prosvjetiteljskog testamenta. Sadeovski duh europskog prosvijećenog racionalizma prevladava slobodan. Srpski fašisti izvršavaju europski san. Ako je san previše strašan da bi ga Europljani živjeli sami, to je ipak njihov san. Ako to postaje istina zahvaljujući srpskim i hrvatskim fašistima, Europljanima ovo pruža duplo zadovoljstvo: zadovoljstvo ispunjenja sna i zadovoljstvo što nisu morali zaprljati svoje ruke krvlju. Oni moraju zadovoljiti realiziranje svojeg barbarstva, i usprkos barbarstvu, sačuvati svoju civiliziranost. Dok je njihova najrazuzdanija politička imaginacija materijalizacija, oni u isto vrijeme mogu voditi poziciju užasnutih kritičara ovog neobuzdanog života. Njihov rasizam može zauzeti uzvišen i uljudan zaokret kada osuđuju balkanska plemena. Ipak, ovaj san, bosanska noćna mora, lagano postaje noćna mora samih

is materializing, they can at the same time maintain the position of horrified critics of this wildlife. Their racism can take a sublime and respectful turn as they condemn the Balkan tribes.

However, this dream, the Bosnian's nightmare, is bound to become a nightmare for Europeans themselves, a nightmare not filtered through TV screens. The denial to Bosnians of the right to defend themselves is immoral. To state this may not be completely out of place here, even if moral arguments do not have as much weight these days. They are with great confidence dismissed by the spineless political animals who rule Europe. They adhere to what they take to be *Realpolitik*, yet this "*Realpolitik*" of theirs is realistic only insofar as they are successfully creating a reality after their own image. In any conventional meaning of the term, this is not Realpolitik but a politics of *Realitatsverlust*. However, the denial to Bosnians of the right to self-defense is not only immoral. It is also the destruction of the one certainty on which the security of modern European order has been based: the right to self-defense. If Bosnians are slaughtered like sheep, one should be aware both of the hand that slaughters them and the hand that ties them to be slaughtered. The hand that ties them is tearing the fabric of international law in its most vital place.

Humanitarian aid is not a remedy—with all due respect to those who, in the U.N. straitjacket, deliver it. It is a lie: the hand that feeds the Bosnians is the hand that ties them to be killed. The U.N. Secretary General was greeted in Sarajevo by a crowd shouting "Assassin! Assassin!" Those in the West who are not completely happy with the U.N. performance in Bosnia (and can afford the luxury of not being "emotional") would rather speak of a humiliation of the world organization in Bosnia. However, humiliation can only take place where there is dignity—a quality which has been impossible to discern in the U.N. Bosnian policy. The Arab countries are also mistaken when they accuse the U.N. of having double standards, for this organization appears to have no standard at all.

It is part and parcel of the policy which has not only refused to stop, but has itself contributed to, the destruction of civil order and the reduction of Bosnians to a state in which they have to depend on such help. Humanitarian aid is the reverse, the noble face of the denial of civil existence. All that is left to the victims of the war is the obscene recognition that they are humans. Yet if one recalls the "*si non est civis, non est homo*" maxim of European political tradition, they are not. Thus the Western policy of humanitarian aid is a policy of dehumanization—and a final blow to humanism. (This is

Europljana, noćna mora koja nije filtrirana kroz TV ekrane. Poricanje prava Bosancima da se brane jest nemoralno. Izjaviti ovo ovdje, ne mora biti kompletno neumjesno, čak iako moralni argumenti nemaju mnogo težine ovih dana. Oni su sa samopouzdanjem prognani od strane mlitavih političkih životinja koje vladaju Europom. Oni ustraju u onome za što smatraju da je *Realpolitik*, iako je ova njihova "*Realpolitik*" realistična, samo utoliko ukoliko uspješno stvaraju stvarnost nakon njihovih vlastitih slika. U bilo kojem konvencionalnom značenju termina, ovo nije *Realpolitik*, već politika *Realitatsverlust*. Kako bilo, poricanje prava Bosancima na samoobranu nije samo nemoralno. To je također destrukcija jedne izvjesnosti, na kojoj je bila bazirana sigurnost modernog europskog poretka: prava na samoobranu. Ako su Bosanci poklani kao ovce netko bi morao biti svjestan i ruke koje ih kolje, i ruke koja ih veže da bi bili poklani. Ruka koja ih veže je neobuzdano tkivo internacionalnog prava u njegovom najvitalnijem mjestu.

Humanitarna pomoć nije lijek – sa svim svojim dužnim poštovanjem onih koji ih, u U.N. uniformi, predaju. To je laž: ruke koje hrane Bosance jesu ruke koje ih vežu da bi bili ubijeni. Generalni Sekretar Ujedinjenih Naroda bio je pozdravljen u Sarajevu masom koja je skandirala "Ubica! Ubica!" Oni na Zapadu koji nisu sasvim sretni sa U.N. djelovanjem u Bosni (i mogu dozvoliti luksuz – ne biti "emocionalan") radije bi govorili o poniženju svjetske organizacije u Bosni. Ipak, poniženje može djelovati samo tamo gdje ima dostojanstva – kvalitet koji je bilo nemoguće opaziti u U.N. bosanskoj politici. Arapske države su također u zabuni kada optužuju U.N. da imaju dupli standard, jer ga ova organizacija izgleda i nema, sve u svemu. To je dio i paket politike koja ne samo da je odbila zaustaviti, već je i pridonijela destrukciji civilnog poretka, i redukciji Bosanaca na državu u kojoj moraju ovisiti o ovoj pomoći. Humanitarna pomoć je poraz, plemenito lice poricanja civilnog postojanja. Sve što je ostavljeno žrtvama rata jest bestidno priznanje da su humani. Ipak, ako netko dozove u sjećanje "*Si non est civis, non est homo*" maksimu europske političke tradicije, oni nisu. Na ovaj način zapadna politika

not something Serbo-Croatian fascists worry about: they are clear that Muslims are not humans. And whatever they do to them, they are not violating human rights. The "culture of human rights"–a self-glorious shorthand for Western political culture–is not endangered.) Humanitarian aid has also served as an excuse to avoid Western military action in Bosnia. And because this is called peace-keeping, one can only say that of all the weapons Europe has yet invented, "peace" appears to be the most lethal. Thus humanitarian aid has probably saved a number of human lives while it has been at the same time contributing to the dehumanization of life in Bosnia; at the same time, peace negotiators, imposed and led by Eurocrats, have cost more lives than the war itself, properly speaking.

One of the reasons why Bosnians are dying is that they believed in Europe. They thought that the recognition of their state involved some kind of responsibility on the part of the "international community." They were utterly wrong, and they were wrong not to have armed themselves when there was still time. They were also naive to think that their adherence to European values mattered–instead of solidarity, they met racism; instead of support, humiliation. Their betrayed hopes reveal the hopelessness of Europe. Amidst the horror and devastation of the war, a senior U.N. official in Bosnia has recently expressed his hope that Serbian war criminals (those guilty of the massacre in Srebrenica) will burn in the hottest corner of Hell. This appeal to Heaven is most telling. It appears that there is no Earthly instance left to appeal for justice. And if, in the "international community," there is no justice, then this community is *latrocinium* [a marauders' realm], and its leaders *latrones* [brigands]. This appeal to Heaven is also telling because it is not the popular Lockean "Appeal to Heaven." This tells us, by implication, that liberalism has little, or nothing, to say. Indeed, against the background of the Bosnian war it appears that liberalism has collapsed. This is the end not of history, but of liberal history.

There may be more appeals to Heaven in the future, in a different context. The *Mene, tekel, parsin* (the writing on the wall, in Bosnian blood) has been spelled out for Western democracies: for Europe.

humanitarne pomoći jest politika dehumanizacije – i krajnja nesreća za humanizam. (Ovo nije nešto o čemu Srpsko–Hrvatski fašisti brinu: njima je jasno da Muslimani nisu ljudska bića. I bilo šta da im rade , oni ne krše ljudska prava. "Kultura ljudskih prava" – samoslavni sistem za zapadnu političku kulturu – nije ugrožen.) Humanitarna pomoć također je služila kao isprika za zapadnu vojnu akciju u Bosni. I zato što se ovo zove mirovne snage, može se samo reći da se, od svog oružja koje je Europa izumila, "mir" javlja kao najsmrtonosniji. Dok je humanitarna pomoć vjerojatno spasila brojne ljudske živote, dok je u isto vrijeme pridonosila dehumanizaciji života u Bosni, mirovna pregovaranja, nametnuta i vođena od Eurokrata, koštala su više života nego rat sam po sebi, istinu govoreći.

Jedan od razloga zašto Bosanci umiru je što su vjerovali u Europu. Mislili su da je priznanje njihove države uključilo neku vrstu odgovornosti u dijelu "internacionalne zajednice". Bili su potpuno u krivu, i bili su u krivu što se nisu naoružali dok je još uvijek bilo vremena. Također su bili naivni, misleći da je njihova privrženost europskim vrijednostima bila od važnosti – umjesto solidarnosti, sreli su rasizam; umjesto podrške, poniženje. Njihove iznevjerene nade odaju beznađe Europe. Usred strahota i devastacije rata viši oficir U.N. u Bosni, nedavno je izrazio svoju nadu da srpski ratni kriminalci (oni koji su krivi za krvoproliće u Srebrenici) budu spaljeni u najvrućem uglu Pakla. Ovaj apel za Raj govori dosta. Izgleda da nijedna zemaljska molba nije ostavljena za apel za pravdu. Iako, u "internacionalnoj zajednici" nema pravde, ova zajednica je *latrocinium*, a njeni vođe *latrones*. Ovaj apel Raju također govori, zato što to nije popularni Lockeanski "Apel za Raj". Ovo nam govori, sa dubljim smislom, da liberalizam ima malo, ili ništa za reći. Uistinu, u pozadini bosanskog rata, liberalizam je izgleda doživio slom. Ovo nije samo kraj povijesti, već i liberalne povijesti.

Možda će u budućnosti, u različitom kontekstu, biti više apela za Raj. *Mene, tekel, parsin (*pisanje na zidu, u bosanskoj krvi) bilo je namijenjeno zapadnim demokracijama: za Europu.

Preveo Goran Tomčić

Ali Jamale Ahmed

ANTHEM OF THE NATION

Himna Nacije

And we have asked for courage Not
to belong, Not
to identify, Not
to regret.
          Abena P. A.. Busia, "Petitions"

Without you life shall be life
Without you life will be death
Without you death should be supreme
Without you cairns would be anthills

**I mi smo pitali za hrabrost, Ne
da bi pripadali, Ne
da bi prepoznavali, Ne
da bi žalili.**

          Abena P. A. Busia, "Petitions"

**Bez tebe život mora biti život
Bez tebe život će biti smrt
Bez tebe smrt bi morala biti uzvišena
Bez tebe mogile bi bile mravinjaci**

Preveo Goran Tomčić

The Other Body

Drugo Tijelo

So that I can speak to myself and to this time, and even further—so that I can converse with days gone by, I find nothing more fitting than the parable of migration. Maybe because migration is another name for exile made gentler by the alphabet. Maybe because migration is another name for passage. Maybe because it is another articulation to inaugurate a place and adopt it. Maybe because it is another embodiment of loss.

As if migration is another matter. Isn't the word *hegira* the past tense of the name given to Ismael's mother, in whom the descent of Abraham meets the seed of the Arabs? And you in flight are a leap, the seal whose name is the time of ignorance.

Greased by fumes called fatigue.
    Fatigue— a rose opening,
    fatigue —a river flowing,
    fatigue—a wing tempted by the horizon's
infinities,
    the fatigue of a woman giving her firstborn into the hands of the world. And what surrounds you permeates your limbs, a liquid bitter and delightful. You feel as if you yourself are flowing within this substance and you ask yourself: How can I trickle down, what will be left of me?

In migration you see the world as an endless agglomeration, its teeth sharply honed. But you penetrate without your body being affected, even though it is soft and tender, your skin almost like silk, as the woman that loves you claims. This is how you can see history's head chopped off, displayed before you in a cauldron or dangling from two hands you do not see. And you can see it floating over the water of a river whose mouth you do not know, whose sources you are unaware of. And it seems to you that you are following the banks of the river with footsteps that distinguish

Čini mi se da je parabola o migraciji najprikladnija, ako se želimo okretati sebi i ovom vremenu, pa čak i da možemo uspostaviti dijalog sa prošlim danima. Možda je to zbog toga što je migracija samo drugačije i alfabetski blaže ime za progonstvo. Možda zato što je migracija drugo ime za prolaz. Možda zato što je to druga artikulacija za posvećenje mjesta i njegovu adaptaciju. Možda zato što je to drugo utjelovljenje gubitka.

Kao da je migracija druga stvar. Zar nije riječ *hagira* prošlo vrijeme imena datog Ismaelovoj majci, u kojoj Abrahamovo porijeklo sreće arapsko sjeme? I ti si skok u letu, biljeg čije je ime vrijeme neznanja.

Podmazan gnjevom zvanim umor.
    Umor–otvaranje ruže,
    umor–proticanje rijeke,
    umor–krilo namamljeno
beskrajnošću horizonta,
    umor žene koja svoje prvororođenče daje u ruke svijeta. I ono što te okružuje, zabranjuje tvoje udove, gorka i ugodna tekućina. Osjećaš se kao da ti sam kolaš unutar ove tvari, i pitaš se: Kako mogu iscuriti dolje, što će od mene preostati?

U migraciji, svijet vidiš kao beskrajno gomilanje, njegove oštro nabrušene zube. Ali prodireš, bez utjecaja na tvoje tijelo, iako je meko i nježno, tvoja koža skoro kao svila, kao što to tvrdi žena koja te voli. Tako možeš vidjeti odsječenu glavu povijesti, razmetnu ispred tebe u veliki kotao, ili obješenu pomoću dvije ruke koje ne vidiš. I možeš je vidjeti kako pluta preko površine rijeke, čije ušće ne znaš, čiji izvor ne zamjećuješ. I čini ti se kao da slijediš obale rijeke, stopama koje ništa ne razabiru, osim distance koja ih razdvaja od buke.

nothing but the distance separating them from the clamor.

In migration it pleases you to say: I want to take the form of a feather and make my second ink of water. You whisper to yourself: With this articulation I hand down another face, with this ink I erase what gives me pleasure to resume in another form.

In migration it becomes easy for you to write the dictionary of things—vegetation, rock, gravel, clouds, windows, and the cracks thriving in the walls of being. And you trick yourself out, once in serpent skin, once in onion peel, once in pollen dust.

In migration you forget as if you are remembering and you remember as if you are forgetting. Drowned by that yearning, the comings and goings up and down the ladder of days left in your life on this planet earth—earth that only love can turn into an apple whose scent is imbibed bit by bit.

In migration you become the brother of things and their equal. You sense the spears sinking into your gut are nothing but a different air purifying you as you inhale and exhale. And it is then that you recognize yourself as remains.

This migration of mine is long in place, enduring even longer within me, as if I do not know myself.

Once in flight I was intent to build a humble abode for the days of my past, not in the village where my skin first touched soil—as a friend, the ancient poet, put it—but in another place, I prefer not to say where. I sat myself down amongst them, I mean my days, that are scattered, gathered by force. And instead of staring at them and examining and interrogating them, they began looking at me and probing and searching and asking. As if they were waiting for something else, another person. Beginning then I started to understand my flight, and those roads no one takes lest they be tempted to track some shadow, some harvest. Roads that always retain ashes as if they were fire just now dying out, as if the road were a body shattered in the scent of jasmine left over from childhood. There is a tangled binding between me and my flight. I cannot presume that "return" itself would ever fully appreciate the damages. I shall declare my life a home for my flight, and migration a home for my life. I shall tell migration: You are my expanse—*you* are immense.

U migraciji ti se sviđa reći: Želim poprimiti formu pera i napraviti moju drugu tintu od vode. Samom sebi šapućeš: Ovom artikulacijom pružio sam drugo lice, ovim perom brišem ono što mi daje zadovoljstvo za nastavljanje u drugoj formi.

U migraciji ti postaje lako pisati rječnik stvari – vegetacija, stijena, šljunak, oblaci, prozori, i napukline cvatu u zidovima postojanja. I obmanjuješ se prevarom, jednom u zmijskoj koži, jednom u ljusci luka, jednom u prašini peluda.

U migraciji zaboravljaš kao da se sjećaš, a sjećaš se kao da zaboravljaš. Utopljen u toj čežnji, dolasci i odlasci, gore i dolje, po ljestvama dana, ostali su u tvom životu na ovoj planeti Zemlji – Zemlji koju samo ljubav može preobratiti u jabuku čiji je miris, malo pomalo, bio upijan.

U migraciji, postaješ brat stvarima i njima ravan. Naslućuješ da tvari koje tonu u tvoju utrobu, nisu ništa drugo nego različiti zrak koji te razbistruje dok udišeš i izdišeš. Tada sebe prepoznaješ kao ostatke.

Ova moja migracija je dugotrajna, dugo traje u meni, kao da ne poznajem samog sebe.

Jednom sam namjeravao, u letu sagraditi čudno prebivalište za protekle dane, ne u selu gdje je moja koža prvi put dotakla dušu– kao što se prijatelj, drevan pjesnik izrazio – već u drugom mjestu, radije bih prešutio gdje. Posjeo sam dolje, među njih, mislim, među moje dane, koji su raštrkani, silom sakupljeni. I namjesto zurenja u njih, njihovog ispitivanja i preslušavanja, oni počeše gledati u mene, istraživajući, pretraživajući, pitajući. Kao da su čekali na nešto drugo, drugu osobu. Otada počeh razumijevati svoj let, i one ceste koje nitko ne koristi, od straha da ne bi iskušali trag neke sjene, neke žetve. Ceste koje stalno zadržavaju pepeo, kao da su oganj koji se upravo gasi, kao da su tijelo razmrskano u miris jasmina, preostalog iz djetinjstva. Tamo je zamršena spona između mene i mog leta. Nemogu pretpostaviti da bi "povratak" po sebi ikada mogao potpuno procijeniti gubitke. Svoj život moram proglasiti domom za svoj let, i migraciju domom za svoj život. Migraciji moram reći: Ti si moje prostranstvo – beskrajna si.

Translated by Ammiel Alcalay and Kamal Boullata

Preveo Goran Tomčić

THE FATE OF SPANISH EXILES

SUDBINA ŠPANJOLSKIH PROGNANSTAVA

Solomon Ibn Verga (late 15th-early 16th centuries) was expelled as a Jew from Spain in 1492, and went to Portugal, where he became a Marrano. He later reverted to Judaism, in Italy, where he wrote The Scepter of Judah.

Solomon Ibn Vergä (kasno 15. – rano 16. st.). Kao Židov, protjeran je iz Španjolske 1492, i zatim otišao za Portugal, gdje je postao Marano. Kasnije se vratio židovstvu u Italiji, gdje je napisao svoje poznato djelo Judino Žezlo.

"The Scepter of Judah" (excerpt)

I heard from the lips of the old, departed from Spain, of a boat and the fatal blow it was dealt. The skipper cast all ashore, on a place uninhabited, and there most died of hunger; those who were left struggled to stay on their feet until they could find a settlement. And one Jew among them, with his wife and two sons, strove to go on. The woman, rather than let her feet stray, fainted and died. The man bore their sons, and he also fainted, as did the sons, from the pall that hunger cast over them. When the man overcame his weakness, he found his sons dead. In a frenzy, he rose to his feet and exclaimed, "Sovereign of the Universe, you hasten to make me abandon you! Know my faith, against the will of those residing in Heaven—I am a Jew and a Jew I shall remain; and all that you have caused me to bear and will further bring upon me shall not hinder me." And he gathered dirt and weeds and covered the two children and went in search of a settlement. The group of fellow Jews did not wait. In order that they, too, not die, each occupied himself with the afflictions of his own soul, without paying heed or lending sorrow over a companion.

Translated by Ammiel Alcalay

"Judino Žezlo" (odlomak)

Čuo sam sa usana starih, koji su otišli u Španjolsku, o brodu i fatalnom sudaru koji se zbio. Kapetan je sve izbacio na obalu, na pusto mjesto gdje mnogi umriješe od gladi; oni koji su preživjeli borili su se da se održe na svojim nogama, dok ne nađu neku naseobinu. A jedan stari Židov među njima, sa svojom suprugom i dva sina, nastojaše ići dalje; žena, budući da više nije mogla naprijed, klone i umre. Muškarac je nosio njihove sinove, no i on klone, skupa sa sinovima, zbog mrtvačke ponjave kojom ih je glad prekrila. Kad se oporavio, pronašao ih je mrtve. U bijesu stade na svoje noge i uzvikne: "Vladaru Svemira, tjeraš me da te napustim! Priznaj moju vjeru, usprkos volje onih koji borave u Raju – ja sam Židov, i Židov ću ostati; i sve što si mi dao na teret, i sve što ćeš mi ubuduće dati, neće me zaustaviti." I skupi zemlje i korova, i pokri djecu i krene u potragu za naseobinom. Druga grupa Židova nije čekala; da i oni ne bi umrli, svatko od njih je bio zaokupljen patnjama vlastitog duha, da se ne bi osvrtali ili žalili drugima.

Preveo Goran Tomčić

Saskia Sassen

RETHINKING IMMIGRATION
PREVREDNOVANJE IMIGRACIJE

ECONOMIC INTERNATIONALIZATION AND IMMIGRATION

International migrations are embedded in larger social, economic, and political processes. While individuals may experience their migration as the outcome of their personal decisions, the option to migrate is itself socially produced.

Migrations do not just happen. And migrations do not involve just any possible combination of countries. They are patterned. Immigrant employment is patterned as well; immigrants rarely have the same occupational and industrial distribution as citizens in receiving countries.

For example, the large mass migrations of the 1800s emerged as part of the formation of a transatlantic economic system binding several nation-states through economic transactions and wars. The transatlantic economy was at the core of United States development. There were massive flows of capital, goods, and workers and specific structures that produced this transatlantic system. Before this period, labor movements across the Atlantic had been largely forced (notably slavery) and mostly from colonized African and Asian territories. Similarly, the migrations to England in the 1950s originated in what had once been British territories. Finally, the migrations into Western Europe of the 1960s and 1970s occurred in a context of direct recruitment and of Northern European regional dominance over the Mediterranean and Western dominance over some of the Eastern European countries. There are few, if any, innocent bystanders among countries receiving large labor migrations.

The renewal of mass immigration into the U.S. in the 1960s, after five decades of little or no immigration, took place in a context of expanded U.S. economic and military activity in Asia and the Caribbean Basin. Today, the U. S. is at the heart of an international system of investment and production that has incorporated not only Mexico but areas in the Caribbean and Southeast Asia. In the 1960s and 1970s, the U.S. played a crucial

Ekonomska internacionalizacija i imigracija

Internacionalne migracije dio su većih socijalnih, ekonomskih i političkih procesa. Dok individualac može iskušati migraciju kao posljedicu svojih personalnih odluka, opcija za migraciju je sama po sebi socijalno prouzročena.

Migracije se ne događaju tek tako. I migracije ne uključuju samo bilo koju moguću kombinaciju država. One su skrojene po uzorku. Zapošljavanje imigranata, također je unaprijed određeno; imigranti rijetko imaju istu stručnu i industrijsku distribuciju kao građani u usvojenim državama.

Na primjer, velika masovna migracija 1800. pojavila se kao dio formacije transatlantskog ekonomskog sistema, koji je vezao nekoliko nacionalnih država kroz ekonomske transakcije i ratove. Transatlantska ekonomija bila je u srži USA razvoja. To su bile masivne struje kapitala, robe, radnika i specifičnih struktura koje su proizvele ovaj transatlantski sistem. Prije ovog razdoblja, radnički pokreti s druge strane Atlantika, uglavnom su bili iznuđeni (osobito ropstvo),većinom iz koloniziranih afričkih i azijskih teritorija. Slično, migracije za Englesku 1950. godine, potekle su iz, nekoć engleskih teritorija. Konačno, migracije u Zapadnu Europu 1960. i 1970. pojavile su se u kontekstu direktnog obnavljanja i sjevernoeuropske regionalne dominacije nad Mediteranom i zapadne dominacije nad nekim istočnoeuropskim državama. Nekoliko je, ako ijedan, nevinih promatrača među državama koje su pretrpjele veliku radnu migraciju.

Obnova masovne migracije u USA u 1960. nakon pet decenija male ili nikakve migracije, dogodila se unutar konteksta proširene ekonomske i vojne aktivnosti USA u Aziji i Karibskom zaljevu. Danas je USA u središtu internacionalnog sistema investicija i produkcije koja je inkorporirala ne samo Meksiko, već i područja u Karibima i jugoistočnoj Aziji. U 1960. i 1970. USA je

role in the development of a world economic system. It passed legislation aimed at opening its own and other countries' economies to the flow of capital, goods, services, and information. The central military, political, and economic role the U.S. played in the emergence of a global economy contributed both to the creation of conditions that mobilized people into migrations (whether local or international) and to the formation of links between the U.S. and other countries that subsequently were to serve as bridges for international migration. Measures commonly thought to deter emigration—foreign investment and the promotion of export-oriented growth in developing countries—seem to have had precisely the opposite effect. Among the leading senders of immigrants to the U.S. in the 1970s and 1980s were several of the newly industrialized countries of South and Southeast Asia, whose extremely high growth rates are generally recognized to be a result of foreign direct investment in export manufacturing.

That migrations are patterned is further reflected in the figures on the U.S. share of global immigration. Available evidence shows that the U.S. receives about 19 percent of global emigration, excluding illegal immigration and unofficial refugee flows between countries. The U.S. receives 27 percent of total Asian emigration, but 81.5 percent of all Korean emigration and almost 100 percent of emigration from the Philippines. It receives 70 percent of Caribbean emigration, but almost 100 percent of emigration from the Dominican Republic and Jamaica, and 62 percent from Haiti. And it receives 19.5 percent of all emigration from Central America, but 52 percent of emigration from El Salvador, the country with the greatest U.S. involvement in the region.

Now the fact of a new illegal immigration into Japan, a first in its long history, raises a question as to the impact of the internationalization of the Japanese economy on the formation of this new migration flow. Japan is a country that has never had immigration and lacks the belief in its positive contributions that is still a trait in the U.S. Yet, since the mid-1980s there has been a growing immigration to Japan from Bangladesh, Thailand, the Philippines, and Pakistan. One fundamental condition Japan does share today with the U.S. is its prominent role as the major foreign-aid donor, investor, and exporter of a wide range of consumer goods in the countries where the immigrants to Japan originate. This may have created objective and subjective bridges with Japan, contributing to the reduction of the sociological distance by familiarizing people with Japan and its culture.

odigrala odlučnu ulogu u razvoju svjetskog ekonomskog sistema. Donijela je zakonodavstvo, usmjereno prema otvaranju vlastite ekonomije (kao i ekonomije drugih država), protoku kapitala, robe, prometa i informacija. Glavna vojna, politička i ekonomska uloga koju su USA igrale u nastanku globalne ekonomije, pridonijela je stvaranju uvjeta koji su mobilizirali ljude u migraciju (bilo lokalnu ili internacionalnu), kao i formiranju veza između USA i drugih država koje su kasnije služile kao mostovi za internacionalne migracije. Mjere, općenito zamišljene da spriječe emigraciju –strana ulaganja i promocija export orijentiranog porasta zemalja u razvoju –izgleda da su imale sasvim suprotan učinak. Među glavnim pošiljaocima imigranata u USA u 1970. i 1980. su neke novoindustrijalizirane države južne i jugoistočne Azije, čiji je ekstremno veliki porast cijena općenito prepoznat kao rezultat direktnog stranog ulaganja u export proizvodnju.

Da su migracije šablonizirane, reflektira se i na brojkama USA sudjelovanja u globalnoj imigraciji. Dostupni dokaz pokazuje da je USA primila oko 19% globalne emigracije, uključujući ilegalnu imigraciju i neslužbeni izbjeglički protok među državama. USA je primila 27% totalne azijske emigracije, ali 81,5% od cjelokupne korejske emigracije, i gotovo 100% od filipinske emigracije. Primila je 70% karibske emigracije, ali gotovo 100% od emigracije iz Dominikanske Republike i Jamajke, kao i 62% iz Haitija. I primila je 19,5% od cjelokupne emigracije iz Centralne Amerike, ali 52% od emigracije iz El Salvadora, zemlje s najvećim USA utjecajem u regiji.

Sada činjenica o novoj ilegalnoj imigraciji u Japan, prvoj u njenoj dugoj povijesti, postavlja pitanje o utjecaju internacionalizacije japanske ekonomije na formaciju ovog novog migracijskog toka. Japan je država koja nikada nije imala imigraciju i nedostaje joj vjera u njen pozitivan doprinos, koji je još uvijek značajna crta u USA. Porast emigracije iz Bangladeša, Tajlanda, Filipina i Pakistana, traje još od sredine 1980. Jedna fundamentalna okolnost koju Japan danas dijeli s USA je njegova istaknuta uloga kao glavnog stranog donatora pomoći, ulagača i izvoznika opsežnog asortimana potrošačke robe u zemlje iz kojih potječu imigranti u Japanu. Ovo je moglo kreirati objektivne i subjektivne mostove s Japanom, doprinoseći smanjivanju sociološke distance putem upoznavanja

On a more conceptual level, one could generalize these tendencies and posit that immigration flows take place within a system and that this system can be specified in a variety of ways. In other instances, the system within which immigration takes place is to be specified in political or ethnic terms. One could ask, for example, if there are systemic linkages underlying the current East European and Soviet migrations to Germany and Austria. Rather than simply posit the push factor of poverty, unemployment, and the general failure of socialism, we might inquire as to the existence of linkages that operate as bridges. Thus, before World War II, both Berlin and Vienna were major receivers of large migrations from a vast Eastern region. Furthermore, these practices produced and reproduced migration systems as such. Finally, the aggressive campaign during the Cold War years, showing the West as a place where economic well being is the norm and well-paying jobs are easy to get, must also have had some effect in inducing people to migrate westward; a more accurate portrayal of conditions in the West might have deterred potential migrants beyond the absolutely convinced ones who can be seen as constituting a pent-up demand—in other words, beyond those that would have come at all costs. Similarly, as immigration countries, France and the Netherlands cannot escape their colonial pasts. Nor can Spain; once a major emigration country, it is now the recipient of a growing immigration both legal and illegal from Latin America.

The mainstream account of immigration has great difficulty incorporating these broader processes with which migrations are embedded. That account pivots on the rational choices of individuals who compare their earning opportunities in their countries of origin with those of more developed countries. This is certainly part of the explanation, especially when one asks immigrants. But it fails to explain why many countries with high population growth, vast poverty, and severe economic stagnation do not experience large-scale emigration.

This language constructs immigration as a devalued process insofar as it describes the entry of people from generally poorer, disadvantaged countries, in search of the better lives that the receiving country can offer; it contains an implicit valorization of the receiving country and a devalorization of the sending country. It is furthermore a language derived from an earlier historical period, which proceeds as if the world economic system were the same today as it was one hundred years ago. What would happen to the representation of that process which we call immigration if we were to cast it in terms akin to those we use to describe the

ljudi s Japanom i njegovom kulturom.

Na konceptualnijem nivou, netko bi mogao generalizirati ove tendencije, i pretpostaviti da imigracijski tok zauzima mjesto unutar sistema i da ovaj sistem može biti određen na različite načine. U drugim slučajevima, sistem unutar kojega imigracija zauzima mjesto određen je političkim ili etničkim terminima. Netko može pitati, na primjer, da li postoje sistematske veze u pozadini tekuće istočnoeuropske i sovjetske migracije za Njemačku i Austriju. Radije nego jednostavno pretpostaviti odlučujuću činjenicu siromaštva, nezaposlenosti i generalnog neuspjeha socijalizma, mogli bi se upitati o postojanju veza koje operiraju kao mostovi. Dakle, prije drugog svjetskog rata, i Berlin i Beč, bili su glavni primaoci velikih migracija iz golemog Istočnog područja. Nadalje, ove prakse proizvele su i reproducirale migracijski sistem kao takav. Konačno, agresivna kampanja tokom godina Hladnog rata, pokazujući Zapad kao mjesto gdje je ekonomsko blagostanje norma i gdje se dobro plačen posao lako dobiva, također je morala imati neki učinak u poticanju ljudi za migriranjem na zapadnu stranu; točniji prikaz prilika na Zapadu, mogao je spriječiti potencijalne migrante, osim onih apsolutno uvjerenih koji mogu biti viđeni kao tvoritelji prigušene potražnje – drugim riječima, izvan dohvata onih koji su htjeli doći po svaku cijenu. Slično, kao imigracijske države Francuska i Nizozemska, koje ne mogu pobjeći od svoje kolonijalne prošlosti, tako niti Španjolska, jednom glavna emigracijska država, a sada primaoc rastuće imigracije, legalne i ilegalne, iz Latinske Amerike.

Glavni zbroj imigracije je vrlo težak, zbog ovih širokih procesa kojima su imigracije uvjetovane. Taj zbroj se oslanja na racionalan izbor individualaca koji uspoređuju povoljne prilike u svojim matičnim državama s visoko razvijenim državama. Ovo je sigurno dio objašnjenja, naročito ako se pitaju imigranti. Ali nedostaje objašnjenje, zašto mnoge države s visokim populacijskim rastom, velikim siromaštvom i teškom ekonomskom stagnacijom, nemaju visoki stupanj emigracije.

Ovaj jezik gradi imigraciju kao manje vrijedan proces,zato jer prikazuju popis ljudi iz generalno siromašnijih država nepovoljnog položaja, u potrazi za boljim životom nego što to primljena država može

internationalization of capital, a process represented as imbued with economic rationality, technological advances, and other attributes privileged in the mainstream narrative about the economy? What would happen if we did not privilege wealth over poverty, wealthy countries over poor countries? If we saw immigrants as using bridges built by the internationalization of capital or the internationalization of the military activities of dominant countries, if we saw immigrants as moving within an internationalized labor market?

THE GLOBAL CITY: A NEW IMMIGRATION NARRATIVE

Major cities have emerged as strategic places in the world economy. In the past, cities were centers for imperial administration and international trade. Today they are transnational spaces for business and finance, where firms and governments from many different countries can transact with one another, increasingly bypassing the firms of the "host" country. Cities are the site for concrete operations of the economy. One way in which this concreteness can be captured is by an examination of the day-to-day work in industrial finance, and specialized services. Such an examination makes it clear that a large share of the jobs involved in finance, for example, are low-paying, clerical and manual, many of them held by women and immigrants. These types of workers and jobs do not fit the dominant representation of what the premier industry of this period is about.

Large Western cities are the terrain where people from many different developing countries are most likely to meet, and where a multiplicity of cultures come together. The international character of the cities lies not only in their telecommunication infrastructure and international firms; it lies also in the many different cultural environments in which the workers move. One can no longer think of centers for international business and finance simply in terms of the corporate towers and corporate culture at its center. Today's global cities are in part the spaces of postcolonialism and, indeed, contain conditions for the formation of a postcolonialist discourse. In the colonial era, it was the cities in the colonies that were probably the most internationalized.

The large Western city of today concentrates diversity. Its spaces are inscribed with the dominant corporate culture but also with a multiplicity of other cultures and identities. The slippage is evident: the dominant culture can encompass only part of the city. And while corporate power inscribes these cultures and indentities

ponuditi; to uključuje bezuvjetnu valorizaciju države koja prima i devalorizaciju države koja šalje. Osim toga, to je jezik izveden iz ranijeg povijesnog razdoblja, koji se ponaša kao da je svjetski ekonomski sistem danas isti, kao i prije sto godina. Što se može dogoditi u reprezentaciji tog procesa koji zovemo imigracija, ako bacimo pogled na termine srodne onima koje uzimamo za opis internacionalizacije kapitala, procesa predstavljenog prožetošću ekonomske racionalnosti, tehnološkim napretkom i drugim atributima, privilegiranim u glavnoj priči o ekonomiji? Što bi se moglo desiti da nismo privilegirali bogatstvo nad siromaštvom, bogate države nad siromašnim državama? Da li smo vidjeli kako imigranti koriste mostove sagrađene internacionalizacijom kapitala, ili internacionalizacijom vojnih aktivnosti dominantnih država, ako smo vidjeli imigrante kako sele unutar internacionalizacije radnog tržišta?

Globalni grad: jedan element za novu imigracijsku priču

Glavni gradovi pojavili su se kao strategijska mjesta u svjetskoj ekonomiji. U prošlosti, gradovi su bili centri imperijalne administracije i internacionalne trgovine. Oni su danas transnacionalni prostori za biznis i financije, gdje tvrtke i vlade iz mnogih različitih država mogu trgovati jedne s drugima, sve više i više izbjegavajući tvrtke "domaće" države. Gradovi su mjesta za konkretne ekonomske operacije. Jedan način na koji ova konkretnost može biti zadržana je pomoću ispitivanja svakodnevnog rada u vodećim industrijskim kompleksima, kao i financija i specijaliziranih službi. Takvo ispitivanje čini jasnim da je velika podjela poslova upletenih u financije, na primjer, slabo plaćen klerikalni i manuelni rad, većinom u rukama žena i imigranata. Ovi tipovi radnika i radova ne priliče dominantnoj reprezentaciji onoga što je u domeni glavne industrije ovoga razdoblja.

Veliki zapadni gradovi su tereni gdje se najlakše mogu sresti ljudi iz raznoraznih država u razvoju, i gdje mnogostrukost kultura dolazi zajedno. Internacionalni karakter gradova leži, ne samo u njihovoj telekomunikacijskoj infrastrukturi i internacionalnim tvrtkama; on također leži u raznoraznim kulturnim sredinama u kojima radnici egzistiraju. Više se ne može misliti o centrima internacionalnih poslova i financije,

with "otherness," thereby devaluing them, they are present everywhere. Their presence is especially strong in major cities, which also have the largest concentrations of corporate power. We see here an interesting correspondence between great concentrations of corporate power and concentrations of an amalgamated "other." It invites us to see that internationalization is not only constituted in terms of capital (international finance, telecommunications, information flows), but also in terms of people and cultures. Through immigration, a proliferation of (in their origin) highly localized cultures have now become presences in many large cities, cities whose elites think of themselves as cosmopolitan, that is, transcending any locality. An immense array of cultures from around the world, each rooted in a particular country or village, now is reterritorialized in a few single places, such as New York, Los Angeles, Paris, London, and most recently Tokyo, which now has several mostly working-class concentrations of legal and illegal immigrants, from China, Bangladesh, Pakistan, and the Philippines.

Corporate culture collapses differences—some minute, some sharp—among the different socio-cultural contexts into one amorphous otherness, an otherness that has no place in the economy, the other who holds some of the low-wage jobs that are only marginally attached to the economy. And hence it reproduces the devaluing of those jobs and of those who hold the jobs.

The corporate economy evicts these other economies and workers from economic representation, and the corporate culture represents them as other. It evicts other ways of being in the city and in the economy. What is not installed in a corporate center is devalued, or will tend to be devalued. And what occupies the corporate building in noncorporate ways is made invisible. The fact that most of the people working in the corporate city during the day are low-paid secretaries, mostly women—many of them immigrant or African-American women—is not included in the representation of the corporate economy or corporate culture. And the fact that at night a whole other, mostly immigrant work force installs itself in these spaces, including the offices of the chief executives, and inscribes the space with a whole different culture (manual labor, often music, lunch breaks at midnight) is an invisible event.

There are representations of internationalization that have not been recognized as such or are contested. Among these is the question of immigration, as well as the multiplicity of cultural environments to which it contributes in large cities, often subsumed under the notion of "ethnicity." What we still narrate in the

jednostavno, u terminima korporacijskih tornjeva i korpororacijske kulture u njihovom centru. Današnji globalni gradovi su dijelom prostori postkolonijalizma, i uistinu, sadržavaju uvjete za formiranje postkolonijalističkog diskursa. U kolonijalnoj eri, vjerojatno su najinternacionaliziraniji bili gradovi u kolonijama.

Današnji veliki zapadni gradovi koncentriraju raznolikost. Njihova mjesta označena su dominantnom korporacijskom kulturom, ali također i mnogostrukošću drugih kultura i identiteta. Posrnuće je očito: dominantna kultura može zauzimati samo dio grada. I dok korporacijska moć obilježava ove kulture i identitete sa "različitošću", i time ih obezvrijeđuje, oni su posvuda prisutni.

Njihova prisutnost naročito je jaka u glavnim gradovima, koji također imaju najveću koncentraciju korporativne moći. Ovdje vidimo zanimljivu sličnost između velike koncentracije korporativne moći i koncentracije udruženog "drugog". To nas poziva da vidimo da internacionalizacija nije samo konstituirana u terminima kapitala (internacionalne financije, telekomunikacije, informacijski tokovi), već isto tako u terminima ljudi i kultura. Kroz imigraciju, razmnožavanje (u svojim izvorima) jako koloniziranih kultura, postalo je prisutno u mnogim velikim gradovima, čije elite o sebi misle kao o kozmopolitima,u smislu nadilaženja bilo kojeg lokaliteta. Beskrajan spektar kultura iz cijelog svijeta, svaki ukorijenjen u određenoj državi ili selu, sada je reteritorijaliziran na nekoliko pojedinih mjesta, kao što su New York, Los Angeles, Paris, London, i najrecentnije Tokio, koji sada ima nekoliko, uglavnom radničkih koncentracija legalnih i ilegalnih imigranata, iz Kine, Bangladeša, Pakistana i Filipina.

Korperativna kultura ruši razlike −neke neznatno, neke žestoko− među različitim sociokulturnim kontekstima u jednoj amorfnoj različitosti, različitosti kojoj nema mjesta u ekonomiji, drugo koje posjeduje neke od nisko plaćenih poslova, koji su samo marginalno pridruženi ekonomiji. Oni zato reproduciraju devalorizaciju ovih poslova i onih koji vladaju poslovima.

Korporativna ekonomija tjera te druge ekonomije i radnike iz ekonomskih reprezentacija, a i korporativna

language of immigration and ethnicity is actually a series of processes having to do with the internationalization of economic activity, of cultural activity, of identity formation.

Immigration and ethnicity are constituted as otherness. Understanding them as a set of processes whereby global elements are localized, international labor markets are constituted, and cultures from all over the world are deterritorialized puts them right at the center along with the internationalization of capital as a fundamental aspect of globalization.

kultura ih reprezentira kao "drugo". Time se stvaraju drugi načini postojanja unutar grada i ekonomije. Što nije instalirano u korporativno središte, devalorizirano je, ili će k tome naginjati. I ono što okupira korporativne zgrade na nekorporativne načine učinjeno je nevidljivim. Činjenica, da su većina radnih ljudi u korporativnom gradu tokom dana, slabo plaćene sekretarice, uglavnom žene, mnoge od njih imigrantkinje ili američke crnkinje –nije uključena u reprezentaciju korporativne ekonomije ili korporativne kulture. I činjenica da noću, potpuno drugi, uglavnom imigrantski rad forsira svoj smještaj u ove prostore, uključujući urede izvršnih šefova, i označuje mjesto s potpuno različitom kulturom (manuelni rad, česta muzika, pauze za ručak u ponoć), je nevidljivi događaj.

Reprezentacije internacionalizacije nisu bile priznate kao takve, ili su osporavane. Među njima je pitanje imigracije, kao i mnogostrukost kulturnih sredina čime ona doprinosi velikim gradovima, često generalizirana pod pojmom "etničnosti". Ono što još uvijek pričamo jezikom imigracije i etničnosti, u stvari je serija procesa vezana uz internacionalizaciju ekonomske aktivnosti i kulturne aktivnosti formacije identiteta.

Imigracija i etničnost konstituirane su kao različitost. Shvačajući ih kao niz procesa, pomoću kojih su globalni elementi lokalizirani, konstituirana su internacionalna radna tržišta, i deteritorijalizirane su kulture iz cijeloga svijeta, smještajući ih baš u središte, zajedno s internacionalizacijom kapitala kao fundamentalnim aspektom globalizacije.

Preveo Goran Tomčić

THE OATH OF AMATUS LUSITANUS
ZAKLETVA AMATUSA LUSITANSKOG

Amatus Lusitanus (1511-1568) was born in Portugal, studied medicine at Salamanca, and practiced in Antwerp, Ferrara, and the Papal States, where Pope Julius III was his patient. His chief work was Centuriae curationem, *a seven-volume study of 100 cases and their treatment.*

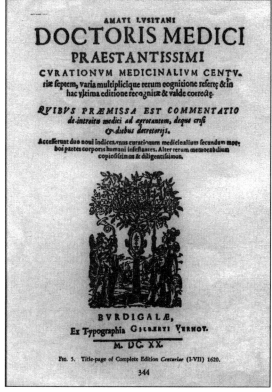

AMATI LVSITANI
DOCTORIS MEDICI
PRAESTANTISSIMI
CVRATIONVM MEDICINALIVM CENTV.
riæ feptem, varia multiplicique rerum cognitione referte & in
hac yltima editione recognitæ & valde correctæ.

*QVIBVS PRÆMISSA EST COMMENTATIO
de introitu medici ad ægrotantem, deque crisi
cy diebus decretorijs.*

Acceferunt duo noui indices, vnus curationum medicinalium fecundum mor;
bos partes corporis humani infeftantes. Alter rerum memorabilium
copiofifsimus & diligentifsimus.

BVRDIGALÆ,
Ex Typographia GILBERTI VERNOT.
M. DC. XX.
Fig. 5. Title-page of Complete Edition *Centuriae* (I-VII) 1620.
344

Amatus Lusitanus (1511–1568). Rođen je u Portugalu, studirao je medicinu u Salamanki, i prakticirao u Antwerpenu, Ferrari, i u Papinskim državama, gdje je Papa Julius III bio njegov pacijent. Njegovo glavno djelo bilo je Centuriae curationem, *sedmotomna studija o 100 slučajeva i njihovom tretmanu.*

GIVEN AT THESSALONICA IN THE YEAR 5319 (1559)

The passages in brackets were removed by the papal censor in the Index Expurgatorius.

I swear by God the Almighty and Eternal [and by his most holy Ten Commandments given on Mount Sinai by the hand of Moses the lawgiver after the People of Israel had been freed from the bondage of Egypt], that I have never in my medical practice departed from what has been handed down in good faith to us and posterity; that I have never practiced deception, I have never overstated or made changes for the sake of gain; that I have ever striven that benefit might accrue to mankind; that I have praised no one, nor censured anyone to indulge private interests, but only when truth demanded it. If I speak falsehood, may God and His Angel Raphael punish me with Their eternal wrath and may no one henceforth place trust in me. I have not been desireful for remuneration for medical services and have treated many without accepting any fee, but with care nonetheless. I have often unselfishly and firmly refused remuneration that was offered, preferring through diligent care, restoring the patient to health, to be enriched by his generosity. [I have given my services in equal manner to all, to Hebrews, Christians and Muslims.] Loftiness of station has never influenced me,

Govor održan u Tesalonici, godine 5319 (1559)

Dijelovi ograđeni kvadratastim zagradama odreda su maknuti od strane vatikanskog cenzora u Index Expurgatorius.

Zaklinjem se Bogu Svemogućem i Vječnom [i njegovim najsvetijim Svetim Zapovijedima, zadanim na Sinajskoj Gori, rukama Mojsije zakonodavca, nakon što su ljudi Izraelovi bili

and I have accorded the same care to the poor as to those of exalted rank. I have never produced disease. In stating my opinion, I have always told what I believed to be true. I have favored no druggist unless he surpassed others in skill in his art, and in character. In prescribing drugs I have exercised moderation, guided by the physical condition of the invalid. I have never revealed a secret entrusted to me. I have never given a fatal draught. No woman has ever brought about an abortion with my aid. Never have I been guilty of base conduct in a home which I entered for medical service. In short, I have done nothing that might be considered unbecoming in an honorable and distinguished physician, having always held Hippocrates and Galen before me as examples worthy of imitation and not having scorned the precepts of many other excellent practitioners of our art. I have been diligent and have allowed nothing to divert me from the study of good authors. I have endured the loss of private fortune, and have suffered frequent and dangerous journeys and even exile with calmness and unflagging courage, as befits a philosopher. The many students who have come to me have all been regarded as though they were my sons, I have used my best efforts to instruct them and to urge them to good conduct. I have published my medical works not to satisfy ambition, but that I might, in some measure, contribute to the furtherance of the health of mankind; I leave to others the judgment whether I have succeeded; such at least has always been my aim and ever had the foremost place in my prayers.

oslobođeni egipatskog ropstva], da nikada u svojoj medicinskoj praksi nisam napustio ono što nam je, nama i potomstvu, bilo zapisano u dobroj vjeri; da nikada nisam varao, da nikada nisam pretjerivao ili mijenjao zbog stjecaja; da sam uvijek nastojao pridonijeti koristi čovječanstva; da nikada nikoga nisam uzdizao niti cenzurirao zbog uživanja privatnih interesa, osim onda kada je to istina zahtijevala. Ako zvučim licemjerno mogu me Bog, i njegov Anđeo Rafael, kazniti Njihovim vječnim gnjevom, i ubuduće, svi mogu izgubiti povjerenje u mene. Nisam bio pohlepan u naplaćivanju medicinskih usluga, i tretirao sam mnoge bez očekivanja ikakve pristojbe, ali ne bez manje brige. Često sam nesebično i odlučno odbijao naplatu koja je bila ponuđena, radije revno brinući o izlječenju pacijenta do zdravlja, da bi time bio obogaćen njegovom plemenitošću. [Svoje sam usluge, u jednakoj mjeri pružao svima, Židovima, Kršćanima i Muslimanima.] Uzvišenost službe nikada nije utjecala na mene, i ja sam pružao istu brigu siromašnima kao i onima na visokom položaju. Nikada nisam prouzročio bolest. U izjavama svoga mišljenja, vjerovao sam, da uvijek pružam istinu. Nisam bio sklon ljekaru ukoliko nije nadmašivao ostale u vještini svoje umjetnosti, kao i u karakteru. U pripisivanju narkotika upotrebljavao sam umjerenost, povodeći se psihičkom kondicijom invalida. Nikada nisam otkrio tajnu koja mi je bila povjerena. Nikada nisam pružio fatalan gutljaj. Nijedna žena nikada nije izvršila abortus mojom pomoću. Nikada se nisam ponašao nisko u kućama u koje sam ulazio zbog medicinske usluge. Ukratko, nisam počinio ništa što je moglo biti smatrano nedoličnim jednom istaknutom i čestitom liječniku, koji je uvijek držao više do Hipokrita i Galena nego do sebe, uzimajući ih kao primjere vrijedne imitacije, isto tako, nikada nisam prezirao pouke mnogih drugih izvrsnih izvršioca naše umjetnosti. Bio sam marljiv i nisam dopuštao ničemu da me uzvrati od studiranja dobrih autora. Izdržao sam gubitak vlastitog imetka , i propatio česta i opasna putovanja, pa čak i progonstva, spokojnom i neumornom odvažnošću, kao što dolikuje jednom filozofu. Mnogi su studenti, koji su došli do mene, bili cijenjeni kao da su moji sinovi, dajući najveće napore njihovom podučavanju, potičući ih na dobar način rada. Publicirao sam svoje medicinske radove, ne da bi zadovoljio ambiciju, već da bi, u nekoj mjeri mogao doprinijeti promicanju zdravlja čovječanstva; drugima ostavljam da prosude da li sam uspio; takva je oduvijek bila moja namjera, i uvijek je imala najvažnije mjesto u mojim molitvama.

Preveo Goran Tomčić

Bassatine... for the record

Takhtabush
Sunlit courtyard

Bassatine... za pamćenje

P oor memory. . .never since the beginning of this century have you been so called upon as in these last decades.

Institutes and Foundations dedicated to Memory and its Safekeeping are cropping up both in Western Europe and North America. As if the catastrophe of forgetting, with its heavy, grey, polluted waves, were about to flood the green pastures (forever green, uniformly and desperately shimmering) of a Paradise Lost, swallowed up by a temporal fault during a seismic, existential catastrophe.

As if threatened by an Alzheimer's disease that is working its damage on the scale of our entire culture, we must immediately constitute and reconstitute the scattered fragments of our history.

J adno sjećanje...nikada prije početka ovog stoljeća nisi bilo tako pozvano koliko u ovim zadnjim decenijama. Instituti i Fundacije posvećene Sjećanju i njenoj sigurnosti pročule su se i u Zapadnoj Europi i u Sjevernoj Americi. Kao da je katastrofa zaborava, sa svojim teškim, sivim, zagađenim valovima, trebala preplaviti zelene pašnjake (zimzelene, uniformirane i očajnički blistave) Izgubljenog Raja, progutane svjetovnom pogreškom tokom seizmičke, egzistencijalne katastrofe.

Kao da smo ugroženi od Alzheimerove bolesti koja šteti skali naše cjelokupne kulture, moramo odmah sastaviti i rekonstruirati raštrkane fragmente naše povijesti.

What is it in the events of our time, even beyond that projection towards what Vladimir Jankelevitch calls "the pitiful geography of nostalgia," which eats away at us to such a degree that we will not run the risk of forgetting? To such a degree that the act of forgetting begins to belong to the realm of indecency, not to say blasphemy and transgression?

Two historical vignettes will first serve to illustrate my point.

1. *In the late 1830s, Moussa Seroussi, a wealthy Jewish merchant from Damanhour in lower Egypt, asked that the new layout of the railroad track not condemn the community of this city to destroy the synagogue by being forced to move it. To make his argument more convincing, he added: ""Our community is very old. We have lived peacefully in this city for over eighty years."" Yet centuries before, Maimonides (1135-1204) spoke at length of Damanhour's Jewish community, its wise men and its rabbinical judges.*

2. *In 1885, David Mosseri, director of the railroad line from Cairo to Helouan, settled in Helouan, where he established a community and a synagogue that would be active until 1952. As far as everyone knew, this was the first such community. Yet in 1170, the Spanish traveler Benjamin of Tudela had already indicated the existence of a strong Helouan Jewish community.*

In both cases, no one seems to have been concerned with the disappearance of the original communities. A group would vanish from one township, one village, due to urbanization, rural depopulation, or assimilation... another group would settle there a few centuries later, convinced it was founding a new community. Thus, because geographical continuity compensated for temporal discontinuity, forgetting could allow the founding of new communities that could not simply be reduced to attempts to recapture an irretrievable past.

One more step will allow us to add some elements to the understanding of our hypothesis. As early as the beginning of this century, Jews left Eastern Europe and migrated toward Western Europe and the Americas. Secular and religious associations of immigrants (*Landmannschaft*), groups of followers of certain Hassidic rabbis (Belzer, Alexandroff, Szatmar), and sections of the Bund continued to practice certain rites, to perpetuate certain cultural or political allegiances, certain loyalties. But the question of memory was barely raised, for if a diaspora (whether as miniscule as that of the New York Corfiotes, the Seattle Salonicans, the

Što je to s događajima našeg vremena, čak izvan te projekcije koju Vladimir Jankelevitch zove *sućutna geografija nostalgije* , koja nas troši u takvom stupnju da se nećemo izvrgnuti opasnosti zaborava?

Do takvog stupnja gdje čin zaborava počinje pripadati domeni nepristojnosti, da ne kažem svetogrđu i kršenju? Dvije će povijesne vinjete prve poslužiti u ilustriranju moje poente.

1. *U kasnim 1830. Moussa Seroussi, bogati židovski trgovac iz Damanhoura u donjem Egiptu, zatražio je da novi plan željezničke pruge ne ošteti zajednicu ovog grada, budući da bi ih on prisilio da maknu, i time unište sinagogu. Da bi svoj argument učinio uvjerljivijim, nadodao je: "Naša zajednica je vrlo stara. Živjeli smo mirno u ovom gradu preko osamdeset godina." U odgovoru, Maimonides (1135–1204) je napokon progovorio o damanhourskoj židovskoj zajednici, njenim mudracima i rabinskim sucima.*

2. *1885. David Mosseri, direktor željezničke linije od Kaira do Helouana, ustalio se u gradu Helouan, gdje je osnovao zajednicu i sinagogu koja je bila aktivna do 1952. Kao što smo svi znali, ovo je bila prva zajednica te vrste. Još je 1170. španjolski putnik Benjamin iz Tudele upozorio na postojanje jake židovske zajednice u Helouanu.*

U oba slučaja, nitko se izgleda nije bavio nestankom originalnih zajednica. Grupa bi iščezla iz jedne općine, jednog sela zbog urbanizacije, ruralnog raseljenja pučanstva, ili asimilacije...druga grupa bi se tu nastanila nekoliko stoljeća kasnije, uvjerena da je osnovala originalnu zajednicu. Prema tome, to je zbog toga što je geografski kontinuitet nadoknađivao vremenski diskontinuitet, gdje je zaborav mogao dozvoliti osnutak novih zajednica koje nisu mogle biti ograničene samo na pokušaje ponovnog osvajanja nenadoknadive prošlosti.

Jedan korak dalje dodati će nekoliko elemenata za razumijevanje naše hipoteze: na početku ovog stoljeća Židovi su napustili Istočnu Europu i migrirali u smjeru Zapadne Europe i Amerika. Svjetovne i religijske asocijacije imigranata (*Landmannschaft*), grupe sljedbenika određenih Hasidskih rabija (Belzer, Alexandroff, Szatmar) ili sekcije Bunda, nastavljale su

Victoria Egyptians or the Cali Smyrniotes) can elicit a nostalgic sense of community over one or two generations, this nostalgia cannot be mistaken for the fear of seeing memory collapse while being replaced by a troubling and enigmatic loss.

The absolute necessity of *preserving* and sometimes *recreating* memory is related to another reality, one born of the collapse of the geographic site, of banishment and destruction.

I, for one, believe that it is precisely geographic discontinuity—stated or not—that arouses the terrible fear of declaring that a *place* as repository of symbols is disappearing. Like a submerged continent, the country of birth seems to have lost any trace of this (or that) group of people, bringing about the destruction of a place that saw the language of one's ancestors come to life and flower, along with their patronymics, their witty sayings (private joke or universal *Witz*), their beliefs and their convictions.

Like cartouches bearing the name of Amon Ra hammered out by Akhenaton, like a submerged Atlantis, the space of an original inscription that has become illegible is transformed into a nonplace, a source of wondering and bewilderment.

In some areas, villages and localities have disappeared, replaced by fields and forests; in others, meeting places, convening places (synagogues), have been transformed from their original function, becoming instead salt factories or movie theaters.

A further step, and the mother country—de facto or de jure—becomes the space of the forbidden that constitutes the final phase of an almost enigmatic

prakticirati određene obrede, da bi ovjekovječili određene kulturne ili političke privrženosti, određene lojalnosti. Ali pitanje sjećanja bilo je jedva potaknuto, jer ako je dijaspora (da li kao miniscule kao one newyorških *Corfiotes, Salonicans* iz Seattlea, Victoria Egyptians ili Cali *Smyrniotes*) mogla izmamiti nostalgičan osjećaj zajednice kod jedne ili dvije generacije, ova nostalgija ne može biti krivo shvaćena zbog straha od viđenja sloma sjećanja dok se nadomiješta zabrinjavajućim i zagonetnim gubitkom.

Apsolutna nužda čuvanja i ponekad osvježenja sjećanja, srodna je drugoj stvarnosti, onoj nastaloj slomom geografskog mjesta, progonstva i destrukcije.

Ja, ako ništa drugo, vjerujem da je baš taj geografski diskontinuitet – naveden ili ne – koji je potakao ovaj grozan strah, nagovijestio da mjesto kao riznica simbola, nestaje. Kao natopljeni kontinent, rodna zemlja izgleda, kao da je izgubila bilo koji trag ove (ili one) grupe ljudi, prouzročivši razorenje mjesta koje je vidjelo da jezik nekih predaka stiže u život i cvijet, zajedno s njihovim zaštitnicima, njihovim duhovitim kazivanjima (privatna šala ili univerzalni *Witz*), njihovim vjerovanjima i njihovim osudama.

Kao patroni noseći ime Amon Ra, iskovano od Akhenatona, kao utopljeni Atlantis, prostor originalnog mota koje je postalo neučtljivo, transformiran je u ne-mjesto, vrelo vječnih lutanja i zbunjenosti.

suffering. It is therefore this topographical if not topological forbidding that now imposes the urgency of reconstructing a (collective) memory.

And finally, there comes the time of the disappearance of steles and tombstones. The absence of a necropolis will eliminate the possibility of gaining access to that which establishes unconscious knowledge upon textual genealogy, upon history.

In the tenth century, Ibn Tuloun bequeathed to the Jewish community of Cairo, in the locality of Bassatine, which had belonged to them since the first century A.D., and which had been contested by the Copts in the eight and ninth centuries, a city of the dead, which the Jews called Betha ha-Haim (House of life).

For ten centuries, the Jews of this city buried their dead there. Today, where this necropolis once was—except for an infinitesimal portion that was saved at the last minute—factories, bungalows, apartment buildings, and shantytowns have sprung up.

From time to time, bizarrely, a tombstone can be found standing in the middle of a courtyard, on a street corner.

And today, the secular and unbelieving pilgrim (the time has not yet come, it seems, for historians to be interested) may reconstruct—from a family name, a first name, their juxtaposition, or a date of birth—a history, and use it like a "matrix for a narrative," to save a fragment of history, a trace "from a second death" (Sade?).

For, all in all, this "placebo against forgetting" (in Marc Angenot's words) takes its place in the safekeeping of memory that is not a collection of oral narratives nor of archives, documents, or, scholarly works. For memory cannot be constituted as a suffering reminiscence, as perpetual repetition of insult suffered, or of past splendor: memory is made of reconstructions that, in the aftermath of the effacing of traces, recompose the kaleidoscope of scattered fragments "inevitably scattered."

The absence of a necropolis allows for denial ("*Here, there was nothing/here there were no people almost the same and yet different.*") The absence of a necropolis—and the individual stories of extermination-camp survivors prove it—makes forgetting painful at the very site of the effacing of its traces.

Here, the impossibility, the refusal to let memory rest

U nekim krajevima, sela i lokaliteti su nestali, nadomješteni poljima i šumama; u drugim, zborna mjesta, mjesta za sastajanje (sinagoge) preobražene su iz svojih originalnih funkcija, postajući umjesto toga tvornice soli ili kinematografi.

A slijedeća stvar, domovina – *de facto ili de jure* – postala je prostor zabranjenog, što dovodi do konačnog stupnja gotovo zagonetne patnji. Zbog toga ova topografička, ako ne topolojiska zabrana, nameće hitnost rekonstruiranja (kolektivnog) sjećanja.

I konačno, dolazi vrijeme nestajanja stela i nadgrobnika. Odsutnost nekropole eliminirat će mogućnost pristupa za onoga koji nesvjesno znanje postavlja povrh tekstualne genealogije, poviše povijesti.

U 10. stoljeću, Ibn Tuloun ostavio je u nasljeđe židovskoj zajednici u Kairu, Grad Mrtvih, koji su Židovi zvali Betha ha–Haim (Dom Života), u lokalitetu Bassatine koji im je pripadao od prvog stoljeća AD i koji je bio osporavan od Kopta u 8. i 9. stoljeću.
Deset stoljeća Židovi ovog grada su tamo sahranjivali svoje mrtve. Danas, na mjestu gdje se nekoć nalazila ova nekropola – osim jednog neznatnog dijela koji je sačuvan u zadnjem trenu – podignute su tvornice, bungalovi, stambene zgrade i gradovi–daščare.
S vremena na vrijeme, bizarno, nadgrobna ploča se može naći kako stoji po sredini dvorišta, ili na uglu ulice.

I danas, svjetovan i bezvjeran hodočasnik (izgleda da još nije došlo vrijeme da se povijesničari zainteresiraju) može rekonstruirati – iz prezimena, ime, njihovu uzajamnu povezanost, ili datum rođenja – povijest, i to upotrebiti kao " matricu za priču za zaštitu", fragment povijesti, otiske "iz druge smrti" (Sade?). Sve u svemu, ovaj *placebo protiv zaborava* (riječima Marca Angenota) zauzima svoje mjesto u sigurnom čuvanju sjećanja koje nije kolekcija oralnih pripovijetki, a niti arhiva, dokumenta, znanstvenih radova.

Povijest ne može biti postavljena kao bolna reminiscencija, kao neprestano ponavljanje pretrpljene uvrede ili sjajne prošlosti: sjećanje je stvoreno od rekonstrukcija koje, u posljedici brisanja tragova, nanovo slažu kaleidoskop raštrkanih

comes to take over, and the epitaphs are inscribed in smoke and emptiness.

Those who, in the burning ghettos, wrote the Memorbuch *of their community, those who left behind them the incomplete accounts of community registers, did not know that these texts would say more about the destruction of their community than pages and pages of elegies. Those who stored fragments of manuscripts in the* Geniza *of Cairo believed they were piously burying obsolete texts: they provided irreplaceable material for the writing of a general history of the Eastern Mediterranean.*

The above are examples in which chance is a vital element in the creation of a deserted memory. For fearlessly to allow the time of forgetting to come, also enters into the domain of memory's making. Isn't it,

fragmenata..."neminovno raštrkanih".

Odsutnost nekropole dopušta poricanje (*"Ovdje ničega nije bilo/Ovdje nije bilo ljudi; skoro jednakih, a ipak različitih"*) Odsutnost nekropole – i individualne priče o uništenju preživjelih iz logora to dokazuju – čine zaboravljanje bolnim, na tom istom mjestu brisanja njegovih tragova. Ovdje, nemogućnost, odbijanje da se potisne sjećanje, preuzima mjesto (*prendre lieu et place*) i nadgrobni natpisi urezani su u dim i prazninu.

Oni, koji su, u gorućim getima pisali *Memorbuch*

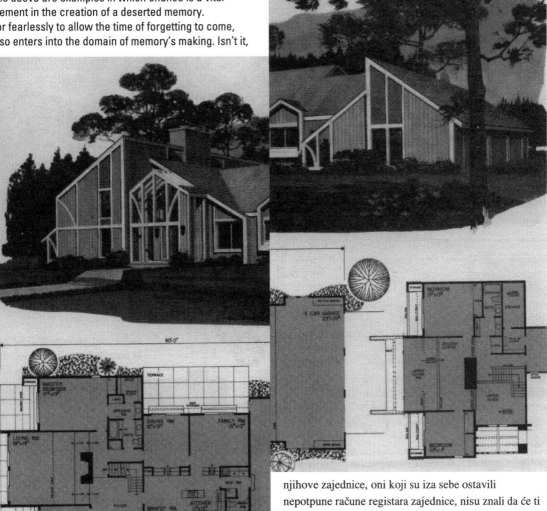

njihove zajednice, oni koji su iza sebe ostavili nepotpune račune registara zajednice, nisu znali da će ti tekstovi kazati više o propasti njihove zajednice nego stranice i stranice elegija. Oni koji su uskladištili fragmente manuskripta u Genizi Kaira, vjerovali su da

in fact, the forgetting-of-memory that establishes the writing of history?

Where, instead of sites of commemoration, we find only souvenir-screens and archives, a certain enterprise is called for: to write history. And it should come as no surprise if this writing undergoes a process of *subjectification* and symbolization in the founding narratives of evolving myths. Isn't this, in fact, what best defines a *memory for the future*?

Once upon a time. . .

Inventory

Multicolored combs
Magazines
Chewing gum with faded wrappers
Sandals "Made in Taiwan"
Books from the Nelson Collection
Korans
Hebrew prayer books translated into Italian
A Coptic missal
Leila Mourad cassettes
Fountains filled with cool water, their spoutlets offered to thirsty passers-by
Octagonal coins minted with the effigy of King Farouk
An eight-pronged candelabra
A man selling *ful* sandwiches, *kochiery* (where you come from it was called *megadara*) and baba ganouj (*matroda*)
Boats crudely carved out of wood
A bronze crocodile
You can find it all in the shade of Brazilian coffee and Fluckiger pastries.
You want to take possession of it all.
With the crazy idea of reconstructing the absurd museum of your nostalgia.

The Studio—the French Cultural Center

1954—*L'Atelier,* and the French Cultural Center, had been his mooring points in a Europeanness yet to come. In the former he had met lecturers who had come from France (real Frenchmen), and in the latter he had discovered Sartre and Romain Rolland, Roger Martin du Gard, and Aragon. Places of supreme worldliness, they brought together the elite of the Alexandrian bourgeoisie, poets, writers, intellectuals at the crossroads of cultures and civilizations.

1991—At *l'Atelier*, a performance of Dario Fo in Arabic crowns a season rich in cultural events. Painters exhibit their works. A literary debate is begun in Arabic. A few

su pobožno pokopavali zastarjele tekstove, pribavljali su nenadomjestive materijale za pisanje generalne povijesti Istočnog Mediterana.

Tri primjera u kojima je šansa vitalni element u kreiranju opustošenog sjećanja.
Dozvoliti samome sebi, bez straha, da dođe vrijeme zaborava i da potjeće od onoga što zalazi u konstituciju sjećanja. Nije li to, *de facto*, cjelina (zaboravljajući–sjećanja) na kojoj je osnovano pisanje povijesti.
Prema tome, kad umjesto komemorativnih mjesta nalazimo samo suvenir–paravane i arhive, izvjesni pothvati zovu za: pisanje povijesti. I do toga bi moglo doći bez iznenađenja, ako ovo pisanje pretrpi, u ovom slučaju proces *subjektivizacije* i simbolizacije u osnivanju pripovijetki evoluirajućih mitova. Nije li ovo, *de facto*, ono što najbolje definira *sjećanje za budućnost?*
Bilo jednom…

Inventar

Šareni češljevi
Magazini
Gume za žvakanje s izblijedjelim ovitcima
Sandale *"Made in Taiwan"*
Knjige iz *Nelson Collection*
Korani
Hebrejski molitvenici prevedeni na Talijanski
Koptski misali Leila Mourad kazete Fontane napunjene hladnom vodom, njihovi mlazovi ponuđeni žednim prolaznicima
Oktogonalne kovanice skovane u liku
Kralja Farouka
Osmerokraki kandelabar
Muškarci prodajući *ful* sendviče, *kochiery* (gdje dolaziš iz nekoć zvane *megadore*) i *baba ganouch (matroda)*
Čamci sirovo isklesani iz drva
Brončani krokodili
Sve možeš naći u sjeni brazilske kave i *Fluckiger Pastries*
Želiš sve to posjedovati
S ludom idejem rekonstruiranja apsurdnog muzeja tvoje nostalgije.

minutes later he realizes that everyone in the room speaks perfect French.

In the French Cultural Center, a Parisian writer presents his latest book to an audience of intellectuals. It is splendidly received. Time is suspended on a word that revives a bygone era and a future yet to come.

Frigidaire

You come into the apartment on Fouad Street (what is it called today? someone told you, you forgot) and you recognize everything. Your mother's family lived in a similar place, a few meters from this building. Yes, you recognize everything. The broken-down elevator, the need to go through the building next door (we called it *d'a-cote*), up to the roof (*la terrasse*) and to come back down a floor escorted by the concierge (*le portier*), an old man, half-blind. You enter what is to be your home for a week. Everything is there. The furniture protected by slipcovers. The Venetian chandeliers. The suite of "salons." The bookcases with the same books as the ones your Aunt Esther gave you to read. The Louis XV furniture. From the front windows, the view of the ocean and of the (ex-)Behor de Menasce High School; from the back, a busy street.

And in the kitchen where Hamida and her daughter (a future divorcée, a victim of life of course) reign, you make this shocking discovery: a Frigidaire refrigerator. A real one. You are amazed. You have really come home. And your Uncle Joseph and your Nona Giulia did not really die in Milan. They have just gone out for a bit.

Berto

His birth certificate said Mohammed Mohamadein, but his friends called him Berto. He was one of the last Alexandrian "Europeans" whose genealogy sums up the history of that city: Greeks, Christian Syrians, Sicilians, Egyptians and Turks (Muslims), Jews. . .all jostled against one another in its history.

He is among those who—several times—went back and forth between North America and Egypt.

Neither from here nor from there, but in the in-between of cultures, both a cosmopolitan and indigenous, like Anteus, he returns to Alexandria. For good? Certainly not. To regain his strength, to find himself once again in the presence of the ocean, the sun, the odors, the language, and to recapture the energy that will allow him to leave in order to return again. In order to attempt to

L'Atelier – Le Centre Culturel

1954 – *L'Atelier* i Francuski Kulturni Centar bili su njegove točke vezanja s Europljanima koji su tek dolazili. U prijašnjem je sreo predavače koji su došli iz Francuske (stvarni Francuzi), a u potonjem je otkrio Sartrea i Romain Rollanda, Roger Martin du Gard i Aragona. Mjesta uzvišenog smisla okupila su elitu aleksandrijskih buržuja, pjesnika, pisaca, intelektualaca, na raskršćima kultura i civilizacija.

1954 – U *L'Atelieru* – performance Daria Foa na Arapskom okrunjuje sezonu bogatu kulturnim događajima. Slikari izlažu svoje radove. Književne debate otpočeše na Arapskom. Nekoliko minuta kasnije ustanovio je da svatko u sobi govori perfektan Francuski.

U Francuskom Kulturnom Centru, pariški pisac predstavlja svoju posljednju knjigu intelektualnoj publici. Sjajno je primljena. Vrijeme je suspendirano na riječ koja oživljuje prošlu eru i budućnost koja tek treba doći.

Frigidaire

Dolaziš u stan na ulici Fouad (Kako se danas zove? Netko ti je rekao. Zaboravio si.) i sve prepoznaješ. Porodica tvoje majke živi u sličnom prostoru nedaleko od ovoga. Da, sve prepoznaješ. Pokvareno dizalo, potrebu da ideš kroz zgradu slijedećih vrata (zvali smo je *d'a – cote*), sve do ploče krova (*la terrasse*) i da se vratiš natrag, praćen od vratara (*le portier*), poluslijepog starca. Ušao si u ono što će ti biti dom na sedmicu dana. Sve je tamo. Namještaj zaštićen prekrivačima. Venecijanski kandelieri. Niz "salona". Ormari za knjige s onim istim knjigama koje ti je jednom tvoja tetka Esher davala čitati.Namještaj Louis XV. Sa prednjih prozora, pogled na ocean i na (ex –) *Behor de Menasce High School*; sa stražnjih, prometna ulica.A u kuhinji gdje Hamida i njena kćerka (u budućnosti rastavljena, žrtva života... naravno) vladaju, dolaziš do ovog šokantnog otkrića: *Frigidaire* vrste hladionika. Pravi pravcati. Zapanjen si. Zaista si došao doma. I tvoj stric Joseph i nona Giulia nisu stvarno umrli u Milanu. Samo

reconcile Mohammed and Berto.

Menashe Mory

His name was Menashe Mory. For twenty years, he was the beadle at the Great Synagogue Eliahou Hanabi. Born in Aden, he came to Alexandria as a child, and was a sergeant in the British Army during the El-Alamein campaign. Later he was a woodworker for David Perez, the cabinet maker on the Rue de l'Eglise Maronite.

After the disaster of 1956, Mory devoted himself to the synagogue, to the cemetery. He lived alone. He lived with his shadows. He lived among the thousands of books and incunabula, parchments and manuscripts that had been left in the synagogue by fugitives and exiles. Full of joie de vivre and humor, he fulminated against the last of the community satraps and lavished his kindness upon the least fortunate of his companions who had taken refuge in the Casa di Reposo on Rassafa Street in Moharrem Bey. He greeted the tourists and all those who returned to their native city with a happiness tinged with irony, and helped them to confront the terra incognita of their past.

su za trenutak izišli vani.

Berto

Njegov matični list kaže Mohamed Mohamadein, ali ga njegovi prijatelji zovu Berto. On je bio jedan od onih zadnjih aleksandrijskih "Europljanina" čije genealogije rezimiraju povijest tog grada: Grci, Kršćanski Sirijci, Egipčani i Turci (Muslimani), Židovi...svi su se jedni s drugima sudarali u povijesti.

On je jedan od onih koji su – nekoliko puta – odlazili amo–tamo između Sjeverne Amerike i Egipta. Niti iz jedne, niti iz druge, već *negdje između* obje, kozmopolitske i domaće kulture, kao Anteus, vratio se u Aleksandriju. Za dobro? Sigurno ne. Da bi spasio svoju snagu, da bi samog sebe našao, još jednom u prisutnosti oceana, sunca, mirisa, jezika, i povratio energiju koja će mu omogućiti odlazak, da se ponovo vrati. Da pokuša uskladiti Mohammed i Berto...

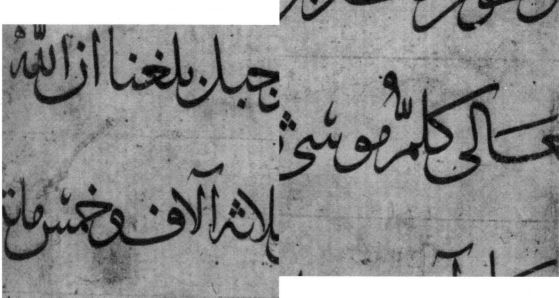

He died in a great burst of laughter and, as he had requested, was buried near the last of the Alexandrian rabbis, the Kabbalist leather-merchant Chehata.

Wekalat-El-Lamoun

A courtyard enclosed by four apartment buildings ten stories high, eight meters on one side, fifteen on the

Menashe Mory

Njegovo ime je bilo Menashe Mory. Dvadeset godina je bio crkvenjak u Velikoj sinagogi Eliahou Hanabi. Rođen u Adenu, došao je kao dijete u Aleksandriju, i bio je vodnik u *British Army* tokom El–Alamein kampanje. Kasnije je bio izrađivač drva za Davida

other: the Jews of Wekalat-el-Lamoun had lived in the space for almost three centuries. They were pious and miserable. They were Arabs and they could barely imagine the existence of Europe and of those European Jews who represented them. They were artisans or peddlers, cobblers or clothes menders, scribes or preachers, and, in spite of being packed together in these sordid, icy buildings, they managed to create a space of remarkable conviviality.

1948-1956-1962-1967 tell the dates of their departures.

Today, in these immutable places, barely more dilapidated than before, a few of those who came after them remember and claim to miss them. But the echo of their voices has been silenced for good.

Translated by Alyson Waters

Pereza, stolara na Rue de l'Eglise Maronite. Nakon velike nesreće 1956. Mary se posvetio sinagogi, groblju. Živio je sam. Živio je sa svojim sjenama. Živio je među tisućama knjiga i inkunabula, pergamenata i manuskripta koji su bili ostavljeni od bjegunaca i prognanika u sinagogi. Pun *joie de vivre* i humora, žestoko je grmio protiv zadnje satraps zajednice, i rasipao svoju ljubeznost na najmanje sretnog od svojih kompanjona koji su se sklonili u Casa di Reposo u ulici Rassafa u Moharrem Bey. Dočekivao je turiste i sve one koji su se vratili njihovom domaćem gradu sa srećom pomiješanom s ironijom, i pomagao im da se suoče s *terra incognita* svoje prošlosti.

Umro je u velikom prasnuću smijeha, i kao što je zatražio, bio je pokopan pokraj zadnjeg od aleksandrijskih rabija, kabaliste – kožara Chehata Hadida.

Wekalat–El–Lamoun

Dvorište okruženo s četiri stambene zgrade, osam katova visoke, osam metara na jednoj, petnaest na drugoj strani: Židovi Wekalat–el-Lamouna živjeli su na tom mjestu gotovo tri stoljeća. Bili su pobožni i jadni. Bili su Arapi i jedva da su mogli zamisliti postojanje Europe i onih europskih Židova koji su ih reprezentirali. Oni su bili obrtnici ili pokućari, postolari ili krpaći odjeće, pisari ili propovjednici, i unatoč tome da bijahu spakirani zajedno u tim tričavim, ledenim zgradama, uspjelo im je kreirati prostor osobite druževnosti.
1948–1956–1962–1967. govori datume njihovog odlaženja.

Danas, u tim nepromjenljivim mjestima, nešto trošnijim nego ranije, nekolicina onih koji su došli nakon njih, pamte ih i tvrde da im nedostaju.
Ali eho njihovih glasova bio je utišan zauvijek.

Preveo Goran Tomčić

Naomi Shihab Nye

Praying For Wind

MOLITVA ZA VJETAR

He's smoking a cigarette a thousand miles long. He's fanning a fire on the stone hearth of the house he grew up in.

From the sofa he names grandchildren, sixteen of them now, the snow in his voice making little peaks on the table in front of him. *You don't come to see me*, same mint leaf crushed and crushed in the fist. His television blurs into one long connected story steaming out of the set the way his wife's tea steams from tiny glasses too hot to touch. Sometimes with that clicker in his hand he switches channels so fast

On puši tisuću milja dugačku cigaretu. Raspiruje vatru na kamenu nutrine kuće u kojoj je odrastao.

Sjedeći u sofi, imenuje praunuke, njih šesnaestoro, snijeg u njegovom glasu pravi male šiljke na stolu nasuprot njega. " Ne dolaziš me vidjeti" i isti list minta drobi se i drobi u šaci. Njegov TV gubi se u jednu dugo povezanu priču, pušeći se iz prijemnika na način na koji čaj njegove žene isparava iz malenih šalica prevrućih za dodir. On ponekad, s upravljačem u ruci, mijenja programe tako brzo, da se novosti stapaju s

the news merges with the people who never stop dancing and he blinks it off, mad.

He wants us to drink juice on top of tea.

I've sat with him behind the counter in his quick shop. He yells at customers. He fusses at a hundred dollar bill for diapers. He shouts if they leave the cool-drinks door open two seconds. I've wanted to follow them outside. "He's not yelling at you. He's yelling at the soldiers who filled in Abu Radhi's well with stones and dirt back home. The ones who told him to get lost, lost, lost. He still argues with them every day. He's yelling about never belonging anywhere again. Please excuse." I tell my uncle, "Listen, there's a man at the library, leaning over a table in the novels section. The back of his T-shirt says PRAY FOR WIND."

"Honey, I do. Believe me. Every single day." Sometimes when I walk in the door of his apartment with bits of Kleenex stuck to the carpet from all those kids, I can't believe it hasn't blown away yet.

He says the news is all made up. Between the place it happens and the place it enters our ears, a hundred men twist and turn their hammers, making it different, giving it their own slant. I say, "Wrong, Uncle. No one would want to hear *that.*" He says, "*You, you, you don't even feed me meat when I come to your house, what do you know?*"

He's staring at the line where the wall turns into the ceiling. He's staring at the fine seam of plaster and the haze of dust. He's staring at the frayed hem along the bottom of the couch. He's not staring at the fringe on his wife's golden scarf. His wife reminds me of the period at the end of a sentence. Just waiting for her turn. He's staring at the tea glass as if it could speak from that little sugared layer that's left in the bottom. He wears a black suit and red tie and starched white shirt every day of his life because no one will be able to see him in his coffin except maybe the angels, and what do they care? Not about suits. He's smiling a sad secret smile that the cigarette awakens sometimes when it presses his lip.

Uncle, tell me about my father and the one spot on his head where hair would never grow. Tell me about the days of old Palestine. *Your father? You know your father. What could I tell you?* Something he did as a boy that I would never guess. A rock shaped like a ram's horn, a fragment that's almost lost. *It's all lost.* It's not!

He's staring at the longest arm of the plant that crawls up the wall. Tell me something to make me love you too.

ljudima koji ne prestaju plesati, i on ih gasi, ljutit.

Želi da pijemo *juice* pored čaja.

Sjeo sam jednom s njim, iza pulta u njegovom brzom dućanu. On urliče na mušterije. Protestira zbog novčanice od sto dolara za pelene. Kriči, ako netko od njih ostavi na dvije sekunde, otvorena vrata hladnjaka. Želio sam ih slijediti vani. "On ne urliče na vas. On urliče na vojnike koji su napunili Abu Radhiev bunar kamenjem i blatom, tamo, doma. Na one koji su mu rekli da se izgubi, izgubi, izgubi. On se i dalje, svakoga dana, prepire s njima. On urliče o nemogućnosti ponovnog pripadanja, bilo gdje. Molim, oprostite." Svom ujaku kažem "Slušaj, u biblioteci je muškarac, nagnut nad stol, u odjeljku s romanima. Na leđima njegove majice piše MOLI ZA VJETAR."

"Dragi, ja molim. Vjeruj mi. Svakog pojedinog dana." Ponekad, kada stupim na vrata njegovog stana, s komadima *Kleenexa* prionjenim na sag, od sve one djece, ne mogu vjerovati da još nije otputovao.

Kaže da su novosti sasvim izmišljene. Između mjesta gdje se događa i mjesta gdje prodire do naših ušiju, tisuće ljudi izvrće i okreće svoje stavove, čineći ih različitim, dajući im njihova osobna gledišta. "Ujače, to je pogrešno. Nitko ne bi želio čuti tako nešto." A on mi uzvraća , "*Ti, ti koji me ne hraniš mesom kada sam u tvojoj kući, što ti znaš?*"

On bulji u liniju u kojoj se zid pretvara u plafon. U tanak spoj žbuke i maglice prašine. U izlizani rub podnožja kauča. Ne bulji u obrub zlatnog šala svoje supruge. Njegova supruga me podsjeća na točku na kraju rečenice. Baš čekajući na njen slijed. On bulji u šalicu čaja, kao da bi mogla govoriti, iz tog malog zašećerenog taloga, preostalog na dnu. On nosi crno odijelo i crvenu kravatu, i naštirkanu bijelu košulju, svakoga dana svog života, zato što ga nitko neće moći vidjeti u njegovom lijesu, osim možda anđeli, a i o čemu se oni brinu? Ne o odijelima. On se smije tužnim, tajanstvenim osmijehom, koji cigareta pobuđuje kada ponekad pritišće njegovu usnu.

Ujače, reci mi o mome ocu i o mrlji na njegovoj glavi gdje kosa nikada neće rasti. Reci mi o danima stare Palestine. *Tvoj otac? Ti poznaješ svog oca. Što bih ti ja*

"Your father. . ." he says. He doesn't mention him again. "That world we lived in, I knew it by heart. Every scent and every tree. I felt the fig inside my skin. I could tell when water boiled in the other room. It was a great. . . sweetness. Sometimes I stood on the roof looking out from our mountain across the whole valley and the olive trees felt like parts of my own body. I stretched out everywhere. I am sick for losing this."

And the day is long. And the day has such empty places in it.

He squashes his cigarette tip. "Maybe young men feel things better."

And young women.

"Sure, sure. But if you start from a world like that, the rest of your life you're looking for it. Especially if you go somewhere else. Did you see those old Greek men at the festival? They know what I'm talking about. And they still have Greece! All these cars and apartment buildings don't mean anything to me. You think they do? You probably think so. You think I care about my car? No way!"

I never said you cared about your car.

"You think I care about money? That's stupid! It never knows you. My children know me. My children came to the United States. I care about my children."

Personally I think no human being on this planet is entitled to have ten children, but I've never told him that.

And so we talk and don't talk as if we were graters instead of human beings, as if we were sandpaper rubbing. One of my uncle's sons–I think it's the one who sells Hyundais–always greets me, "I'll bet you don't remember my name." And skims past, as if a hundred years ago I made him mad.

One of my second or third cousins, the one who's a therapist, wants to be a therapist for the American government. He is not my uncle's son. I have never really figured it all out. We sit together at gatherings. We wear the same glasses. He is slim and handsome and combs his black hair straight back. He wears the wise smile of a deep heart. He laughs easily, his voice high and fluvial. *Yes? You think so? Aw, come on!* He has not fallen into the well of stones.

Sometimes we watch my uncle with the same quietness.

mogao reći?" Nešto je napravio kao dječak što ja nikada ne bi pogodio. Stijena oblikovana poput roga ovna, fragment koji je gotovo izgubljen. *Sve je izgubljeno.* Nije!

On bulji u najdužu granu biljke koja puzi po zidu. Reci mi nešto što će mi dati povoda da i ja tebe volim. "Tvoj otac...", reče . Nije ga ponovo spomenuo. "Poznavao sam srcem taj svijet u kojemu smo živjeli. Svaki miris i svako stablo. Osjećao sam smokvu u koži. Mogao sam reći kada je voda ključala u drugoj sobi. To je bila velika...dražesnost. Ponekad sam stajao na krovu, promatrajući s naše planine preko cijele doline, osjećajući maslinova stabla poput dijelova vlastitog tijela. Protezao sam se posvuda. Bolestan sam od ovoga gubljenja. "

I dan je dug. I dan u sebi nosi tako prazna mjesta.

Drobi vrh svoje cigarete.
"Možda mladić, ove stvari osjeća bolje."

I djevojka.

"Svakako, svakako. Ali ako potječeš iz takvog svijeta, ostatak svoga života okretat ćeš se k tome. Naročito ako odeš negdje drugdje. Da li si vidio one stare Grke na festivalu? Oni znaju o čemu govorim. Oni i dalje imaju Grčku! Ništa mi ne znače, svi ovi automobili i stambene zgrade. Misliš da nije tako? Vjerojatno tako misliš. Misliš da brinem o svome automobilu? Niti govora!"

Nikada nisam rekao da brineš o svome automobilu.

"Misliš li da se brinem o novcu? To je glupo! Novac te ne poznaje, nikada. Moja djeca su došla u USA. Ja se brinem o svojoj djeci."

Osobno mislim da nijedno ljudsko biće na ovoj planeti nema pravo imati desetoro djece, ali to mu nikada nisam rekao.

I tako mi pričamo i ne pričamo, kao da smo strugala a ne ljudska bića, kao da smo trenja šmirka u isto vrijeme. Jedan od sinova mog ujaka, mislim onaj koji prodaje Hyundais, uvijek me dočekuje s "Kladim se da se ne sjećaš mog imena." i zatim projuri kao da sam ga ja

We have an idea. Sometimes it is hard to lift our feet.

Where are we going?

Into the next new world of the next new day.

What will happen?

We will always be turning around, waiting for them to tell us something. Our uncle will return to the old country for a few months. See how restless he is getting? But he will keep feeling restless while he's there. He will keep lifting the blanket draped over the foot of the bed to look under it. He will irritate your grandmother by sliding his shoes back and forth on her cement floor. He will be waiting, as people in exile are always waiting, for something, one thing, to fit again, that is bigger than their own clothes.

naljutio prije sto godina.

Jedan od mojih drugih ili trećih rođaka, onaj koji je terapist, želio bi biti terapist za američku vladu. On nije sin mog ujaka. To zaista nikada nisam otkrio. Sjedimo zajedno kad se sastanemo. Nosimo iste naočale. On je vitak i lijep, i svoju crnu kosu češlja unazad. Izraz njegovog lica ima mudar osmijeh dubokog srca. Smije se olako, visokim glasom. "Da? Ti misliš tako? Ma nemoj mi reći." On nije pao u bunar kamenja.

Ponekad promatramo mog ujaka u istoj tišini.

Imamo ideju. Ponekad je teško podići naša stopala.

Gdje idemo?

U slijedeći novi svijet, slijedećeg novog dana.

Što će se desiti?

Uvijek ćemo biti usmjeravani unaokolo, čekajući ih da nam nešto kažu. Naš ujak će se, za nekoliko mjeseci, vratiti u staru domovinu. Vidiš li kako postaje nemiran? Ali kada bude tamo, i dalje će biti nemiran. I dalje će podizati plahtu presvučenu preko kreveta, da bi gledao ispod njega. Iritat će tvoju baku, povlačeći svoje cipele, amo tamo, po njenom cementnom podu. Čekati će, kao što ljudi u prognanstvu uvijek čekaju, na nešto, na jednu stvar, veću od njihove vlastite odjeće, kako bi ponovo pristajali.

Preveo Goran Tomčić

David Shasha

Nurturing The Voice

NJEGOVANJE GLASA

Marko Kovačič, "TV" (1990)

I sat by my grandmother's knee when I was seven years old. She began to motion me, half in Arabic and half in English, to get her a record from the cabinet. And while in those counter-cultural days of Berkeley, campus riots, and cities burning here, there, and everywhere, the accepted mode of music listening was the LP, I opened the inlaid door of the cabinet, as if entering the portals of the past, to pull out a booklike tome that contained a number of 78s in brown paper pockets.

I remember the touch and smell of the record-book. I can also remember the odd shapes of the letters that

Kad mi je bilo sedam godina, sjeo sam na koljena moje bake. Predložila mi je, napola na Arapskom, napola na Engleskom, da joj donesem ploču iz kabineta. I za vrijeme tih dana kontrakulture na Berkeleyu, nereda na *campusu*, i spaljenih gradova, ovdje, kao i tamo, i svugdje drugdje, prihvatljivi način slušanja muzike bio je LP, otvorio sam inkrustrirana vrata kabineta, kao da stupam kroz portale prošlosti, da bi izvadio tom nalik knjizi, koji je sadržavao broj 78 okretaja u smeđim omotnicama.

Sjećam se dodira i mirisa albuma. Također se mogu

were printed on the record labels. The labels were blue, red, and purple, if I recall correctly. Words like "Cairophone," "Belleraphone," and some other "phones" were the only English that could be made out on the labels. I realized, even then, that the recordings were not by Herman's Hermits, or my then-favorites, the Beatles.

Once I got the record-book out of the cabinet, it was time to crank up the *Victrola*—for that was, even in 1965, what my grandmother owned—and put on one of the 78s from the book. At that time I did not know the difference between Farid al-Atrash, Um Kalsoum (as my grandmother called her), or Muhammad Abd-el Wahab. All I knew was the absent look on Grandma's face, as if she had left this world. That expression was indelibly stamped into my consciousness, and with it the tonality of the music.

The music, with its circling arabesques and tortuous quarter-tones, anchored within me the substance of the Orient: the lived experience that comes about when silence has collapsed discourse and all that is left is spirit, the spirit that animates the heart(s) of the eternally sacred. For if there is anything that may be understoood from the pedestrian fact of a grandmother listening to a foreign song with her beloved grandson in the time of his youth, it is the fact of the intractability of the spirit. At that moment, and in many other moments like it, the voice was saturated.

sjetiti neobičnih oblika slova koja su bila natisnuta na naljepnicama ploča. Bile su plave, crvene i ljubičaste, ako ih se dobro sjećam. Riječi kao *"Cairophone"*, *"Belleraphone"* i neki drugi *"phones"* bile su jedine engleske riječi koje sam mogao shvatiti s naljepnica. Ustanovio sam, još onda, da ploče nisu bile *Herman's Hermits* ili moji ondašnji favoriti, the *Beatles*.

Nakon što sam izvadio album sa pločama, trebalo je pokrenuti ručku Victrole – iako je bila 1965. moja baka ga je još uvijek posjedovala – i staviti jednu od 78. iz albuma. U to vrijeme nisam znao razliku između Farid al–Atrash, Um Kalsoum (kako ju je moja baka zvala), ili Muhammad Abd–el Wahab. Sve što sam znao bio je odsutan izraz na licu moje bake, kao da je napustila ovaj svijet. Taj je izraz bio neizbrisivo utisnut u moju svijest, a s njim i tonalitet te muzike.

Muzika, sa svojim kružnim arabeskama i zavojitim četvero–tonovima, usadila je u mene bit Orijenta: proživljeno iskustvo, koje se stjeće kada tišina nadjača razgovor, i sve što ostaje je duh, duh koji pobuđuje srce(a) vječno svetih. Prema tome, ako išta može biti shvaćeno iz prozaične činjenice bakinog slušanja strane pjesme s njenim omiljenim unukom u dobi njegove mladosti, to je onda činjenica o neukrotivosti duha. U tom trenutku, i u mnogim drugim trenucima kao što je ovaj, glas je bio prožet.

Preveo Goran Tomčić

SLOUCHING TOWARDS '92
GEGAJUĆI SE PREMA 92.

The American soldier had dreamt he was drenched in blood, so when he went on his mission, one of the many in the American wars he was sent off to fight, he figured he was going to die. Instead, it was his buddy who got killed, right next to him, and his buddy's blood that soaked him from head to toe. Another time he dreamt he was in pain; a few days later he was in the hospital, recovering from a terrible war injury that had nearly ripped out his insides. Now that he was called again to fight, the dreams returned and he was afraid. Fighting American wars he had learned first to master and finally to love the jungle; this new war was in the desert. He told his mother about his dreams of the desert and how they meant he was not coming back alive. And then he left to fight, as he had always done, undercover. He was Latin, but he could pass for an Arab. Or a Jew.

Američki vojnik je sanjao da je namočen krvlju, pa kad je otišao u jednu od svojih misija, jednu od mnogih u američkim ratovima, u koju su ga poslali da se bori, ustanovio je da je odlazio umrijeti. U zamjenu, bio je ubijen njegov prijatelj, baš do njega, i njegova krv ga je namakala ga je od glave do pete. Slijedećeg puta sanjao je da ga je boljelo; nekoliko dana kasnije bio je u bolnici, oporavljajući se od grozne ozljede koja ga je gotovo rasparala iznutra. Sada, kada su ga ponovo pozvali u borbu, snovi su se vratili i on je bio uplašen. Boreći se u američkim ratovima, prvo je naučio svladati, a zatim i voljeti džunglu; ovaj novi rat bio je u pustinji. Kazao je svojoj majci o snovima i o tome kako su oni značili da se neće vratiti živ. I tada je otišao u borbu, kao što je to oduvijek činio, tajeći. Bio je Rimokatolik, ali je mogao proći i za Arapina. Ili Židova.

Blame it on Castile—and Aragon. 1992 marked the quincentenary of practically everything, since what happened 500 years ago is of immeasurable resonance. Not only did Spain send "three ships a-sailing/ they were all coming my way," but in the same year the Christians took Granada from their Islamic rulers—"¡Ay de mi Alhama!" lamented the Moorish king in the famous Spanish romance about what it felt like to lose the world's most beautiful city. And King Ferdinand of Aragon banished Spain's Jews.

In 1492 Spain became—or tried to become—European, became, if you wish, German. No longer part Gothic/Celtic/Roman, part Moorish, part Jewish. But Christian, white.

Optužuj Castilu i Aragon. 1992. je odredila petstogodišnjicu gotovo svega, jer ono što se dogodilo prije 500 godina ima neizmjeran odjek. Ne samo da je Španjolska poslala "tri jedrenjaka/koji su svi došli mojim putem", već su iste godine kršćani oteli Granadu njenim islamskim vladarima – *"Ay de mi Alhambra!"* jadikovaše maurski kralj u poznatoj španjolskoj baladi koja opisuje taj osjećaj gubitka najljepšeg grad na svijetu. Uz to, kralj Ferdinand Aragonski prognao je španjolske Židove.

1492. Španjolska koja je postala – ili je pokušavala postati – europska, postala je, zapravo, njemačka. Ne više dijelom

Pure. *La raza*. This is the original meaning of the term so proudly used by some Latino militants who ignore that it was Generalissimo Franco's favorite rallying cry, that it was the Spanish equivalent of Nazi racism, that it was a nostalgic longing for some mythical blood cleansing that took place in 1492. Precisely that year. Precisely on the birthday of the other *raza*, the new miscegenated Hispanic *raza*, which would be invoked almost half a millennium later by the radical leaders of mestizo farm workers.

1492/1992. If the modern world is a dangerous mystery, those 500 years are a koan, a clave, an exercise to help us decode the mystery. First, let's take the obvious. On the one hand, we have a massive media party: the Quincentenary of the Discovery of America. Rampant Hispanophilia on both sides of the Atlantic. Warm embraces among fellow "Hispanics." Wonderful cultural exchanges. (Spaniards gave Latin Americans the Inquisition, we now give them *telenovela*: fair deal.) On the other hand, the voices of dissidence: Amerindians did not ask to be "discovered"; Africans did not ask to be enslaved; neither one asked to be "Hispanic." Take your 500 years of racism and shove it.

But there's more. To stare at 1492/1992 in the face all I have to do is look in the mirror. A Jew stares back, an Arab stares back, a light-eyed European stares back. Though there is no Yorubi or Zapotec in the mirror to reprimand me for the high-handedness of the light-eyed European, the Jew and the Arab bombard me with political diatribes I don't understand; It's raining hell on Tel Aviv, they'd been saying, it's raining hell on Baghdad, ¡ay de mi Alhama!

I learned once from a book on Muslim Spain that in Granada, which like the other great cities of medieval Andalusia was graciously tolerant, there was a curious class, if that is the word, of assimilated Christians: white Spaniards who had adopted the Moorish lifestyle because it was, well, cool. I thought also that those Spanish hippies in the great proto-Harlem Renaissance that was Moorish Granada must have been the most spiritually wrecked when their city fell to the boorish Christians.

Federico García Lorca, a Grenadine hippie if there ever

gotičko/keltsko/romanska, dijelom maurska, dijelom židovska. Ali kršćanska, bijela. Čista. *La raza*. To je izvorno značenje termina koje tako ponosno upotrebljavaju neki rimokatolički militantni krugovi koji ignoriraju činjenicu da je to bilo najomiljenije geslo Generala Franca, da je to bio španjolski ekvivalent nacističkom rasizmu, da je to zapravo bila nostalgična čežnja za nekim mitskim pročišćenjem krvi koje se desilo 1492. Točno te godine. Točno na rođendan druge rase, nove izmiješane hispanske rase, na koju će se, gotovo pola milenija kasnije, pozivati radikalno vodstvo *mestizo* najamnih radnika.

1492/1992. Ako je moderni svijet opasna misterija, tada su ovih 500 godina koan, rasap, neka vježba koja nam pomaže dekodirati misteriju. Prvo, uzmimo ono što je očito. U jednu ruku, imamo masivnu medijsku svetkovinu petstogodišnjice otkrića Amerike. Neobuzdanu hispanofiliju s obje strane Atlantika, s toplim zagrljajima bratskih "hispanaca". Predivnu kulturnu razmjenu (Španjolci su Latinoamerikancima dali inkviziciju, mi im sada dajemo *telenovela*: poštena razmjena). S druge strane javljaju se glasovi nesporazuma: Američki Indijanci nisu tražili da ih se "otkrije"; Afrikanci nisu tražili da ih se podjarmi; niti jedan niti drugi nisu tražili da budu "Hispanci". Zgrabi svojih 500 godina rasizma i pokaži ih.

No, to nije sve. Dovoljno je da se pogledam u zrcalo da bih se suočio s obljetnicom 1492/1992. Židov mi uzraća pogled, Arapin mi uzvraća pogled, svjetlooki Europljanin mi uzvraća pogled. Iako u ogledalu nema Yorubi ili Zapotec koji bi me ukoravali za nasilnu jednostranost svjetlookog Europljanina, Židovi i Arapi me bombardiraju žučljivim političkim raspravama koje ne razumijem. I pakleno kiši po Tel Avivu, rekoše, pakleno kiši po Baghdadu, *ay de mi Alhambra!*

Jednom sam, iz knjige o španjolskim Muslimanima , naučio da je u Granadi, koja je, kao i ostali veliki gradovi medievalne Andaluzije, bila dostojanstveno

was one, went on record saying that the fall of Moorish Granada was a great tragedy. It is believed that this slap in the face to the city's reactionary element, defenders of the purity of *la raza*, contributed to the rancor that would eventually get the poet murdered.

I romanticize. Perhaps I'm not an Arab and a Jew, but something prehistoric that hid in Spanish caves for centuries, mingling with no one, and just happened to look like a light-eyed Arab/Jew. But the world has become as small as my face. Islam and Israel and America, that invention of European rapaciousness, and mestizo soldiers looking for the American Dream, and African soldiers shrugging off Anglo-American racism, and Europe, torn between the agony of ideology and the scary rebirth of the tribalism it always attributed to Africa as an excuse for bearing the white man's burden, and an East (East of what?) that needs oil to stay in postmodern industrial overdrive, they are all jammed into a TV screen no bigger than my bathroom mirror.

It's been raining hell. Everything happened in 1492. I'm 500 years old and not getting any younger.

tolerantna, postojala neobična klasa, ako tako mogu reći, asimiliranih kršćana: bijeli Španjolci adoptirani u maurski način života, baš zato što je bio zdrav, smiren. Također, čini mi se da su ovi španjolski hipiji u velikoj proto–Harlemskoj renesansi u kojoj je bila maurska Granada, morali biti potpuno duhovno upropašteni padom njihovog grada u ruke prostih kršćana.

Ako je u Granadi ikada bilo hipija, tada je to bio Federico Garcia Lorca, koji je, kako je zabilježeno, pad maurske Granade nazvao velikom tragedijom. Vjeruje se da je baš ova pljuska revolucionarnim elementima ovoga grada, za koju je *la raza* morala ostati čista, doprinijela gnjevu koji je uzrokavao pjesnikovom ubojstvu.

Romantiziram. Možda nisam niti Arapin, niti Židov, već nešto prahistorijsko što se stoljećima skrivalo u španjolskim špiljama, sasvim nepomiješano, i sasvim slučajno izgleda kao svjetlooki Arapin/Židov. Ali, svijet je postao tako malen, kao moje lice. Islam, Izrael i Amerika, taj izum europske lakomosti, i *mestizo* vojnici u potrazi za američkim snom, i afrički vojnici koji se oslobađaju angloameričkog racizma, i Europa razapeta između agonije i ideologije, i strašan preporod tribalizma oduvijek pripisivan Africi, kao isprika za podnošenje bremena bijelog čovjeka, i Istok (istočno od čega?), koji treba naftu ne bi li opstao u postmodernom industrijkom *overdrive*, svi su se oni ugurali u TV ekran, veličine ogledala u mojoj kupaonici.

Pakleno je kišilo. Sve se desilo 1492. Imam 500 godina, i ne postajem mlađi.

Preveo Goran Tomćić

Juan Goytisolo

"1492"

Fashion does not and will never create culture: it is, at best, a partial, belated, and repetitive version of the latter. Mass translation of the mass-produced reminds me of the variegated spectacle of bazaars and markets in Turkey and Morocco, with their Vuitton bags and Lacoste shirts, so cleverly made that it is impossible to tell the imitation from the real thing. Today in the literary sphere, Spain exports its Vuitton bags and Lacoste shirts with all the guile of manufacturers from Korea and Taiwan. Is it really so sensible to kick up such a fuss over this programmed "modernity," devoid of original content beyond its skillful integration into media consumer culture?

If we abandon the terrain of pious hopes and publicity statements for the real world, we find a very different situation. Américo Castro complained bitterly in 1965 that Spain was still "a culture colonized by foreigners." More than a quarter of century later, his words retain their devastating validity. Contemporary Spain has become modern at the price of lobotomy, the removal from its consciousness of knowledge and awareness of its past. Amnesiac, lacking the cultural density which distinguishes authors like Joyce, Biely, Svevo, Arno Schmidt, or Lezama, harmonizing only with a fleeting universe of media messages, the literary project hyped from the various centers of journalistic and publishing power matches perfectly the laziness and lack of appetite of a reading-public conditioned and spiritually impoverished by that degraded "modernity." Nothing could be more dramatic than this voluntary or involuntary ignoring of our unique literary and artistic legacy, of the roots, tendrils, and ramifications of our luxuriant, hybrid, leafy tree of literature. (Who now learns from the luminous lesson in audacity delivered by the work of Juan Ruiz and Fernando de Rojas, by Delicado and San Juan de la Cruz, Góngora and

Moda nikada nije i neće stvarati kulturu: u najboljem slučaju, ona je djelomična, zakašnjela i ponavljajuća verzija potonje. Masovno prenošenje masovne produkcije podsjeća me na šarolik prizor bazara i tržnica u Turskoj i Maroku, s njihovim *Vuitton* torbama i *Lacoste* košuljama, napravljenim tako vješto da je nemoguće prepoznati imitaciju od originala. Španjolska danas doslovno izvozi svoje *Vuitton* torbe i *Lacoste* košulje, sa svom dosjetljivošću tvorničara iz Koreje i Tajvana. Da li je zaista toliko razborito, dizati takvu uzbunu zbog programirane "modernosti", lišene originalnog sadržaja izvan dohvata njenih vještih integracija u medij potrošačke kulture?

Ostavimo li teren pobožnih nada i reklamnih izjava za stvarni svijet, nailazimo na vrlo različitu situaciju. 1965. godine Americo Castro, gorko se žalio da je Španjolska još uvijek "kultura kolonizirana strancima". Više od četvrtine stoljeća kasnije, njegove riječi sačuvale su svoju razornu nepobitnost. Suvremena Španjolska postala je moderna po cijenu lobotomije, odstranjena svijesnosti o svom znanju i prošlosti. Amnestik, nemajući kulturnu jedrost, koja ističe autore kao Joyce, Biely, Svevo, Arno Schmidt, ili Lezama, usklađujući se samo s prolaznim prostranstvom medijskih poruka, književnog projekta obznanjenog iz različitih centara novinarskog i izdavačkog autoriteta, sasvim odgovara lijenosti i nedostatku interesa čitalačke publike, uvjetovane i duhovno osiromašene takvim degradiranim "modernitetom". Ništa ne bi moglo biti drastičnije od ovog

Cervantes?) Do our postmodernists realize (may God have pity on them!) that the real contemporaries of mine and of the few writers who elude the uniformity imposed by the short-lived canons of fashion are precisely those creators whose texts cannot be reduced to a formula or model—*The Book of Good Love, The Celestina, La lozana andaluza, The Spiritual Canticle, Don Quixote* and *The Solitudes*—and not those who live now yet produce stillborn work really belonging to a past century? These authors take no heed of Gaudí's masterly dictum— "originality is going back to one's origins"—they go in search of easy success, government or publishers' prizes, and ignorant applause. Rather than imbibe the rejuvenating freedom of medieval invention and of those who later eluded Renaissance and neoclassical archetypes to create their own genealogy, these writers exchange gold for base metal, imitate the pedestrian because it is imitable, and ooze banal conformity from every pore. Official promotion of this literature is, to borrow a phrase from one lucid observer, a new form of public disaster.

The concepts of trends, fashions, schools, canons, generations do not explain or clarify the phenomenon of genuine literary creation: They are rough and ready (albeit profitable) expedients for the use of professors and reviewers of the publishers' latest, and are valid at most for the second-rate and their epigones. All creators know, deep within, that their experience is unique and incompatible with schemata elaborated from outside: they are no colts or steeds from some stable. Whoever aspires to leave some trace, to add something to the tree whose sap nourishes them, knows that they must return to the cultural community to which they belong a language different from the one they received when starting their journey. Consequently, they are an anomaly. Their uniqueness does not fit in with trends or generations; to judge them that way is to condemn oneself to not understanding them. Literature is the kingdom of exceptions inimical to all classification.

If we take the example of Cervantes, we shall see that, far from following the models of his day, he used those models as combustible energy matter for his own creation—he took possession of them, manipulated them, took them apart, left no puppet with a head, no Apollo with a nose. His adventure with the novel, which he described as a "feat" and a "rare invention" falls outside schools or archives of models. As Américo Castro rightly asks, "Could the author of *Don Quixote* have composed 'The New Guide to Writing Plays,'" as Lope de Vega did? Obviously not. Because quite simply there aren't workshops for poetry, novels, or literary works of high quality, in spite of their lucrative

dobrovoljnog ili prisilnog ignoriranja naše jedinstvene književne i umjetničke baštine, korijena, mladica i razgranjenosti našeg obilnog, hibridnog, lisnatog književnog stabla. (Tko sada uči iz sjajnih lekcija smjelo predanih u nasljeđe radom Juan Ruiza i Fernando de Rojasa, Gongore i Cervantesa?) Da li naši postmodernisti shvaćaju (Bog im se smilovao) da su moji, kao i nekolicine drugih pisaca koji izbjegavaju uniformiranost nametnutu trenutnim kanonima mode, stvarni suvremenici, točno oni stvaraoci čiji tekstovi ne mogu biti reducirani na formulu ili model – *The Book of Good Love, The Celestina, La lozana andaluza, The Spiritual Cantlice, Don Quixote i The Solitudes* – a ne oni koji već sada žive plod neuspjelih radova koji stvarno pripadaju prošlom stoljeću? Ovi autori ne obaziru se na Gaudijev temeljni dictum –"originalnost se vraća nečijim izvorima" – oni su u potrazi za lakim uspjehom, za vladinim ili izdavačkim nagradama, i ignorantnim aplauzom. Radije nego da usvoje osvježavajuću sbobodu srednjovjekovnih otkrića, kao i onih koji su kasnije izbjegavali renesansne i neoklasicističke arhetipove, da bi kreirali vlastito rodoslovlje, ovi pisci izmjenjuju zlato za obični metal, imitiraju prozaika, zato što je imitantan, i probijaju banalno suglasje iz svake pore. Službena promocija ove književnosti je, da posudimo frazu jednog lucidnog promatrača, nova forma javne katastrofe.

Koncepti trendova, moda, škola, kanona, generacija, ne objašnjavaju ili razjašnjuju fenomen autentične književne kreacije: oni su surove i spremne (iako unosne) svrsishodnosti koje upotrebljavaju profesori i kritičari izdavačkih noviteta, a u najboljem slučaju vrijede drugorazrednima i njihovim epigonima. Svi stvaraoci znaju duboko iznutra, da je njihovo iskustvo, jedinstveno i protuslovno shemama, pomno obrađeno izvana: oni nisu mulci ili konji iz staja. Tko god teži da ostavi neki trag, da nešto doda stablu čija ga krepkost hrani, zna da se moraju vratiti kulturnoj zajednici kojoj pripadaju, jeziku različitom od onoga kojeg su primili kada su otpočeli svoje putovanje. Dakle, oni su izuzetni. Njihova jedinstvenost ne slaže se s trendovima ili generacijama; suditi im na taj način, u stvari je osuđivati samog sebe za nerazumijevanje. Književnost je kraljevstvo izuzetaka protivno svim klasifikacijama.

Ako uzmemo primjer Cervantesa, vidjet ćemo da je on, daleko od praćenja modela svojih dana, iste uzimao kao

proliferation at North American universities. On the contrary, creation is born from rebellion: the writer puts the rules of the game on trial. The institutionalized and the prizewinners are usually irrelevant, lack the white heat and awesome contaminating energy of literature.

But let's return to Américo Castro's little phrase. Have we ceased to be, as we think we have, a culture colonized by foreigners? Are we really dazzling the universe with our thousand best poets and contemporary novels and the splendors of Swinging Spain? To put things in perspective, it suffices to observe how, as was the case decades ago, our inveterate distaste for learning about other cultures—apart from superficial research for internal consumption—turns us not into *subjects* active in the study and analysis of what is foreign but into *objects* of such activities as undertaken by foreign historians and essayists. Whilst we cannot examine or properly understand the history of Spain and its culture without recourse to the writing of English, French, German, North American and Italian Hispanists, the Spanish contribution to a knowledge of the history and culture of England, France, Germany, the United States, and Italy is either insignificant or nonexistent.

If we go from the fields of Romance, Anglo-Saxon, or Germanic studies to the area of non-European culture, the situation is no better. The rejection and unconfessed feeling of embarrassment for Spain's Semitic past—gut reactions in the works of authors like Ortega y Gasset, Menéndez Pidal or Madariaga—even today lead people to regard the attention paid to Arab culture outside the enclave of Arabists as negative and discrediting, a kind of extravagant throwback. The question I am so often asked in tones of scarcely veiled aggression—"Why are you so interested in the world of Islam?"—should be turned around with the response, "Why are you so generally lacking in interest?" If I were French, English, or German, nobody would think to pose the question; curiosity about the cultures of others is a normal projection of the most noble, authentic Europeanness. The provincial upstart desire to be more European than the Europeans leads the Spanish to scorn what they don't know and in the end prevents them from being European simply and naturally, without complexes.

zapaljivu energijsku građu svoje vlastite kreacije −uzeo je vlast nad njima, manipulirao ih i rastavio, ne ostavivši nijednu lutku sa glavom, nijednog Apolona s nosom. Njegova pustolovina s romanom, koju je opisao kao "majstoriju" i "rijetko otkriće" jenjava izvan škola ili arhiva modela. Kao što je Americo Castro s pravom upitao: Da li je autor Don Quixotea mogao sastaviti "Novi vodič za igre pisanja" kao što je to napravio Lope de Vega? Očito ne. Zbog toga što jednostavno nema radionica za poeziju, novelu, ili književne radove visoke kvalitete, usprkos njihovom unosnom razmnožavanju na sjevernoameričkim sveučilištima. Suprotno, stvaralaštvo je rođeno iz bune: pisac stavlja pravila igre na probu. Institucionalizirani i nagrađeni, obično su irelevantni, i u nedostatku kovine i strahopoštovanja kaljaju snagu književnosti.

Ali, vratimo se maloj frazi America Castroa. Jesmo li prestali biti, kao što to mislimo, kultura kolonizirana strancima. Da li zaista zauzimamo svemir, tisućama naših najboljih pjesnika i suvremenih romana, sjajem Raspjevane Španjolske? Da bismo promotrili stvari, dovoljno je uočiti kako nas (kao što je to bio slučaj ranijih decenija) naša urođena nesklonost za učenjem o drugim kulturama − daleko od površnog istraživanja interne potrošnje − okreće, ne prema subjektima, aktivnim u studiranju i analiziranju onoga što je strano, već prema objektima takvih aktivnosti, preuzetih od stranih povijesničara i esejista. Sve dok ne možemo ispitivati ili valjano razumjeti povijest Španjolske i njezinu kulturu, bez utjecaja djela engleskih, francuskih, njemačkih, sjevernoameričkih i talijanskih hispanista, španjolski doprinos znanju o povijesti i kulturi Engleske, Francuske, Njemačke, USA i Italije, nevažan je ili nepostojeći.

Odemo li dalje od polja romanskih, anglosaksonskih ili njemačkih studija, u područje neeuropskih kultura, situacija nije bolja. Odbijanje i nepriznat osjećaj srama zbog španjolske semitske prošlosti −uništava svaku reakciju u radovima autora kao što su Ortega y Gasset,

Should I continue the litany of Spanish misfortunes? I would piously halt here if it were not for the intervention of the magnificent commemorations of the Quincentenary of a date from the reign of Isabella, that almost-sanctified protectress of Jews, Muslims and Gypsies, an intervention that threatens to raise to a deafening pitch the ceremonial confusion of values, imposing ideas uncritically, stifling divergent voices, bewildering and haranguing us into complacency. In a society that silences—out of ignorance—the work of its finest offspring, the commemorative festivities and deliberate lapses of memory are not helping to enlighten the future or to extract a clearer idea of what we were, are, and want to be. The excising from Spanish brains of medieval society's hybrid fertility, the long, heroic intellectual resistance of humanists, mystics, and scientists to the systematic destruction of our culture (begun precisely in 1492), the lucidity of the few writers who dared to denounce the moral unanimity imposed by terror, the efforts at regeneration realized over the last two centuries, wipe the slate clean and reduce to a uniformity for the gallery our human, literary, and historical landscape. For today's cultural programmers, to be in harmony with the values, criteria, and fashions reaching us from North America is the most convenient, productive way of feeling European.

Menendez Pidal ili Madariaga – pa čak i danas vodi ljude da preispitaju arapsku kulturu izvan enklave arabista, kao negativnu i ozloglašenu, vrstu ekstravagantnog nazadovanja. Pitanje koje mi se tako često postavlja tonom jedva prikrivene agresije – "Zašto ste tako puno zainteresirani za svijet Islama?", moglo bi se preokrenuti odgovorom: "Zašto vam tako puno nedostaje interes?" Kada bih bio Francuz, Englez, ili Nijemac, nitko ne bi niti pomislio postaviti pitanje; radoznalost prema kulturama drugih, normalna je projekcija najplemenitijih, autentičnih Europljana. Provincijalna malograđanska želja za biti više europski od Europljana vodi Španjolce prema preziru onoga što ne znaju, i na kraju, spriječava ih da budu Europljani, jednostavno i prirodno, bez kompleksa.

Trebam li nastaviti s litanijom o španjolskoj nesreći? Ovdje bi se mogao pobožno zaustaviti, kad ne bi bilo intervencije sjajne komemoracije za petstogodišnjicu datuma vladavine Isabelle, te gotovo posvećene zaštitnice Židova, Muslimana i Cigana, intervencije koja plaši da će prijeći u zaglušujuću napetost ceremonijalne konfuzije vrijednosti, koja nameće ideje nekritički, zagušavajući različite glasove, smućujući nas i bodreći prema spokojnosti. U društvu koje utišava –zbog ignoriranja– rad svojih najdragocjenijih potomaka, komemorativne svečanosti i promišljene pogreške sjećanja, ne pomažu u prosvijetljenju budućnosti ili iznuđenju jasnijih ideja o tome što smo bili, jesmo i želimo biti. Odstranjenje iz španjolskih mozgova srednjovjekovnog društva hibridne plodnosti, dug, herojski intelektualan otpor humanista, mistika i znanstvenika u sistematskoj destrukciji naše kulture (otpočevši točno, na sada uzvišen datum), lucidnost nekolicine pisaca, koji su se usudili prkositi najavi moralne jednodušnosti nametnute terorom, nastojanja za preporodom ostvarenim tokom dva zadnja stoljeća, brišu bilježenje razmotrenog i reduciraju na jednoličnost za galeriju naših humanih, književnih i povijesnih krajolika. Jer za današnje kulturne programere, biti u skladu s vrijednostima, mjerilima i modom koja dopire do nas iz Sjeverne Amerike, jest najpodesniji produktivan način za osjećati se Europljaninom.

Preveo Goran Tomčić

O Brado Africano

Abandonao
Blacks of Bahia, black Brazil nights.
Blacks of Yorubaland. Blacks of Brazos.
Mi Grido! Mi Grido! Mi Grido!
Back of black Brazil bent under Brazil sun.
Backs of Angola. Black and bent in slave ships.
You are leaving. Leaving me. And I, your Mother
can only cry. . . .

O BRADO AFRICANO

If I had left you under sheltering arms
of a shade tree, tied up against lions
and such. If I had left you at the end
of the road with molasses dipped in water
with no cloth to cover you,
with no kiss, no slave to warn off Jinns
and mosquitoes; no gri-gri against witches.

If I had let you be suckled by a barren woman,
a snake egg, then, I could stand the pain of
an empty sac. I could bear to miss the weight
of your body tied to my back. But, I have been
abandoned by you!
O Brado Africano! Mi Grido! Mi Grido!

2

Blacks of Bahia, brown favelazos,
where are your fathers?
How strange you look,
silent against the hills,
silent against the sea;
rolling, soaring, separating.
Where, where are they, your fathers?
Where are your fathers?

Abandonao
Crnci Bahie, crne brazilske noći.
Crnci Yorubalande. Crnci Brazosa.
Mi Grido! Mi Grido! Mi Grido!
Leđa crnog Brazila svinuta pod
brazilskim suncem.
Leđa Angole. Crna i pokorena u
brodovima za roblje.
Odlaziš. Ostavljaš me. A ja, tvoja
Majka
mogu samo plakati....

O BRADO AFRICANO

Ako sam te ostavio pod zaštićenim
rukama

I have cried my prayers
to Yemaye, Mariama.
This is my plea.
Mi Grido Mariama!
Mi Grido Yemaye!
It has been so long
since I have seen you.
So long that I am not certain
if you still exist. I am not
certain. So long. So very
long ago. . .
Mi Grido! Mi Grido! Mi Grido!

Lost, afraid and abandoned.
Blacks of Bahia. Blacks of Africa.
Mi Grido! Grido! Grido!
O BRADO AFRICANO!

sjenovitog drva, zavezan pred lavovima
i slično. Ako sam te ostavio na kraju
ceste s melasom natopljenom u vodu
bez odjeće za tvoju zaštitu,
bez poljubca, bez roba da upozori na Jinns
i komaraca; bez gri–gri protiv vještica.

2

Crnci Bahie, smeđi favelazos,
gdje su vaši očevi?
Kako čudno izgledate,
šutljivi naspram brežuljcima,
šutljivi naspram moru;
kotrljajući se, lebdjeći, odvajajući se.
Gdje, gdje su oni, vaši očevi?
Gdje su vaši očevi?

Oplakao sam svoje molitve
za Yemaye, Mariame.
Ovo je moja molba.
Mi Grido Mariama!
Mi Grido Yemaye!
Toliko je dugo prošlo
otkada sam te zadnji put vidio.

Toliko dugo da nisam siguran
da još uvijek postojiš. Nisam
siguran. Tako dugo. Tako
predugo...
Mi Grido! Mi Grido! Mi Grido!

Izgubljen, uplašen i napušten.
Crnci Bahie. Crnci Afrike.
Mi Grido! Grido! Grido!
O BRADO AFRICANO!

Preveo Goran Tomčić

Photo by Maria Teresa Alves

Complaints and Discoveries
JADANJA I OTKRIĆA

History took a turn
For the worse in 1949,

The nine-year-old
Set down on
A certain unremembered
Street in São Paulo.

On that street,
The child waited to become
A maid or a whore.

        her sister became the whore.

In the house of the Andraos,   The
                    Andraos' building

She came to maturity.

        Caught on fire, and

At twenty-one, married

        The helicopters came

A man who promised her

        Late to save the people.

A maid of her own.

In 1961, the army tanks
Were rolling by, she swung
On a hammock, trying to keep
Her nerves from pushing
The child out.

        She still did not have a maid.

In 1964, IBID.   "   "
In 1968, IBID,   "   ."
  but she got rid of it.

The man said,

        Congress legislated that the
"To America."

        Wrong-colored people could
            Come into America.

Povijest se preokrenula
Nagore 1949,

Devetogodišnjak
Sjedaše na
Pouzdano nezapamćenoj
Ulici u Sao Paulu.

Na toj ulici
Dijete je čekalo da bi postalo
Sluškinja ili kurva.

        njena sestra postala je kurva.

U kući Andraosa,
              Andraosova zgrada
Ona se približila zrelosti.
              Uhvaćena u vatri, i
U dvadeset prvoj, udata
              Dođoše helikopteri
Muškarac koji joj je obećao
              Ranije, da će spasiti ljude.
Vlastitu sluškinju.

1961. koturali su se
Vojni tenkovi, ona je pjevala
U visećoj ležaljci, pokušavajući sačuvati
Svoje živce od guranja
Djeteta vani.

        Još uvijek nije imala sluškinju.

1964, IBID.   "   ."
1968, IBID.   "   ."
  ali ona se otkačila od toga.

Muškarac reče,
        Kongres je izdao zakon da
"Za Ameriku."

        Krivo obojeni ljudi mogu
            Doći u Ameriku.

THE FIRST BOAT

I loved him so much I can remember every detail of the pain and fear of his death out there on the cold and deep ocean that travels all the way to the island of England, as he himself wanted to do, even though I was not present there, to help him swim back to me. It is also because he was so funnily crazy, so gracefully lighthearted that I can remember those details of pain.

The English ship shot cannon at our poor and overloaded little boat. His pelvic bone was crushed and his left leg was nearly torn off. When he hit the water of the cold ocean at first he could not even feel right; then only a pitiless moment later pain and cold salt hit the marrow of his open bones like fire. He fought water. He was swimming with his arms, drinking salt, breathing the Atlantic ocean. In that pain he still saw his friend sinking, thrashing and screaming. He thought they both would live if he could swim over to his friend. The dangling leg was horrible fish bait and he felt the hook in his pelvis. Even sinking he stared, tried to see his death clear enough to make even a little song.

He had told me before that we would have very much English money when he returned. We were to be as large and free as Englishmen. The next trip we would have an English boat, and I would go with him.

You can probably tell by the style of the above passage that it is fiction; there is a basic fact which I thought might be more knowable if I began with the fictional part. Back in the early 1600s, a couple of American Indian guys got the idea to load up a boat with tobacco and furs and row to England to sell them, thereby eliminating the expense of the English trader. The English blew their poor boat out of the water as though it were part of the Red invasion, just off the coast of that part of America now named "Virginia," after Elizabeth, the Virgin Queen. Perhaps it was only a mercy killing.

*****

Skip, skip, skip forward then toe down.
Skip, skip, skip backward then heel down.

I was born in São Paulo, Brazil, and moved to Flushing, Queens when I was seven years old. One of my earliest memories of the U.S.A. is of desperately attempting not to be beaten up by the Irish-American kids in the all-Catholic St. Michael's School. Although I did not have blue eyes or freckles I did have light skin and I thought

PRVI BROD

Voljela sam ga tako puno da mogu pamtiti svaki detalj bola i straha za njegovu smrt, tamo na hladnom i dubokom oceanu koji putuje svoj put za Engleski otok, kao što je i on sam to želio učiniti, iako nisam bila prisutna, da bi mu pomogla u plivanju natrag k meni. Zato što je bio tako smiješno lud, tako dražesno bezbrižan, da mogu pamtiti ove detalje bola.

Engleski brod opalio je topom naš jadan i prenakrcan mali brod. Kost njegove zdjelice bijaše zdrobljena, njegova lijeva ruka gotovo otkinuta. Udarivši o vodu hladnog oceana, ispočetka nije mogao imati niti pravi osjećaj; zatim, samo nemilosrdan trenutak kasnije, bol i hladna sol, udaraše o moždinu njegovih otvorenih kostiju, poput vatre. Borio se s vodom.Plivao je rukama, pijući sol, dišući Atlantski ocean. U toj boli, još je uvijek mogao vidjeti svog prijatelja, kako tone, mlatarajući i kričući. Mislio je da bi oboje mogli preživjeti da je doplivao do njega. Obješena noga bijaše užasan riblji mamac, i on je osjetio udicu u svojoj zdjelici. Iako je tonuo, zagledao se, pokušavajući vidjeti svoju smrt dovoljno jasno, čak i za sastaviti malu pjesmu.

Rekao mi je ranije, da bi trebali imati vrlo mnogo engleskog novca kada se vrati. Trebali smo biti veliki i slobodni kao Englezi. Slijedeće putovanje bilo bi na engleskom brodu, na koje bih i ja išla.

Po stilu gornjeg odjeljka, vjerojatno možeš reći da se radi o fikciji; to je osnovna činjenica, za koju sam mislila da bi mogla biti poznatija ako započnem s fikcijom. Tamo u ranim 1600. par Američko Indijanskih tipova, došao je na ideju da natovari brod duhanom i krznom, te odvesla za Englesku i proda stvari, eliminirajući time troškove engleskog trgovca. Englezi otpuhaše njihov jadni brod s vode, kao da je to bio dio Crvene Invazije, baš kod obale onog dijela Amerike koji se sada zove "Virginia", po Elizabethi, *Virgin Queen*. Možda je to samo bilo nemilosrdno ubojstvo.

*****

Skip, skip, skip forward then toe down.
Skip, skip, skip backward then heel down.

Rođen sam u Sao Paulu, Brazil, i preselio sam se u Flushing, Queens, kada sam bio sedmogodišnjak. Jedno od mojih prvih sjećanja u USA bio je o očajnički pokušaj da ne budem pretučen od Irsko Američkih klinaca u sve–katoličkoj školi St. Michael. Iako nisam imao plave oči ili pjege, imao sam svijetlu kožu, i mislio

that with a few Irish dance steps I could pass.

I did not fool the kids nor the teachers who insisted that I was retarded since I could not speak or understand English. I was placed in remedial classes and punished for being retarded by not being allowed ever to go out to the playground.

THE SECOND BOAT

In 1959 when I joined the U.S. Navy, I was a little older than the average new seaman. My first ship was a wooden-hull minesweeper named *The Endurance*, a very small ship to be crossing that inaptly named Pacific Ocean. I remember the smell of unseen foreign shores. A week from Japan my nose excited my whole body and of course even more my brain. Just earlier California had seemed too exotic for comprehension. But California still had an American smell. Night after day on the phosphorescent ocean I smelled Japan, and needed it without imagining what it might be. I never found it because the U.S. Navy had long before settled our knowledge to whore houses and sailors' bars.

From Japan our ship made a very threatening "goodwill tour" of the southern Philippine Islands, named after Philip, King of Spain. The Huks, part of a worldwide communist plot, were active there, and the U.S. was forced to respond.

I saw a photo of Teddy Roosevelt's American troops chopping the heads off Filipino prisoners. Many of the peoples of the southern Philippines are Muslim. Muslims for whom making the haj, traveling to Saudi Arabia's Mecca, is not part of piety.

Many others are *Negritos*, the most beautiful-looking people in the world, whom no one else in the Philippines will acknowledge.

All I really want to say here, though, is that the truly intolerable U.S. military afforded me my first real escape from its homeland, which has been placed on top my own homeland. What could be more evil than necessary evil?

Here is a strange memory of that time: The smaller islands communicated with each other by ships with sails. They looked exactly like school-book pictures of Columbus's *Niña*, *Piña* and *Santa Maria*.

*****

Nisam se izrugivao niti djeci, niti učiteljima koji su inzistirali na mojoj retardiranosti, budući da nisam mogao niti govoriti, niti razumjeti Engleski. Bio sam smješten u popravne razrede, i kažnjen zbog retardiranosti, tako što mi nikada nije bilo dopušteno izaći vani na dvorište.

DRUGI BROD

Kada sam 1959. stupio u *US Navy*, bio sam malo stariji od prosječnog novog pomorca. Moj prvi brod bio je wooden–hull minolovac, nazvan *The Endurance*, vrlo mali brod za prelazak tog neumjesno nazvanog Pacifika. Sjećam se mirisa neviđenih tuđih obala. Sedmicu dana prije Japana, moj nos uzbudio je cijelo moje tijelo, i naravno, više od toga, moj mozak. Samo trenutak ranije, California je izgledala previše egzotično da bi se shvatila. Ali California je još uvijek imala američki miris. Noć nakon dana na fosforescentnom oceanu mirisao sam Japan, i trebao ga, bez da sam mogao zamisliti šta bi to moglo biti. Nikad ga nisam pronašao, zato što je *US Navy* imala, puno ranije utvrđeno znanje o javnim kućama i mornarskim barovima.

Od Japana, naš brod je napravio vrlo prijeteće "putovanje dobre volje" za južne Filipinske otoke, imenovane tako nakon Philipa, kralja Španjolske. Huks, dio svjetske komunističke urote, je bio aktivan tamo, i US je bila prisiljena odgovoriti.

Vidio sam fotografiju američke trupe Teddy Roosevelt, kako odsijecaju glave filipinskih zarobljenika. Mnogi stanovnici Južnih Filipina jesu Muslimani. Muslimani za koje napraviti haj, putovati u Saudijsko Arapsku Meccu, nije dio pobožnosti.

Mnogi drugi su Negritos, ljudi najljepšeg izgleda na svijetu, a koje nitko drugi na Filipinima neće priznati.

Sve što ovdje zaista želim reći, jest da mi je, do krajnosti netolerantna US vojska, priuštila prvi pravi bijeg od njene domovine, koja je bila smještena povrh moje vlastite domovine.
Što može biti zlobnije od neizbježnog zla?

Ovo je strana memorija tog vremena: manji otoci komunicirali su međusobno jedrenjacima. Koji su izgledali točno kao slike Columbovih Nina, Pina i Santa Maria iz školskih knjiga.

*****

Hail Mary, while the rains don't stop pouring.
Hail Mary, while the beans, rice, and corn
      drown.
Hail Mary, while the whooping cough kids,
Hail Mary, cough.
Hail Mary, while you sell the horses,
Hail Mary, sell the ducks, chickens, goats,
Hail Mary, sell the rice thresher, and the stove.
Hail Mary, while your field-bent husband plows
Hail Mary, plows with no horses.
Hail Mary, while the bank forecloses your land,
Hail Mary, your house and your future.
Hail Mary, while you pray as the rain pours.
Hail Mary, as you pray for the rain to stop.
Hail Mary, as the rain doesn't stop.
Hail Mary, what do you do now?

*****

In a trip to Brazil in 1984 I decided to spend time in my father's village of Butia, in the state of Parana. My great-uncle Teco and I became good friends. Uncle Teco decided he wanted to see this New York City where I lived. To raise money for the airline ticket, he would sell his half-acre of land, his two-and-a-half sacks of black beans, his chickens and three pigs. Uncle Teco was convinced, as were most of the villagers, that New York was just next to São Paulo city, wherever that was. My Aunt Rose, Teco's niece, was able to dissuade Teco from emigrating to New York by explaining that the Americans would not allow an ugly Indian like him even to clean the toilets in America.

A government official said,
"These Indians have been
dying out for a long time,
And we cannot be the ones
who stop this process because
the price is too high."

The Museum of the Indian in Manaus, the capital of the state of Amazonas, is run by the Silesian Mission. Upon entering the museum, one sees a Neanderthal-looking figure made of some sort of plastic depicting a "Typical Amazonian Indian" fishing in a pond made of broken pieces of tile set in concrete. The caption reads, "Typical Uaupés River Landscape."

The categorization of nature itself by the museum is meticulous and banal. The display of trees consists of

Zdravo Marija, dok kiša ne prestaje sipiti.
Zdravo Marija, dok se grah, riža i kukuruz
      namaču.
Zdravo Marija, dok djeca hriplju,
Zdravo Maria, kašlji.
Zdravo Marija, dok prodaješ konje,
Zdravo Marija, prodaj patke, pilice, koze,
Zdravo Marija, prodaj rešeto za rižu i peć.
Zdravo Marija, dokse tvoj suprug naginje prema polju, oreći
Zdravo Marija , oreći bez konja,
Zdravo Marija, dok ti obala isključuje zemlju,
Zdravo Marija, kuću i budućnost.
Zdravo Marija, dok moliš kada kiša sipi.
Zdravo Marija, dok se moliš da kiša prestane,
Zdravo Marija, dok kiša ne prestaje.
Zdravo Marija, što sada radiš?

*****

1984. godine, na putu za Brazil odlučih provesti vrijeme u selu mog oca, Butia, u državi Parana. Moj prastric Teco i ja, postadosmo dobri prijatelji. Stric Teco, odlučio je da želi vidjeti taj New York City, gdje sam ja živio. Da bi sakupio novac za avionsku kartu, trebao je prodati pola ara zemlje, dvije i pol vreće graha, kokoš i tri svinje. Stric Teco je bio uvjeren, kao i većina seljaka, da se New York nalazi baš do Sao Paulo City, gdje god on bijaše. Moja tetka Rose, Tecova nećakinja, je bila sposobna, odvratiti ga od emigriranja u New York, objasnivši mu da Amerikanci neće dopustiti jednom ružnom Indijancu, kao što je on, čak niti čistiti zahode u Americi.

Državni službenik reče,
"Ovi su Indijanci
dugo vremena odumirali,
I mi nemožemo biti oni
koji će zaustaviti ovaj proces zato
što je cijena vrlo visoka."

Muzej indijanaca u Manausu, glavnom gradu države Amazonas, rukovođen je Salesian misijom. Na ulasku u muzej, može se vidjeti figura neandertalskog izgleda, načinjena od neke vrste plastičnog prikazivanja "Tipični Uaupes riječni krajolik".

Sama je kategorizacija prirode u postavi muzeja, prepedantna i banalna. Postava drveća sastoji se od pravokutnih blokova, ispoliranih i nabrojanih drva.

133

rectangular blocks of cut, polished, and numbered wood. The animal display consists of rows of jars of animal fat including that of the endangered jaguar and river dolphin. The last room consists of insects and a model of the Silesian mission in the Amazon.

THE THIRD BOAT

When I was a child, nothing tasted as good as black walnuts. These are not really walnuts, of course, but should be called black hickory nuts. It is just that the European settlers like to take comfort by naming our things after their own things—to pretend that these American continents were a part of Europe.

Black walnut trees are good for everything—for medicines, for making leather, and the wood is the very best for carving.

In 1968, I caught a German freighter in New Orleans to go to Europe. We stayed three days in port at the mouth of the Mississippi River, re-fueling and taking on cargo. In my spare time I gathered pieces of black walnut driftwood from the banks of the Mississippi. There were mounds of it, testifying to the vastness of that North America I was leaving.

Weeks later, when I judged our ship to be in the middle of the Atlantic, I threw my huarache sandals overboard. There was a need for ceremony, because I did not intend to return. I reasoned that I could become European, at least as much as some of them pretended to be "American." But every evening I would carve on my pieces of black walnut wood. Naturally, I tried to carve European things.

*****

On the ten-day boat trip up the river to Manaus, I never spotted a stand of trees. On the five days across the trans-Amazon highway you could not see a tree as far as the horizon line.

Along the way I met two people whose stories are representative of the majority who migrate to the Amazon. One malnourished middle-age peasant was looking forward to a small plot of land in the Amazon. He was originally from the prosperous state of Rio Grande do Sol. Since the family farm could not support all the family members, he moved to the state of Parana and set

Postava životinja, sastoji se od niza neskladnog životinjskog obilja, uključujući i one ugrožene, kao što su jaguar i riječni delfin. Posljednja soba sadrži insekte i model Salesian misije u Amazoni.

TREĆI BROD

Kad sam bio dijete, ništa nije bilo tako ukusno kao crni orasi. Naravno, to nisu stvarni orasi. Radi se o tome da nisu stvarni orasi, ali bi mogli biti nazvani crni američki orasi. To je zbog toga što se se europski naseljenici vole tješiti nazivajući naše stvari po njihovim vlastitim stvarima – pretvarajući se da su američki kontinenti dio Europe.

Stabla crnog oraha dobra su za sve – za medicinu, za pravljenje kože, a drvo je najbolje za rezbarenje.

1968. u New Orleansu sam uhvatio njemačkog brodovlasnika, kako ide za Europu. Ostadosmo tri dana u luci, na ušću rijeke Mississippi, opskrbljujući se gorivom i krcajući brodski teret. U slobodno vrijeme sakupljao sam komade crnog oraha, naplavljene s obala Mississippia. Tamo bijahu gomile toga, dokazujući prostranstvo Sjeverne Amerike, koju sam napuštao.

Tjednima kasnije kada sam ustanovio da je naš brod na sredini Atlantika, bacio sam svoje huarache sandale u ocean. To je bila potreba za ceremonijom, jer se nisam kanio vratiti. Zaključio sam da mogu postati Europljanin, najmanje toliko koliko su neki od njih pretendirali biti *"American"*. Ali svake večeri, rezbario sam komade drva crnog oraha. Naravno, pokušavao sam rezbariti europske stvari.

*****

Po desetodnevnoj plovidbi po rijeci Manaus, nikada nisam opazio predijele drveća. Na peterodnevnom putovanju po transamazonskoj auto cesti ne možeš vidjeti stablo sve do linije horizonta. Usput sam sreo dvojicu čije su priče tipične za većinu onih koji migriraju za Amazonu. Jedan neishranjeni srednjovječni seljak, očekivao je malu parcelu zemlje u Amazoni. On je zapravo potjecao iz dobrostojeće države Rio Grande do Sol. Budući da obiteljska farma nije mogla prehranjivati sve članove obitelji, preselio se u državu Parana, i podigao vlastitu farmu. Pobjegao je sa svojom obitelji, u sredini noći, kada je unajmljeni razbojnik s

up his own farm. He fled with his family in the middle of the night when hired gunmen from the nearby ranch came to take over his farm. He then moved to the state of Santa Catarina, where events repeated themselves. He then moved to the state of Rondonia, where more or less the same thing happened again. He hopes he will have better luck in the Amazon where "there is land for everyone."

The other man was a tall, well-nourished, blond, blue-eyed Brazilian in khaki shorts and shirt, Panama hat, hiking boots, hunting knife and Swiss army knife. He was a former businessman from the city of São Paulo. He had given up trying to make it with the inflation rate, and had sold his small company. He was heading out to the extreme western Amazon, another thirty days by boat, to find gold.

ANOTHER BOAT

Maria Thereza and I were back in Europe in 1992. In Portugal we stayed in Albufeira, a fishing village-turned-tourist resort. I was well-prepared to dislike the Portuguese. Their actions in South America are more atrocious than are those of either the Spanish or the English. And, I dislike most Brazilians I've met.

We took a tour boat up and down a small stretch of coastline. The captain and crew were all ex-fishermen, and like all the other fishermen we had spoken with, they were graceful and gracious—even gentle. When we would pass a coastal village the captain would tell us about the people "of those lands." It was as though in his eyes Portugal was a loose, almost casual agreement, instead of a country/ex-empire. Each town could comprise a "land."

But if the Portuguese at home are better than normal humans, and not even very "Portuguese," and the settlers are such monsters, perhaps a strong state narrative helps to keep European atrocity-quotients within certain limits. I wish I'd never had such a thought.

*****

England has by its own record viciously colonized Ireland for nine hundred years. At the risk of seeming sentimental about a people who have already been sentimentalized to death, I liked the spirit of the Irish in Ireland.

obližnjeg ranča, došao preuzeti njegovu farmu. Zatim se preselio u državu Santa Catarina, gdje su se događaji ponovili. Potom u državu Rondonia, gdje su se više manje iste stvari dogodile ponovo. On se nada da će biti bolje sreće u Amazoni, gdje "ima zemlje za svakoga".

Drugi muškarac bijaše vitak, preugojen, blond, plavooki Brazilac, u kratkim kaki hlačama i majici, Panama šeširu, planinarskim čizmama, s lovačkim nožem, i nožem švicarske vojske. On je bio nekadašnji poslodavac, iz Sao Paula. Odrekao se tog posla pokušavajući ga voditi s inflacijskom stopom, i prodao je svoju malu kompaniju. Kretao se prema krajnje zapadnoj Amazoni, drugih trideset dana brodom, u potrazi za zlatom.

DRUGI BROD

Maria Thereza i ja bili smo u Europi ponovo 1992. U Portugalu smo stanovali u Albufeiri, u ribarskom selu pretvorenom u turističko ljetovalište. Bio sam dobro pripremljen za nesklonost prema Portugalcima. Njihova djelovanja u Južnoj Americi, strašnija su i od španjolskih i od engleskih. I ja sam nesklon prema većini Brazilaca koje sam sreo.

Uhvatili smo izletnički brod, u oba smjera po malom potezu obale. Kapetani i posada su odreda bili bivši ribari, i kao svi drugi ribari s kojima smo pričali, i ovi su bili dražesni i milostivi – čak nježni. Kada smo prolazili pokraj obalnih sela, kapetan nam je govorio o ljudima "s te zemlje". Izgledalo je kao da je, u njegovim očima, Portugal bio labav, gotovo slučajan sklad, a ne država ex – carstvo. Svaki grad mogao je obuhvatati "zemlju".

Ali ako su Portugalci kod kuće mnogo bolji od normalnih ljudskih bića, i čak ne vrlo "Portuguese", i ako su naseljenici taki monstruozni, možda jako stanje naracije može čuvati europske kvocijente zločina bez izvjesnog limita. Želio bih da to nikada nisam pomislio.

*****

Engleska je, svojim osobnim rekordom, žestoko kolonizirala Irsku tokom devetsto godina. S rizikom da bi se mogla doimati sentimentalno o ljudima koji su već bili sentimentalizirani do smtri, u Irskoj sam voljela irski duh.

As I read their history, I make comparisons between the Irish and the Indians of Brazil. Although as Brazilians we would like to compare our oppressedness with other colonized people, we seem to dismiss the central truth of the last five hundred years of our being: we are the colonizers. We therefore have much more in common with the English than with the Irish. Of course I am speaking of Brazilians or any people from the Americas who identify themselves as active participants in their country's narrative. But we must remember that there are African-Brazilians, African-Americans, and African-Mexicans who choose not to identify with the bosses.

While visiting my French-Canadian lover, I looked up "Brazil" in the *Dictionary of Imaginary Places*. The entry says "an island in the same latitude as Southern Ireland. The name may be Gaelic as *Bresail* is the name of an ancient pagan demi-god and both syllables *Bres* and *ail* denote admiration . . . The ordinary mortal cannot see it and only a chosen few have been blessed with the vision of Brazil."

Perhaps the desperation of invasion and colonization caused the Irish to dream of a paradise, of a Brazil just across that river.

Brazilians continue to deny the fact that they are invaders and colonizers. Brazilians continue to deny the fact that they were never entitled like the Irish to dream of a paradise, of a Brazil.

This is a personal and subjective account meant to make sense of the world's vision of Brazil. So that current events do not become a bare mention in history, I include my own history. It is difficult, with all of the anecdotes on Brazil, to decide which are important to write and which are to be forgotten. There is such a division, and a colonial division between the upper classes and the common people of Brazil. In Europe, a journalist may be representative of his fellow countrymen, but that is rarely the case in Brazil. Therefore, most of the history written, including in newspapers, is the colonizer's (right, liberal, or left) view of Brazil. The anecdotes that are not written are not just untold stories they are pieces of history that will not be remembered.

THE LAST BOAT TO VIEQUES

1980. We were taking the ferry from Puerto Rico to the island of Vieques, where the U.S. Navy has a bomb-and-

Dok čitam njihovu povijest, uspoređujem Irce s Brazilskim Indijancima. Iako bi mi, kao Brazilci, voljeli uspoređivati naše tlačenje s drugim koloniziranim ljudima, izgleda da ne uvažavamo glavnu istinu zadnjih petsto godina našeg postojanja: mi smo kolonizatori.

Zato smo sličniji Englezima nego Ircima. Naravno, govorim o Brazilcima, ili drugim ljudima iz Amerika, koji se identificiraju kao aktivni sudionici u pripovijedanju njihovih država. Ali moramo pamtiti Afričke Brazilce, Afričke Amerikance i Afričke Meksikance koji su izabrali da se ne identificiraju s vođama.

Posječujući mog francusko–kanadskog ljubavnika, gledala sam pod "Brazil" u *"Dictionary of Imaginary Places."* Početak kaže "otok u istoj geografskoj širini kao Južna Irska. Ime može biti Geltsko, budući da je Bresail ime drevnog paganskog polu–boga i također oba sloga Bres i ail označavaju divljenje. .. Običan smrtnik ne može ga vidjeti, i samo je nekoliko izabranih bilo blagoslovljeno vizijom Brazila".

Možda je očaj invazije i kolonizacije uzrokovao da Irci sanjaju o Raju, o Brazilu baš preko rijeke.

Brazilci nastavljaju demantirati činjenicu da nikada nisu imali pravo, poput Iraca, na san o raju, o Brazilu.

Ovo je personalan i subjektivan prikaz s namjerom da se osmisli svjetska vizija Brazila. Tako da trenutni događaji ne postanu gola navođenja u povijesti, ja uključujem svoju vlastitu povijest. Teško je, s svim anegdotama o Brazilu, odlučiti koje je važno ispisati, a koje zaboraviti. Postoji takav raskol, kao i kolonijalni raskol između više klase i običnih ljudi u Brazilu. U Europi, novinar može biti predstavnik svojih sunarodnjaka, ali to je rijedak slučaj u Brazilu. Zbog toga je većina pisane povijesti, uključujući i novine, kolonizatorski (desni, liberalni, ili lijevi) pogled na Brazil. Anegdote koje nisu napisane, nisu samo neizrečene priče, one su djelovi povijesti koji će biti zaboravljeni.

ZADNJI BROD ZA VIEQUES

1980. uzimali smo trajekt iz Portorika za otok Vieques, gdje je *USA Navy* imala *bomb and gun* pokusno mjesto, koje je izgleda namjeravalo razoriti cijeli otok. Ribari su, uz veliki rizik, i dalje pokušavali ribariti. Nagnuo

gun testing site that seems intended to destroy the entire island. The fishermen, at great risk, were still trying to fish. I leaned over to watch the waves and thought that in fact the water still looked like the Caribbean.

The next year our friend Wilfredo was put in prison in Virginia because of a protest action against bombing Vieques. Even in 1981, one could imagine going to prison with hope. Some of us could still hope that our actions would contribute to positive change.

Perhaps the reason we have written these anti-nostalgic episodes of practically nothing (except for theft and murder) is that these times make us want to look back, and to look around; to put off looking forward.

sam se preko, da bi gledao valove i mislio kako voda, zapravo i dalje izgleda kao na Karibima.

Slijedeće godine, naš prijatelj Wilfredo, bijaše smješten u zatvoru u Virginiji zbog protestne akcije protiv bombardiranja Vieques. Čak 1981. netko je mogao zamisliti otići u zatvor s nadom. Neki od nas, i dalje su se mogli nadati da naše akcije mogu doprinijeti pozitivnoj promjeni.

Možda je razlog zbog kojeg smo napisali ove antinostalgične epizode o praktički ničemu (osim za lopova i ubojicu) taj, da nas ovo vrijeme potiče gledati unazad i unaokolo, bez očekivanja.

Preveo Goran Tomčić

Photo by Maria Teresa Alves

"After Freddy Alborta" Photograph by Leandro Katz, Valle Grande – Bolivia, 1967/1993

Daniel Lazar

THE DEATH OF CHE

CHEOVA SMRT

I was painting the hallways of a tenement building when my shirttail came out, leaving my back open. Mary Guerrera happened to be standing there, watching me. She was bored, waiting for Luis Suares, the Argentinian painter and scaffold-man. "Nice back," she said. Before I knew it, we ended up going uptown together, to an event for Puerto Rican independence at City College, where Mary was studying.

Once we were in the big ballroom, I saw Bill and Janine Harmon, mingling with the students. Bill noticed Mary right away. Janine was dressed in a way that reminded me of what she wore just after Bill sold the movie rights to his novel about the Spanish Civil War. Then I realized that there was some Spanish Civil War connection to this gathering. There was another woman with the Harmons who hardly said anything, though I thought it might be because of the language.

Bill, himself, was once ripe for the twisting. The Abraham Lincoln Brigade had plucked him. He lent them his hope, and when they were through with it they paid him off in their inimitable fashion. The bullets he stopped on the Barcelona Road were only the most tangible wounds he carried. If he had been rich he might have had an easier time of it. But there was no one to bail him out. He had been a commissar and it took years after the war to get the Party's tentacles off him. I knew that he had been egged on to participate in innocent and "necessary" murders, by old men whose business it then was to subcontract death. And now I had reason to believe that the old soldier had something to offer up for those with ears to hear it.

Bill had recently given a long interview, but one still unfinished. The occasion was the fiftieth anniversary of

Farbao sam hodnike neke stambene zgrade za iznajmljivanje, kada mi je ispao okrajak majice, ostavljajući mi gola leđa. Desilo se da se Mary Guerrera našla tamo, gledajući me. Dosađivala se, čekajući Luisa Suaresa, argentinskog slikara i skelara. "Krasna leđa" reče. I prije nego što sam uvidio, našli smo se, kako idemo zajedno, *uptown*, u City College gdje je Mary studirala, na jedan skup povodom nezavisnosti Puerto Rica.

Kad smo se našli u velikoj plesnoj dvorani, ugledah Billa i Janine Harmon, izmiješane sa studentima. Bill je odmah zamijetio Mary. Janine je bila odjevena tako da me je to podsjetilo na ono što je odjenula onoga trenutka, nakon što je Bill prodao filmska prava svoje novele o Španjolskom Civilnom ratu. Tako sam primjetio neku povezanost ovoga skupa i Španjolskog Civilnog Rata. S Harmonovima je bila i neka žena koja gotovo ništa nije rekla, iako mi se činilo da je to moglo biti zbog jezika.

Bill sam, bijaše dozreo za zaokret. Obuzela ga je brigada Abraham Lincoln. Pružio im je svoju nadu, i kada su oni završili s njom, isplatili su mu u njihovoj nenadmašnoj modi. Najopipljivije ozljede koje je nosio bili su meci s Barcelonske Ceste. Da je bio bogat mogao je imati lakše trenutke o tome. Ali nije bilo nikoga tko bi mu mogao jamčiti slobodu. Bio je komesar, i morale su proći godine, prije nego što je pridobio Partijsko razrješenje. Znao sam da je bio potican, od strane starca čiji je posao bio ugovarati smrt, na sudjelovanje u nevinim i nepotrebnim ubojstvima. Sada sam imao razloga vjerovati da stari vojnik ima neke prijedloge za one uši koje su to spremne čuti.

the Spanish Civil War. He told the interviewer that he was, at that moment, talking about things he had never before discussed with anyone, not even his family, though I thought I knew better. But Bill's confession was not one that every priest would be qualified to take. The interviewer had been pretty good up to that point. But there he failed to see what a unique opening he had. I think I know what Bill was going to talk about. This sinner, too, was an old Jew, though he had changed his name, and was a former Party man at that. His Act of Contrition would be a tough one, as it must be for any who are trained to think it is just that, an "act." There are those who call Christ "the Faker." They are not convinced by this Messiah. They are still waiting. They were disappointed by Christ because he did not fix anything. And those who bought the Party are worse. They are twice burned. As the poet put it, "Their heaven is like ironsides . . . their tears they are like rain." But Bill trusted me, maybe because I wanted to be a writer; at least he had always talked to me.

There he stood with his wife and this mute woman in the maroon dress. As Mary and I moved off the woman put her hand on my forearm. She said there was something upstairs she wanted to show me in a little while. I got the impression that Mary was not invited but that Bill and Janine would be there. I wanted Mary to be able to come. If these Spain vets had secrets to impart they would interest her as well. But I got the distinct impression that I was to come alone.

There was some milling around and then the music struck up. I began to dance with Mary. Her style embarrassed me. Too top-heavy, and too little appreciation of the cheekbones and the lips and the shoulders. Bill and Janine were off somewhere doing a kind of bossa nova. The maroon lady just stood a little apart, her back against the wall, moving her foot and twitching her hips and spine. She was the real dancer but she was alone, eyeing me for this secret thing in the upstairs room. When the number ended, I went and stood before her. I made myself available to go and see what they wanted to show me.

There was an auditorium stage that looked out over the dance floor and the four of us disappeared behind it. We went up an enclosed, dark and musty-smelling staircase. There was a room at the top that was so small that I kept

Bill je nedavno dao dugačak interview, ali koji je još uvijek nedovršen. Povod je bila pedesetogodisnjica Španjolskog Civilnog Rata. Novinaru koji ga je intervjuirao je rekao, da je u tom trenutku govorio o stvarima o kojima nikada, niskim nije diskutirao, čak niti sa svojom familijom, premda se meni činilo da to nije tako. Ali Billova ispovijest nije bila takva da ju je mogao primiti baš svaki pop. Novinar bijaše prilično dobar do te točke. Ali tada je napravio propust, ne uvidjevši kakvu je jedinstvenu priliku imao. Mislim da znam o čemu je Bill namjeravao govoriti. Ovaj grešnik je također bio jedan stari Židov, iako je izmijenio svoje ime, a uz to još i nekadašnji Partijac. Njegov čin kajanja mogao bi biti žilav, kao što to mora biti s onima koji su istrenirani misliti, kako je to zaista, samo jedan "čin". To su oni koji za Isusa kažu "Krivotvoritelj". Ovaj Mesija ih nije uvjerio. Oni i dalje čekaju. Oni su bili razočarani u Isusa jer ništa nije sredio. A oni koji su potkupili Partiju, još su gori. Opekli su se dvostruko. Kao što pjesnik reče " Njihov Raj je kao oklopnjača, njihove suze kao kiša." Ali Bill mi je vjerovao, možda zato što sam želio biti pisac; uvijek je, barem razgovarao sa mnom.

Stajao je sa svojom suprugom i jednom nijemom ženom u kestenjastoj haljini. Kad smo se Mary i ja primaknuli, žena je položila svoju ruku na moju podlakticu. Rekla mi je da se gore nalazi nešto što bi mi, malo kasnije, željela pokazati. Učinilo mi se da Mary nije bila pozvana, ali da su Bill i Janine trebali biti tamo. Želio sam da i Mary dođe. Ako su ti španjolski veterani, već morali saopćiti neke tajne, to bi i nju zanimalo. Ali, dobio sam jasan dojam da bi trebao doći sam.

Nakon ponešto komešanja , zasvirala je muzika. Otpočeh ples s Mary. Bilo mi je nugodno zbog načina na koji je plesala. Bila je nezgrapna ,ne obraćajući pažnju na obraze, usne,ramena. Bill i Janine izvodili su vrst Bossanove negdje unaokolo. Kestenjasta dama stajala je sama, malo po strani, leđima uz zid, mičući stopalima, trzajući i vrteći bokovima. Bila je prava plesačica, ali sada je stajala sama, podsjećajući me na onu tajnu u gornjoj sobi. Kada je prestala muzika, došao sam i stao ispred nje. Bio sam spreman otići gore i vidjeti što mi žele pokazati.

Nas četvero nestali smo iza pozornice auditorija koja je gledala preko plesnog podija. Krenuli smo gore po

going to the back of it and opening the door. Someone else kept closing the door and I kept opening it until we became a small vaudevillian troupe walking these slow, dumb circles in a room barely big enough to hold the four of us. Every fourth person, me each time, opened the door that the other three had either passed or closed. I wanted some light and air in there. With the door closed there was none of either. It was scary, entirely claustrophobic. I just wanted out. My heart was pounding. Finally they let me leave the door open a crack and my shaft of light (it was all mine) revealed that they were all gazing at an old brown briefcase lying on the floor. The maroon lady opened it and there were eight-by-ten glossy photos inside. They looked like they had just come out of the hypo, like they were still wet, though I could not imagine how that would be possible. But in that room, with its low slanting ceiling, where no one could stand straight, appearances were deceiving. The opening of the brief case and the display of these photos was the release of a secret long held. I wondered if it was Bill's secret. No one said a word.

The photographs were identical. That is, they were of the same two people. But they were taken at different angles. They were head shots, and I knew that the people who posed for them were dead when they were taken. The look of morgue shots is unmistakable. There is something cozy and warm as an old shoe about life and when a person is without it, his head right up against your own living eyes—something is really missing. The absence is a lot more imposing than the graven image that reveals it.

The people in the closet with me were saying: "Is it Fidel? It's not Enrique, is it? Juan? Heliodore?" One of the people in the pictures was a woman, but they were talking about the revolutionary–looking guy with the long hair and the beret still on his head. Actually, he looked to me like Ché. I remember those *Ramparts* magazine pictures after the Bolivian soldiers got through with him. They made him look like Christ, which I always understood from Bill, was something that interested Guevara.

Bill always had a little contempt for Ché. It was not altogether different from the contempt he had for all young men with money. But Ché was one who got nailed and Bill had always seemed to think that I was one guy that the world could never lay a glove on.

ograđenim, mračnim i pljesnivim stepenicama. Na vrhu se nalazila soba, tako malena da sam se stalno vraćao natrag da bih otvorio vrata. Netko je stalno zatvarao vrata, dok sam ih ja nastavljao otvarati, sve dok nismo postali mala vodviljska družina, hodajući onim tromim, bezličnim krugovima, u sobi jedva dostatnoj za nas četvero.Svaka četvrta osoba, obično ja, otvarao sam vrata pored kojih su ostale tri trebale ili proći, ili ih zatvoriti. Trebalo mi je nešto svjetla i zraka. Ali sa zatvorenim vratima nije bilo niti jednog niti drugog. Bilo je strašno i potpuno klaustofobično. Htio sam jedino biti vani. Srce mi je tuklo. Konačno su mi dopustili ostaviti vrata mrvicu otvorena, i moja zraka (sasvim moja) pokazala mi je da su ostali zurili u jednu staru smeđu aktovku koja je ležala na podu. Kestenjasta dama ju je otvorila i unutra se nalazilo 8x10 sjajnih fotografija. Izgledale su kao da su upravo izašle iz sodium thiosulfata, kao da su još uvijek vlažne, iako nisam mogao zamisliti kako bi to bilo moguće. Ali u toj sobi s nisko nagnutim plafonom, u kojoj nitko nije mogao stajati uspravno, pojave su bile obmanjujuće. Otvaranje aktovke i pokazivanje fotografija, bilo je razotkrivanje dugo čuvane tajne. Pitao sam se da li je to bila Billova tajna. Nitko nije rekao niti riječi.

Fotografije su bile identične. Fotografije iste dvojice! Ali snimljene iz različitih uglova. To su bili snimci glava i ja sam znao da su ljudi koji su im pozirali, bili mrtvi u trenutku u kojemu su snimci napravljeni. Slike iz mrtvačnice ne mogu prevariti. U životu postoji nešto udobno i toplo poput stare cipele, i kada je netko bez nje, poput njegove glave pred tvojim vlastitim živim očima, tada nešto zaista nedostaje. Sam čin nestanka je mnogo teži nego njegova okrutna slika. Ljudi koji su bili sa mnom u sobici, pitali su se "Da li je to Fiedel/ Nije li to Enrique? Juan? Heliodore?" Jedna osoba od onih na fotografijama bila je žena, ali oni su govorili o mladiću revolucionarnog izgleda, s dugom kosom i beretkom, još uvijek na njegovoj glavi. Zapravo, meni je on izgledao kao Che. Sjećam se onih slika iz Ramparts magazina, nakon što su ga se bolivijski vojnici riješili. Na njima je izgledao poput Krista, a to je, kako sam ja razumio Billa, bilo nešto što je Guevaru zanimalo. Bill je oduvijek pomalo omalovažavao Che. To nije bilo ništa drugačije od prezira koje je imao prema svim mladim ljudima s novcem. Ali Che je bio onaj koji se nasanjkao, a Bill je izgleda oduvijek mislio da sam ja bio taj kojeg svijet nikada nije mogao dodirnuti.

Bill had told me that Ché was a rich doctor's son from Argentina who had been interested in the movement. There was a healthy one in his own country. But, Bill said, Ché was bourgeois romantic (though he never used that hackneyed Party language) with a lot of bullshit ideas.

He wanted to be a fast hero. He did not want to work his way up through the rank and file. He could not cut it at home so he went to Bolivia to be a star in the mountains. The only problem was that you had to be crazy to try to start a revolution in Bolivia. The popular support was not there. The junta was in firm control and the people were mostly Indians living in the mountains. They couldn't read and didn't give a shit about the propaganda. Ché was an infantile disorder, like the Baader-Meinhoff group which Bill had written about in one of his novels. And Ché was not as efficient as the German kids either. Not by a long shot. So he got himself crucified. Being a revolutionary is a job like any other. In many ways it is like working in the post office. The same routine every day. Once in your life you may be called on from upstairs to do one thing. After that you are expected to disappear back into oblivion or else they put you there.

So they are going: "Is it Enrique? Is it Julio?" I was getting dizzy. I opened the door to get out of there. I did not notice the others follow me. I don't even remember going down the stairs. Then it hit me. I couldn't find any of them. This was some kind of set up. Somebody was dead and I knew about it along with these old lefties and now I was alone. I looked frantically around the room. Bill and Janine had their coats on. They were making a quick exit. The woman in maroon was standing around looking mute again. I seized her arm.

"There must be a cop around here! Somebody get me a cop!" She did not resist. She never changed expression. There was something in the give of her arms as I drew them together behind her back that pleaded guilty. Her wig fell off. To my great wonder, a cop did appear.

"Give me your cuffs," I ordered him, not believing that I was actually doing this. I had only seen some photos in a briefcase. Perhaps nothing had taken place. "A murder has been committed!" I said. People had gathered around us and at my words they drew back uttering actual cries of astonishment. The cop, a rookie, had

Bill mi je rekao da je Che bio bogati liječnikov sin iz Argentine zainteresiran za pokret. U svojoj domovini je bio jedan od zdravih. Ali, Bill reče da je Che bio buržujski romantik (iako nikada nije koristio taj otrcani Partijski jezik) s gomilom bullshit ideja.

Želio je biti heroj na brzinu. Nije htio izraditi svoj put kroz kadrovsku piramidu. Nije mu to uspjelo kod kuće, pa je otišao u Boliviju da bi u njenim planinama postao zvijezda. Jedini problem je bio u tome da moraš biti lud da bi započeo revoluciju u Boliviji. Tamo nije bilo narodne podrške. Junta je imala čvrstu kontrolu i ljudi su uglavnom bili Indijanci naseljeni u planinama. Nisu znali čitati i nije ih bilo briga za propagandu. Che je bio jedna infantilna zbrka poput grupe Baader Meinhof o kojoj je Bill pisao u jednoj od svojih novela. Osim toga Che nije bio djelotvoran, čak ni kao ti njemački klinci. Daleko od toga. Pa je dao samoga sebe razapeti. Biti revolucionar jest isti posao kao i bilo koji drugi.Na mnoge načine, to je kao raditi u poštanskom uredu.Svakoga dana ista rutina. Jednom u životu, pozovu te odozgo da bi nešto učinio. Nakon toga , od tebe se očekuje da nestaneš, natrag u zaborav, ili će te oni sami tamo vratiti. A oni, dakle nastavljaju "Da li je to Enrique? (Da li je to Julio?)" Počelo mi se vrtjeti u glavi. Otvorio sam vrata da bi otišao odatle. Nisam primjećivao da su me ostali slijedili. Čak se i ne sjećam da sam sišao niz stepenice. Tad mi je postalo jasno. Nisam mogao pronaći nikoga od njih. Bila je to neka vrst namještaljke. Netko je bio mrtav i ja sam to znao, zajedno s onim starim ljevičarima, i sada sam bio sam. Silno uzbuđen gledao sam unaokolo po sobi. Bill i Janine imali su na sebi svoje kapute. Hitro su izlazili. Žena u kestenjastom stajala je unaokolo, ponovo izgledajući nijemo. Zgrabio sam joj ruku.

"Neki pandur trebao bi biti ovdje unaokolo! Da li´će mi netko naći pandura?" Nije se odupirala. Nikada nije mijenjala izraz. Način na koji su joj ruke popustile kad sam ih stavio na njena leđa, odavao je krivnju. Ispala joj je vlasulja. Tada se na moje veliko iznenađenje pojavio pandur.

"Daj mi svoje lisice" naredio sam mu, ne vjerujući da to stvarno činim. Vidio sam jedino neke fotografije u aktovci. Možda se zapravo ništa nije dogodilo. "Počinjeno je ubojstvo", rekao sam. Ljudi su se skupili oko nas, i na moje riječi, povukoše se unatrag,

given me his cuffs. But it was Bill and Janine I wanted to get my hands on. What the fuck had they gotten me into? There I was handcuffing someone. And where was Mary? Oh . . . there she was. She was watching me proudly. Now I really was her hero, beautiful back and all. I wished Luis would show up and rig a way for us all to get out of this place.

Then Bill and Janine came. A couple more cops had them. Bill wore a bemused look on his face, perfectly calm. I found myself begin to relax. I believed at that moment that I really had helped him. Janine, too, looked relieved, like she could at last retire to her superior intelligence.

"He is ready to confess," I thought. But then he spoke and it was clear to me who would be getting transubstantiation.

"It's you they ought to arrest, " he said, as they put the cuffs on him. They were mistakenly leaving me entirely free. "You're the writer now."

izražavajući stvaran krik čuđenja. Pandur, regrut, mi je dao svoje lisice. Ali ja sam zapravo želio uhvatiti Billa i Janine. Zašto su me dovraga uvukli u ovo? Stavljao sam nekome lisice na ruke. I gdje je bila Mary? Oh...tu je bila. Gledala me ponosno. Sada sam zaista bio njen heroj, predivna leđa i sve ostalo. Želio sam da se pojavi Luis i da nas svih izbavi od ovoga mjesta..

Tada se pojaviše Bill i Janine. Uhvatio ih je par pandura. Bill je izgledao smeteno, potpuno ravnodušno. Polako sam se opuštao. U tom sam trenutku vjerovao da sam mu zaista pomogao. Janine je također izgledala opušteno, kao da konačno može dati oduška svojoj superirnoj inteligenciji.

"Spreman je priznati", pomislio sam. Ali on je tada progovorio, i meni je postalo jasno tko bi mogao doživjeti transformaciju.

"Ti si taj kojeg bi trebalo uhapsiti" , reče dok su mu stavljali lisice. U zabuni su me ostavili potpuno slobodnog. "Ti si sada pisac."

Preveo Goran Tomčić

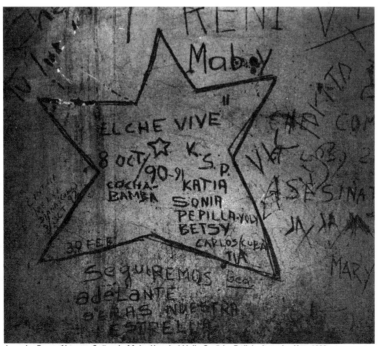

Laundry Room, Nuestro Señor de Malta Hospital. Valle Grande, Bolivia. Leandro Katz, 1993

Ali Jamale Ahmed

OF NATIONS AND NARRATIVES

O NACIJAMA I NARACIJAMA

Happy endings are
not concocted
Nor delivered in
a C-section
They must germinate in the belly of the narrative
And have their fate
woven,
exquisitely
in the loom of the plot.

From: *An Epoch Of Delirium*

Sretni završeci
nisu izmišljeni
Niti dostavljeni u
C–sekciji
Oni moraju klijati u utrobi pripovijedanja
i imati svoj udes
otkan,
profinjeno
u obrisu radnje.

Preveo Goran Tomčić

Iz: *EPOHA DELIRIJUMA*

The Riddles of Egypt Brownstone

ZAGONETKE EGYPT BROWNSTONE

Push sweat violent lavender blue pain sing woman
come sing one hundred ninety nine
sweat girl dance the thigh dance pain
ninety eight ninety seven ninety six
born to push grunt rip life
tear out tear through purple birth murmurings
through sterilized galaxies of nurses and doctors
sing/ninety five ninety four stompin at the savoy

Above her body outstretched on the hospital table a
white metal light licked at the starched gown pulled over
her stomach heaving.

Bring baby down the Nile

Esther let her knees shut Esther let her eyes buck.

Momma October 13th shoulder pads and zoot suit city
sing woman Lena Horne momma hit the number ninety
three
one two buckle my shoe who? who's the father yes no
maybe so
doctor/lawyer/indian chief

*Gurni znoj divlja lavenda plava bol pjeva žena
dođi pjevaj stotinu devedeset devet
znojava djevojka pleše bedreni ples boli
devedeset osam devedeset sedam devedeset šest
rođena da gurne gunđajući raspor života
iščupa suzu kroz grimizni porod mrmljanja
kroz steriliziranu galaksiju medicinskih sestara i
doktora pjevaj/devedeset pet devedeset četiri divlje
plešući u savoyu*

Iznad njenog tijela rastegnutog na bolničkom
stolu bijelo metalno svjetlo polizano na naškrobljenom
kostimu navučenom preko talasanja njenog trbuha

Donesi bebu dolje na Nilu

Esther zatvori njena koljena Esther propne njene oči,

*Mama 13. Listopad rameni jastučići i zoot odijelo
grada
pjevaj ženo Lena Horne mama udari broj devedeset
tri
jedan dva prikopčaj moje cipele tko? tko je otac da ne
možda tako
doktor/advokat/indian chief*

She screamed sweat wet and birth crazy

Rich man poor man beggar man thief

Harlem Hospital. City of New York. Attending Physician Dr. Edmund Greer. October 13 1945. 6:43 am. Race Negro sex girl. Name Girl Brownstone. Mother's name Esther Brownstone. Address 50 West 138. Date of Birth April 9 1928. Occupation usher. Age 17. Previous births now living none. Place of Employment RKO Theatre 116th Street was her mother's side of the birth certificate. Her father's side was blank.

***

In search of lush black nipple the minuscule mouth beside Esther in the hospital bed made a sucking sound.

"I named her Egypt, momma."

Edith Brownstone leaned over. A tiny West Indian silver bracelet she slipped on the grandchild's wrist.

"Blackest lil girl I ever saw," Edith said.

***

Kričala je znojavo mokra i ludo rađala

Bogataš siromah prosjak lopov

Harlem Hospital. City of New York. Prisutni Liječnik Dr. Edmund Greer. 13. listopad 1945. 6:43 prije podne. Rasa *Negro* spol djevojka. Ime Girl Brownstone. Majčino ime Esther Brownstone. Adresa 50 West 138. Datum rođenja 9. Travanj 1928. Zanimanje vratarka. Godina 17. Prijašnja rođenja živuće nijedno. Mjesto namještenja RKO Theatre 116 Street bila je strana njene majke na matičnom listu. Strana njenog oca bila je prazna.

* * *

U potrazi za sočnim crnim bradavicama sise miniscula usta pokraj Esther u bolničkom krevetu tvorila su zvuk sisanja.

"Nazvala sam je Egypt, mama."

Edith Brownstone nagnula se preko. Na zglob unuke navukla je tanku zapadno indijansku srebrnu narukvicu.

"Najcrnija majušna djevojka koju sam ikad

She collected riddles growing up. They fascinated her. After school at the library. Reading books on silver barges through the royal night. Excursions up the Nile of ancient history. Riddle me this. Riddle me that. Time and the twentieth century: what has a mother who is a father name a child Girl Negro Sex female born feet first.

> *"My teacher say you got to sign this free lunch paper momma."*
> *"Who wrote this word here Egypt?"*
> *"Miss Jackowitz did. Everybody got one."*
> *"Hand me that god damn pencil eraser girl. Wasnt nobody illegitimate when they was on top pumpin womens in the huts of nigga quarters."*

***

She had thick red hair dusty black skin at 13. One brown and one light brown eye. Grew big titties. Was shorter than any of her friends. A Fanti charm doll she considered herself deformed.

> *"E my name is Egypt. (bounce)*
> *My father's name is Esop. (bounce)*
> *We come from Ethiopia. (bounce bounce)*
> *And we sell elephants." (bounce)*

Her spalding ball sang against the sunday summer morning concrete. Bounce bounce. Black palm to pink rubber ball. Feel air and space outside. Not like upstairs was. Too hot in the bed too many people. A taste for watermelon. Black ball to pink rubber palm to Harlem sidewalk. Smell saturday night in sunday street. Cars and buildings hung over. Bounce bounce ball over short black leg up over ball over was-white sneakers. Bounce. Bored. Hit the ball against the stoop.

vidjela" reče Edith.

***

Skupljala je zagonetke odrastajući. One su je fascinirale. Nakon škole u biblioteci. Čitajući knjige na srebrnim barkama kroz kraljevsku noć. Ekskurzije po Nilu drevne povijesti. Odgonetni mi ovo. Odgonetni mi ono.Vrijeme i dvadeseto stoljeće: što ima majka koja je otac ime dijeteta Djevojka *Negro* Spol ženski rođena prvo s stopalima.

> *"Moja učiteljica reče da moraš potpisati ovaj papir za besplatan ručak, mama."*
> *"Tko je napisao ovu riječ ovdje Egypt?"*
> *"Gospođica Jackoviwitz. Svatko je dobio jedan."*
> *"Pruži mi tu bogom prokletu gumicu za pisaljku, djevojko. Nitko nije bio vanbračan kad su bili na vrhu jebući žene u barkama nigga četvrti."*

***

Imala je gustu crvenu kosu prašnjavu crnu kožu u 13. Jedno smeđe i jedno svjetlo smeđe oko. Rasle su joj velike sise. Bila je manja nego itko od njenih prijatelja. Čarobna *Fanti* lutka koju je i sama smatrala deformiranom.

> *"E moje ime je Egypt. (poskoči)*
> *Ime moga oca je Ezop. (poskoči)*
> *Došli smo iz Etiopije. (poskoči poskoči)*
> *I mi prodajemo slonove." (poskoči)*

Njena *spalding* lopta pjevala je protiv nedjeljnog ljetnog jutarnjeg koncerta. Poskoči poskoči. Crni dlan za rozu gumenu loptu. Osjeti zrak i prostor izvana. Ne kao što je bilo gore. Prevruće u krevetu previše ljudi. Tek za lubenicom. Crna lopta na rozom gumenom dlanu na harlemskom pločniku. Pomiriši subotnju noć na nedjeljnoj ulici. Automobili i zgrade vise. Poskoči poskoči lopto preko kratke crne noge gore preko lopte, preko nekoć–bijelih patika. Poskoči. Dosadno. Udari loptu o stepenice.

Preveo Goran Tomčić

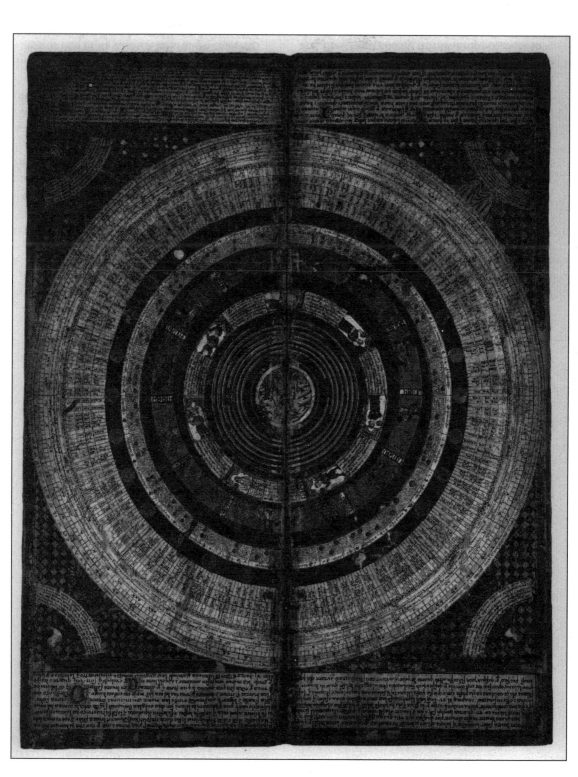

Memoria(s) from an Exile's Notebook of the Future

It took me long to walk to this slate, a desert star, pinned on my forehead,
here, in this brilliant stone rail, carrying what was given in sand and pouches
with all my familiars, in rough kinship occupied without a returning Spring,
through the sandal bones, in puzzles, the quake lined crops the picker songs
the passport designed on the neck, the citizen language, I speak of Genesis

between my mother and me, between my father and me, tear gas gauze
supplications and her tiny ancient voices and his long biblical compassions,
factories of dislodged pigments, blue muslin settlements, a Moroccan tarp
through the short sickle years, the portioned tomato days, the sliced sugar cans
in the yard, left with the imprint of six interrogators, the doomed pellets

in the hourglass, working the wicked man's yard, scrubbing and praying in
bone through the village bowl, all night singing *Yemeni* songs falling astute
inside the floor, with the knees mapped, my mother in her apron condemned
my father in his long coat of dust, in his Turkish *Baglame* shuffle, a sigh
without the tragedy of passage, this honorable wicker hat, this merciful

Jerusalem open hand, this dead contract on the shoulders to the skull fields,
to the circular concrete, three columns of army jeeps, the acrid sweetness
at the center, a mother hand waving, the slanted apartment, number nine,
number four, number 14, number this, number again, with salt, with blood in tins
with lost brine, from the last to the first pay-stub, counter-clockwise

with the hands in, occupied, with the house up in shock, a breadroll behind
the back, through the crazy sod, in the tyrannical bar, a child with a meager landscape,
in the match basement with all my wonderings, in patches, red, green and black,
without the cloud colors, without the vowel for an a , for an e, for e, for u, for o, oval
for oval sky, to hang against the petty bureaucrats, a poor-girl oasis, reflected

at night, to hold in the proud cell, in the eye, in the ragged arm, her riddled back
upright, his squatted back upright, your father through the tawdry rope, through
the gnarled vine, the hook knife, the piece of rain pasted, a raisin held in the fist,
a razor bread, listen, if you get out as a night stranger, if you get out face first
there will be air and tobacco, then sing of Istanbul and Old Jaffa, sweat on the skin,

air, reddish seeds and a ghost full of kinship, a potter's wheel and a mason's table,
a few friends, all in a concrete circle, broken or healed, a wound from the tin boot
and a chin-strap reflected, the stub writing, the short ceiling. the cabbage soup,
a crash of blue maize in the skillet, in the ice-box bundle, my shadow, my indigo wire,
full of sayings, thirteen days of crucifixions, in a child's mad combat, the village

heart in the cloth, wrapped, something about you, something about us, about this
sediment heat, terrible in its long scarf, in its counter-clockwise sheets, a sky flame
and an ash trumpet, caught on the street sign, an isolated unit, one last smoke, tear gas
in the coffee cans, the eyes full of love and a newspaper stabbed in the mouth, a knife
in the shape of a tunnel, where there is a bag of acorns for the road ahead, black tea

I am walking, like this, in an oval, broken, cloud healed, in the match gallery,
the canvas is nailed in shrapnel turquoise and black, exiles with a short coat, a torn
pocket, spilling salt, into the truck stop dune, into the scrub rumble, in the short tin,
getting back, getting out, the reflected soup, rope questions in the ancient marrow,
in the bone shoot, inside the trousers, this dress with wings, so I curl it, caught

in a blue-redness water bucket, so, I touch it, inside the territories, occupied, waiting
for mojo, inside the *brujeria*, the dance-top falling, thirteen years old and Egyptian,
soon there's water into a flask, with lips with a portrait inside the locket, inside
the captain's engine game, a tyrant's politeness breathes like this driving me and you,
through the town alley, with the ass scalded, a factory whistles in bright steam,

a trembling lamb up the official stairs, was it compassion, was it my generation, was it,
there I cried, where I opened your hand in mine, where I lost what I had, and left it, in fullness
and amusement, at the next century by itself, what I could not keep, what I could not speak,
what I could not remember, it was you, it was green and red, I was walking up to the mosque,
three columns of army jeeps, in arduous light carrying a young boy, in the jaw, awake

he was in white with tattoos open in the name of Abraham, in cuneiform, for years
I was hearing the strings ask me, for a grenade and the short woman, his mother
pressed with tender knives, so she could protect herself, they were shrunken flowers
and ashes, a cassette by Parisa unwinding outside in the tiny brown tent, the brown
watchtowers in full bloom, he knew this, this jet weight, a circular concrete, when

he was grown, it was you, what I could not remember, was it Ishmail, or Lucia, a bit to the left,
I left you under the olive tree, outstretched, a lost code spoiling from your night shirt, lime
and rot in Gaza, bloodied, shredded, where children played by the fountain, their three
fingers pointed, into darkness, into you, thirteen years and the darkness swells down,
to their little knees, to this chair hemorrhaging, in the belly, newborn in a sack of tear gas,

and a pocket hinged with rocks, the first word in Arabic, this revolving ocelot clock,
this Jewish Olmec face, in the sliced sun, hidden microphones, ragged, with the skin
of millions, with the trace of a jade shrapnel, a familiar torture with the filament,
inside the eye, see the green into black, the river sequins boats, the fire blouse, in the army
night, there is a bird call, the tiny hands of the iris in the open road, reaching up,

to the village trumpet, an old woman in the beggar coat, she is ready for you, she is listening
with a sweetness, at the center, a heat from a lagoon in Galicia, in the shape of my mother,
of your ghost father, without a hat, a blue coat wing, this time, out of the boot grave,
out of the wire, the dim passport from Cairo, the hidden wooden slate, slashed twice
this sweat justice, this tombstone ice, this beat to the riff, reddish, for a petty bureaucrat

collar broken, over the moon saga, in exodus, there we clap
for an amused sail, coming up, through the potatoes and rifles, the singing mandible,
the lightness of Istanbul and Old Jaffa, the hull that unwinds, the rust breath
from the shirt pocket, this fever hypnosis, this slash in the leg, I walk through
the sharpness, this greenish flask in the hoping shoe, I come to you, now I bring this,

only for you, what I left behind, was it the dawn-eyed village alley, the intrepid nets
of hushed camps, you with your embarcation, gypsy-indian hair, and me without a hat,
did you love me, walking behind, mumbling, digging through Palestine, finding myself
in a wooden rice bowl, in Spanish broken, a carved Baglame, upside down, getting
it all, never, they said, never, the tyrants in flashing suits, I was dead dead in the fish

barrel, in the giant depot cheese wheel, at the leaning market place, in the tent house,
over you, greyish, full of rain and lost strings, and outside, an occupied smell, lingers
the rubble office, two interrogators with a paper bag of sweet rolls, open, where we begged,
where we saw the waves, behind the olives coming in razor shapes, up, over the city,
and the shore full of peasants, my mother carrying a handsome clock, ticking violins,

the lucid bomb, as in her name, for the mumbling watch towers, three columns of army jeeps,
in full dress, our embarcation dripping, telling the story, studying from the oil lamp
with a sweetness at the center, a jade knot, an Olmec figurine, clay cast in a shadow,
a briefcase in cuneiform, Egyptian, loud in shrubbery, shreds, in the tall washer kitchen,
in the hollering closet, in this Spring-time ankle, tied to innumerable beings, their hands

clutching ancient discs of sugar and bread and a wooden spoon, this beggar's Mesopotamia

from the invisible, from the middle of a unknown forest, beginning with the letters, of
an A and an L, an Arabic F and an African Q and a Jewish M and a Spanish Hand an
Egyptian Z and a killer's Z and another tyrant's Z, with its beginning pointed and its end
pointed, towards you towards Istanbul and Old Jaffa, towards this enigmatic net,

this trouser bag, the torso out of the spoon, in the braided hair unfolding, ironically,
a tiny scream, reddish, a pomegranate string bass beat, another riff from the open table,
all of it, just you and me, the reflected inspector's coat, the night wing train wheels to Cairo
and then New York, full of stolen conversations, a tiny encyclopaedia of stars, over
the embroidered mosque, below the ice stairs, under the flower vase, this earthen flask,

full of wonderings, the swollen ships, the healer's touch inside the exiled liquid,
in the secret thigh, in the arm holding you, it was you, tattooed to a tear gas sign,
it was me and the open window, without a nurse, going counter clockwise eating dust
a collection of occupied doorways, after my own white shadow, the sun in spirals,
on your tattered dress, going into a perfumed peasant's sword, a laughing insomnia,

innumerable beings, tied to my ankles, dancing on this slip asphalt, this *cante jondo* train,
whistling through the chasm, the sweetness at the center, the flannel shirt pocket
made in Lebanon, sewn in Tel Aviv, with your hand in mine, and your face against mine,
again, dance skirts and military caps, the moon broken and full of amusement, the stringed air,
this frozen patch, green then red then black, the gleaming coffin, our continental color

gone wild, a number out of the slave shadows, a number out of an L, another L, an L for last,
very last beggar-worker, the long long step through the factory yard, the Southern tent hush,
the crop picker standstill, bread rolls and tobacco carried secretly through the camps,
in the whipping afternoon, gnashing the engines, the tractor lifting up the bones of the others,
buried in the sweet sod, with their funny handkerchiefs, and occupied smell, the hard

cheekbones of dead soldiers, without cloud colors, and the glance of the singing mother,
still on their tiny heads, wrapped in wetness, this concrete circle, behind the lost,
hushed numbers without a map for lightness, the hungry towers stealing my bread,
the love of a woman waving, of a man quivering, an animal caught in the grasses,
looking up at a crazy star, broken and upright, going and coming, going and coming,

she wants it said, he wants it said, soothing, and blueish, reddish, string music and
sweet rolls, behind the stairs, the passsport caught in a foreign bosom, the lagoon in
a boot shape, familiar, it is just desire, they said, emptiness, fullness, once again,
terrible breeze under the lost door of the petty bureaucrat, a factory office light bulb,
they feed it and they keep the glistening doorknob, tight with confessions, they know,

they listen, the strings are going, by themselves, calling my name, your name hangs
in the cloud air, my father walks alone, again, and my mother walks next to him
and she is alone too, and I am here, inside, with them, its just what you want, it
in your dress pockets, so much time through the hourglass, dragging my name, in
cupboard pellets, in the howling silence, bowing she cannot be seen, there is something

about this, I want to say it, I want to say it, I want to tell you with words, in Kabbala, the reddish truck

behind the guards, the army opus over you, cut in half by a jeep, by a masterful stroke
of the driver, learned at night, the rebel waters peering, taking note, with skin from our
diaries, I remember all the names, in cuneiform, the infinite sand walks, dim raceways,
a ship's floor, in the coastal caves, in the tropical sargeant's cabin, winding, splintered

a shredded city, rub it, with prayer and a healer's animal, a woman with weight calls
and you will see, with this flask full of hard coffee, with the Arabic door and the Hebrew
shoe, both banging and burning, in the moon afternoon sprung open, cast it, cast it gain, an
escapee's spell without a cassock or an alphabet, the tyrant's solver bites back, only an open
shirt pocket, a sworn word, to guide you, a golden wheel in promise across the night train,

the chicken fields full of eyes, the washer woman wax, the jutting of the dead count,
so familiar, a shape concentric, left over, outstretched in Jerusalem, in something like Kurdish
in a flask, an Egyptian shoe, for holy walks and night telling, in wonder, the village rings,
now, to you, Americani, I bring them, to her, the nameless one with my name, to us, inside,
it took this long, pinned on my forehead, full of burnished beings, the ones I was given.

Juan Felipe Herrera

SJEĆANJE(A) IZ PROGNANIKOVE BILJEŽNICE BUDUĆNOSTI

**Dimitrije Bašičević–Mangelos,
"41. manifeste sur la mort" (1978)**

Dugo sam trebao hodati do ovog odredišta, pustinjske zvijezde, pribijene na moje čelo,
ovdje, na blistavoj kamenoj ogradi, noseći ono što je bilo dato u pijesku i vrećicama
sa svim mojim intimnostima, u surovom srodstvu okupiran bez proljeća koje se vraća,
kroz kosti od sandalovine, u zagonetkama, izbrazdana ljetina, pjesme sakupljača
pasoš skiciran na vratu, građanski jezik, govorim o Genezi

između moje majke i mene, između mog oca i mene, gaza suzavca
molbenica i njeni tihi prastari glasovi i njegova duga biblijska sućut
tvornice istisnutih pigmenata, plava muslinska naselja, marokanski tarpaulin
po kratkim srpolikim godinama, dani narezani u porcije rajčica, narezane šećerne trske
u dvorištu, napuštenom s otiskom šestorice ispitivača, prokleta zrnca

u pješčanom satu, radeći u dvorištu opakog čovjeka, kineći se i moleći
u kosti po zdjeli sela, cijelu noć pjevajući Yemeni pjesme, pronicavo padajući
na pod, s ucrtanim koljenima, moja majka u svojoj pregači osuđujući,
mog oca u svom dugom prašnjavom kaputu, u njegovom turskom Baglame povlačenju pri hodu,
vidik bez tragedije prolaza, ova časna pleterna kapa, ove milostive

jeruzalemske otvorene ruke, ovaj mrtvi sporazum na ramenima prema područjima mozga,
sve do okruglog betona, tri kolone vojnih džipova, trpka slatkost
u centru, majčino odmahivanje, nakošen stan, broj devet,
broj četiri, broj 14, broj ovaj, broj nanovo, sa solju, s krvlju u limenkama
s izgubljenim rasolom, od zadnjeg prema prvom platnom odresku, obratno od smjera kazaljke na satu

s rukama unutra, okupiranim, s kućom u šoku, štruca kruha iza
leđa, kroz ludu ledinu, u tiranskoj ogradi, dijete s šturim krajolikom,
u podrumu istovjetnom s svim mojim čuđenjima, u zakrpama, crvenim, zelenim i crnim,
bez boja oblaka, bez samoglasnika za a, za jedno e, za e, za u, za o, oval za ovalno nebo, odoljevati sitnim
birokratima, oaza sirotice, odražava se

u noći, izdržavajući ponosnu ćeliju, u oku, u gruboj ruci, u držanju
njenih prorešetanih leđa uspravno, i njegovih pogrbljenih leđa uspravno, tvoj otac s jeftinim konopom,
s kvrgavim čokotom, s kukom noža, zalijepljeni komad kiše, grožđica u stisnutoj šaci,
britva kruha, čuj, ako izađeš vani kao stranac u noći, ako izađeš s licem naprijed u zrak i duhan, zapjevaj o
Instanbulu i Staroj Jaffi, znoju na koži

zrak, crvenkaste sjemenke i duh prepun srodnosti, lončarev kotač i klesarev stol,
nekoliko prijatelja, svi u betonskom krugu, slomljeni ili zacijeljeni, rana od pokositrene čizme,
odražava se uza šljema, ranjeno pisanje, niski strop, juha od kupusa,
razmrskani plavi kukuruz u tavi, zavežljaj u zamrzivaču, moja sjena, moja indigo žica,
prepuna izjava, trinaest dana raspeća, u luđačkoj borbi djeteta, usukano

srce sela, omotano, nešto o tebi, nešto o nama, o ovoj
naloženoj vrućini, užasnoj u njenom dugačkom šalu, u njenim naopakim plahtama, ognjeno nebo
truba od pepela, uhvaćena u uličnom znaku, izolirana jedinka, posljedni dim, suzavac
u konzervama kave, oči pune ljubavi i novine zabodene u usta, nož
u obliku tunela, sa torbom žireva za nastavak puta, crni čaj

i tako hodam, u ovalu, slomljen, zacijeljen oblak, u galeriji šibica,
platno zakucano u tirkiznom i crnom šrapnelu, progonstva u kratkom kaputu,
s izderanim džepom, sipajući sol, u dinama kamionske stanice, u ropotanju, u mršavoj limenci
vrcajući se, izlazeći, u odsjaju juhe, konopu pitanja u prastaroj srži,
zabodeno u kost, unutar hlača, ova halja s krilima, pa je umotavam, uhvaćen

u plavom crvenilu kante za vodu, pa je dodirujem, unutar teritorija, okupiranih, čekajući
na ujedinjenje, unutar brujeria, gornji dio odjeće pada, trinaestogodišnjak i Egipćanin
uskoro, voda u čuturi, s usnama s portretom unutar medaljona, unutar igre kapetanove mašine,
tiranska uglađenost diše kao ova vožnja, mene i tebe, kroz gradske ulice,
s oparenom guzicom, tvornica zviždi u svijetloj pari,

drhtureće janje na službenim stepenicama, bijaše li to sućut, bijaše li to moja generacija, bijaše li,
da ja plakah, tamo gdje sam otvorio tvoju ruku u mojoj, gdje sam izgubio sve što sam imao, i napustio, u punoći
i užitku, u slijedećem stoljeću samom po sebi, što nisam mogao zadržati, što nisam mogao reći,
čega se nisam mogao sjetiti, to si bio ti, bilo je to zeleno i crveno, hodao sam gore prema džamiji,
tri kolone vojnih džipova, u snažnom svjetlu noseći mladića u čeljusti, on bijaše

budan, u bijelom, tetoviran u ime Abrahamovo, u klinastom pismu, godinama
sam slušao kako me strune pitaju, za granatu i nisku ženu, njegovu majku
pritisnutu nježnim noževima, kako bi se mogla zaštititi, oni su bili svinuto cvijeće
i pepeo, Parisina kaseta koja se odmotava u sićušnom smeđem šatoru, smeđi
stražarski tornjevi u punom cvatu, znao je to, ova ahata težina, okrugli beton,

kada je odrastao, to si bio ti, čega se ne mogu sjetiti, da li je to bio Ishmail, ili Lucia, pomalo nalijevo,
ostavio sam te pod maslinovim stablom, ispruženog, izgubljeni kod razmazuje se s tvoje noćne košulje, vapno
i trulež u Gazi, natopljenoj krvlju, raskomadanoj, kod česme gdje su se igrala djeca, s tri prsta
uperena u mrak, u tebe, trinaest godina i mrak dopire,
do njihovih malenih koljena, do ove stolice što krvari, u trbuhu, novorođenče u vreći suzavca,

i džep napunjen kamenjem, prva riječ na Arapskom, rotirajući ozeotski sat,
židovsko olmetsko lice, na razrezanom suncu, skrivenim mikrofonima, otrcanim, s kožom
milijuna, s tragom šrapnele od žada, bliska tortura s vlaknima,
unutar oka, vidi zeleno u crnom, rijeka odražava brodove, vatrena bluza, u vojnoj noći,
čuje se zov ptica, na otvorenoj cesti malene ruke irisa, uzdižu se

na zvuk seoske trube, starica u prosjačkom kaputu, spremna je za tebe, milostivo sluša,
u centru, vrućina iz lagune u Galiciji, u stanju moje majke, tvog duhovnog oca
bez šešira, u krilu plavog kaputa, ovoga puta, izvan čizme groba,
izvan žice, mutan pasoš iz Kaira, skriveni drveni škriljevac, ova znojava pravda
dvaput ošinuta, ovaj led nadgrobne ploče, ovo ponavljanje takta, crvenkasto, za sitnog birokratu,

slomljenog ovratnika, kroz sagu mjeseca, u zbijegu, gdje plješćemo
za zabavnu plovidbu, nadolazeći, kroz krumpire i puške, raspjevana mandibula,
lakoća Istanbula i Stare Jaffe, rastvara se korito broda, zarđali dah
iz džepa košulje, ova hipnotička groznica, ovaj udarac u nogu, hodam kroz
oštrinu, ova zelenkasta čuturica u cipeli punoj nade, dolazim k tebi, i sada ovo donosim

jedino tebi, što ostavih za sobom, bijaše li seoski puteljak promatran zorom, neustrašive mreže
utihnutih logora, ti sa svojim ukrcavanjem, cigansko indijske kose, i ja bez šešira,
da li si me voljela, hodajući otraga, mrmljajući, kopajući kroz Palestinu, nalazeći samog sebe
u drvenoj zdjeli riže, na lošem…Španjolskom, izrezbarena baglame, naopako, sve ih
dobijajući, nikada, tako su rekli, nikada, tirani u svjetlucavim odijelima, bio sam mrtav, mrtav

u bačvi ribe, u ogromnom skladištu kolutova sira, u nagnutoj tržnici, pod šatorskom kućom,
iznad tebe, sivkast, pun kiše i izgubljenih struna, i izvana, jedan okupiran vonj, što se zadržava
u krhotinama ureda, dva ispitivača sa slatkim pogačicama u papirnoj torbi, otvorenoj,
gdje smo prosili i gdje smo vidjeli valove, iza maslina što dolaze u oblicima britve, gore, iznad grada,

i obale pune seljaka, moja majka koja nosi zgodan sat što
otkucava violine,

sjajne bombe, kao u njenom imenu, za mrmljajuće stražarnice, tri kolone vojnih džipova,
u punoj spremi, naše ukrcavanje se otkopava, pričajući priču, učeći od uljane svjetiljke,
sa slatkoćom u centru, čvor od žada, Olmeška figurina, glineni pogled u sjeni,
aktovka u klinastom pismu, Egipćanin, glasan u šikari, krpe, u velikoj praonici,
u glasnim kabinetima, u ovom proljetnom gležnju, privezanom za bezbrojna bića, njihove ruke

zahvaćaju starinske pločice šećera i kruha, i drvene žlice, ova prosjačka Mezopotamija
od nevidljivog, iz sredine nepoznate šume, počinjući slovima,
s A i s L, arapskim F i afričkim Q, židovskim M i španjolskim H
i egipatskim Z, i ubojičinim Z i onim Z drugog tiranina, sa svojim početkom
uperena i sa svojim krajem uperena, prema tebi, prema Istanbulu i Staroj Jaffi, prema ovoj zagonetnoj
mreži,

ove obješene hlače, torzo od žlice, u zapletenoj kosi, raspliće se, ironično
sićušni krik, crvenkasta, narova struna udara u basu, još jedan takt s otvorenog stola,
sve to, samo ti i ja, inspektorov kaput u odsjaju, noćno krilo vlaka okreće se prema Kairu
a zatim New Yorku, prepunom ukradenih razgovora, sičušne enciklopedije zvijezda
iznad izvezene džamije, ispod ledenih stepenica, ispod vaze za cvijeće, ova zemaljska čuturica,

puna išćuđavanja, nagnuti brodovi, dodir iscjeljitelja unutar prognane tekućine,
u skrivenom bedru, u ruci koja te drži, to si bio ti, tetoviran u znaku suzavca,
to sam bio ja i otvoren prozor, bez medicinske sestre, idući obratno od kazaljke na satu, jedući prašinu,
kolekciju okupiranih veža, nakon vlastite bijele sjene, sunce u spiralama, na tvojim dronjcima
idući u namirisani seljački mač, nasmijana nesanica,

bezbrojna bića, privezana za moje gležnjeve, plešući na klizavom asvaltu, ovaj cante jondo vlak,
zviždući kroz bezdan, sladak u sredini, džep košulje od flanela
iz Lebanona, sašiven u Tel Avivu, s tvojom rukom u mojoj, s tvojim licem nasuprot moga,
opet, plesne suknje i vojne kape, mjesec prepukao i pun užitka, napeti zrak,
ova smrznuta zakrpa, zelena, pa crvena, zatim crna, svjetlucavi lijes, naša kontinentalna boja

je podivljala, broj izvan robovskih sjena, broj izvan Z, još jedan Z, i Z za zadnjeg,
najzadnjeg prosjaka–radnika, dugi dugi korak kroz tvorničko dvorište, južnjački, ušutkani šator,
sabirač ljetine mirno stoji, zemičke kruha i duhana nose se skriveno kroz logore
u popodnevu bičevanja, škripa stroja, traktor podiže kosti drugih,
pokopanih u slatkoj zemlji, s njihovim smiješnim maramicama i okupiranim vonjem,

grubi obrazi mrtvih vojnika, bez boja oblaka, i sjaja majke koja pjeva,
još uvijek na njihovim sićušnim glavama, umotani u vlagu, ovaj betonski krug, iza gubitka,
prikriveni brojevi bez mape za lakoću, gladni tornjevi kradu mi kruh,
ljubav žene koja se njiše, muškarca koji drhće, i životinja uhvaćena u pašnjacima
gledajući gore u ludu zvijezdu, slomljenu i uspravnu, ide i vraća se, ide i vraća se

ona želi da se kaže, on želi da se kaže, tješenje, i plavkasto, crvenkasta, muzika struna
i slatke pogačice, iza stepenica, pasoš uhvaćen u stranim njedrima, laguna u

obliku čizme, poznata, to je samo želja, rekli su, praznina, punoća, još jednom,
strašan povjetarac pod izgubljenim vratima sitnog birokrate, žarulja tvorničkog ureda,
hrane i održavaju sjajnom kvakom na vratima, zavezanu ispovijedima, oni znaju,

oni čuju, strune same od sebe, zovu moje ime, tvoje ime visi u oblaku zraka,
otac mi hoda sam, opet, i majka mi hoda pored njega,
i ona je sama, a ja sam ovdje, unutra, s njima, to je baš ono što želiš, to
je u tvojim džepovima, tako puno vremena kroz pješčani sat, moje se ime povlači
u kredencu zrnaca, u urlajućoj tišini, sagnuta je neće moći vidjeti, ima nešto

u tome, želim to izreći, želim to reći, želim vam izreći riječima, u Kabali, crvenkasti kamion
iza čuvara, vojni opus iznad tebe, napola razrezan džipom, umješnim zahvatima vozača,
naučenim u noći, zagledane pobunjene vode, hvatajući bilješke, s kožom iza naših
dnevnika, sjećam se svih imena u klinastom pismu, beskrajne pješčane šetnje, mračne rase,
brodskog poda, u obalnim kavezima, u tropskoj naredníkovoj kabini, puše, zamotavajući

komadiće grada, trljajući ga, molitvom i životinjom iscjeljitelja, žena s teretom doziva
i vidjet ćeš, s čuturicom punom teške kave, s arapskim vratima i židovskom
cipelom, koji oboje prašću i gore, u mjesecu poslijepodne skače otvoreno, odbaci, odbaci dobijeno,
bjegunčev izgovor bez sutana ili alfabeta, tiranovo srebro grize natrag, samo otvoreni
džep košulje, data riječ, da te vodi, zlatni kotač u obećanju kroz noćni vlak,

kokošja polja puna očiju, vosak pralje, istaknuti broj mrtvih,
tako poznato, koncetričnog oblika, ostavljeno, izdignuto u Jeruzalemu, poput nečega kurdskog
u čuturici, egipatska cipela, za svete šetnje i noćna kazivanja,
u čuđenju, seoski prstenovi, sada, tebi, *Americani*, donosim ih, njoj, jedan bezimeni s mojim
imenom, nama, unutra, dugo nam je trebalo, prikovani na mom čelu, pun preplanulih
bića, meni datih.

Preveo Goran Tomčić

EMPTY CHAIR ON THE BALCONY

Her voice over the phone, alone, her
silent steps across the empty rooms,
her desperate fingers, the eyes like a
Christmas cactus from the balcony with
the view on the Adriatic sea, the voice

and unknown feeling that she spent last
night in the basement, afraid, without
our green palms from the balcony, but
with the hourglass and olive branches
in her arms. Was she really afraid?

My mother, matador with the unicorn,
aerialist with the anchor of time,
my balcony with the view.

PRAZNA STOLICA NA BALKONU

**Njen glas preko telefona, sam, njeni
tihi koraci preko praznih soba,
njeni očajni prsti, oči kao
Pokladnica sa balkona
s pogledom na Jadransko more, glas**

**i nepoznat osjećaj da je prošlu noć
provela u skloništu, uplašena, bez
naših zelenih palmi sa balkona, ali
s pješćanim satom i maslinovim granama
u svojim rukama. Da li je zaista bila uplašena?**

**Moja majka, matador s jednorogom,
aerialist sa sidrom vremena,
moj balkon s pogledom.**

Preveo Goran Tomčić

159

DEEP INTO THE WORLD

Where are we? Where? There is a where, because we are, stubbornly, because we have been, and who are we, who is we, if not you and me, who are we, if not people, alas! people?!

Where are we? Out of History, of his and her story, and back into it, out into Space, and back to earth, out of the womb, and back into dust, who are we?

Where is where, where the terror, where the love, where the pain? Where the hatred? Where your life, and mine?!

There is a where, with telephone lines, there is a place where we wait, another one where we sleep, there is a kiss, and a flower, and where are we when you are, and where are you when I wait for you to be, be the people I see.

Who are we, who, a race, a tribe, a herd, an atom, a passing phenomenon, or a traveler still traveling, in order to find who we are, and who we shall be?

Where is where? Is where on a .nap, or is it in some homeless heart, somewhere not in Africa, or in the Southern Hemisphere, where is he, and where are we, when we face his hunger and his stink, and we, who are we?

Are we traveling on a rope, and is cancer eating our neighbors, and Where the sun when night descends, and where paradise on the asphalt roads of the ocean?

Who are we, a woman or a man, and is that seasonal, is it eternal, and is it true that there are men and women and it must be true, because you are, and I am.

Is there hatred in your heart, and does it mean I am not here, does it mean I should not be, and where are you when I am not here, and where are you when it's late?

To go, be going, straight ahead, the world being round is to be coming back, to where, to what, to be a bouncing ball, where, on what, to be defeated by gravity.

Who are you when you're not me, and who am I? A tribe, a
herd, a unit, a lone star on a dark night, or a meteor on the
trails of sadness? Should we be people, or fish, or a people
of sharks, intelligent enough to wipe ourselves off the face of
the earth?

And what is earth? Some mud, some glue, a meteor, is it yours or
mine and could it be both without us splitting hairs, can it belong
to itself and leave us alone, together, on the surf?

Should I keep talking, and to whom, and where? Should you love me
because I am free, and should I follow your destiny instead of
mine, out of History, away from Time and its satellites whose
names are fear and death? Should I be?

Where are we? In the middle, at the beginning, or at the end?
Who is we, is it you plus me, or is it something else, expandable,
explosive, the salt and pepper of our thoughts, the something that
may outlast our deities? Where are we?

Am I always going by boat, and wherefrom? Am I always crying, and
why? Are the roads blocked by angels or by soldiers, are they
safe for your car, are they good enough for my mother? And who are
you, after all?!

Am I asking you to run ahead of yourself, and tell me why my bones
are cold, or am I wanting you to leave my trees alone, and search
for water where the rivers overflow, am I knocking at your door?

Going, going into a train and stopping nowhere, because it is
nowhere, and the people are pouring in, like bags of wheat, and
birds are helplessly flying overhead.

Who are we, us the children of History, which History, whose, which
period, which side of History, the wars or the poems, the queens
or the strangers, on which side of whose History are we going to
be? Are we going to be?

Out the window I have thrown all memories and they came back,
alien, beggars and witches, and out the window went my hopes,
leaving me standing as a sword.

What should I do with a weapon if not throw it down the gutter,
and where the gutter, and why the weapon? Where is your life, and mine,
if not here, and now, under the shadow of orange trees, and why
oranges?

Where are we? In a desert, on a glacier, within a mother's womb,
or are we in a woman's eyes, in a man's yearning, or are we into
each other, into each other's future, as we have been in the past?
Are we dead or alive?

I have never been here, where a pleasure boat rocks in the heat,
and you have never been in my aunt's garden, where have you been then?
We went out to look for you and you were sleeping by a
fountain. Where was the moonlight? Where the anguish?

Where was the tunnel when we were looking elsewhere, and who were
we, and who were you, and why is the sun so bleak when it looks

at us, and why so much love, love under the heat and the truth?
Oh yes! Columbus landed somewhere, where, bringing stench and
disease, mortal wounds, logs to crucify Indians on, and when was it,
and why? So you're my twin enemy-brother, my twin shadow, and did
we go to the Americas, and who sent us there?

Go deep into the throat of the world, there is nowhere to go out
of this universe, and out of its shadow, and is there a universe,
and why, and wherefrom, and does it matter for anything to be,
and if there is not a somewhere, here and there, what then, with
no faith, no hope, there is may be love, somewhere?

Nothing disappears, so not even hatred will disappear, and why should
it go away when your fist and mine pound this table of mine, and
this table of yours, little crumbs falling, so that we start,
start what? all over again.

Are we calling the wind on the vast expanses of the imagination,
are we sitting in front of the sun, and are you keeping my door
closed or are you coming at night with the key, the food, the smile,
the hatred and the love? Are you there in the dark?

Is a mountain meant not to move and is the sky to be wide open
when we are sure to be, to be what, should we know in order to
be and are we still alive when we're dead and are we here to stay?
Do you love my mother as much as you love your dinner, do you know
that I am here, like a river, like a knife, or like anything you
can buy and take home?

Did you, do you, did you know the impossibility to cross, from here
to there, to where? And where are we when we're together, where the
pain, following the light, and where are we to go when the lights
will go out, and we'll look similar?

Straight ahead, we demand a reprieve, and answer to the drought,
and where are we when it rains, so afraid of water, are we, that
the rain stops, when it comes, and we go back to the sun.

Steps were fine, the movement of the body, the heat, the fire, and
where have the afternoons gone, why so many wars, why did Guevara
unearth Columbus' bones?

And you speak to me of peace, over coffee, like in the old days,
I mean between military campaigns, and nobody knows how the music
was written, by whom, on whose table, and was it with ink or
with blood?

And you see, we may all disappear, because dinosaurs did, but
we are here, aren't we, here, and there, and maybe God has preceded
us into divine disappearance, but aren't we here, reduced to the
stone-age, disappearing by too much visibility, multiplying in
order not to be here, one day, one day, like it was during the
first days, the stones being, being there, on the soil, the stones
are not the end, the end of what, of whom, of you and me, and
maybe only you and then only me, when it wouldn't matter anymore,
the stones are the beginning.

DUBOKO PREMA SVIJEU

Gdje smo? Gdje? Tamo je gdje, zato što smo, uporni
zato što smo bili, i tko smo mi, tko je mi, ako ne ti i ja,
tko smo, ako ne ljudi, alas! ljudi?!

Gdje smo? Izvan Povijesti, njegove i njene priče, i natrag u nju,
vani u Prostoru, i natrag na zemlju, izvan maternice, i natrag u prašinu,
tko smo?

Gdje je gdje, gdje je teror, gdje je ljubav, gdje je bol?
Gdje je mržnja? Gdje je tvoj život, i moj?!

Tamo je gdje, s telefonskim linijama, tamo je mjesto gdje
čekamo, jedno drugo gdje spavamo, tamo je poljubac, i cvijet, i
gdje smo dok si ti, i gdje si ti dok te čekam da
budeš, da budeš ljudi koje vidim.

Tko smo mi, tko, rasa, pleme, stado, atom, prolazni fenomen,
ili putnik još uvijek putujući, da bi pronašao tko smo, i
što ćemo biti?

Gdje je gdje? Da li je gdje na mapi, ili je u nekom bezdomnom srcu,
negdje ne u Africi, ili na južnoj hemisferi, gdje je on,
i gdje smo mi, kada se suočavamo s njegovom glađu i njegovim smradom, i
mi,
tko smo mi?

Da li putujemo po konopu, i da li rak izjeda naše susjede, i
Gdje je sunce kada se spušta noć, i gdje je raj na asfaltnoj
cesti oceana?

Tko smo, žena ili muškarac, i da li je to sezonsko, da li je vječno,
i da li je točno da su muškarci i žene i da to mora biti tocno,
zato što si ti, i ja sam.

Da li je u tvom srcu mržnja, i da li to znači da ja nisam ovdje, da li
to znači da ne bih trebala biti, i gdje si ti kad ja nisam ovdje, i
gdje si ti kada je kasno?

Ići, hodajući, pravo naprijed, svijet koji je okrugao
vraća se natrag, gdje, čemu, biti lopta puna života, gdje,
čime, biti poražen gravitacijom.

Tko si ti kada nisi ja, i tko sam ja? Pleme,
stado, jedinica, samotna zvijezda u mračnoj noći, ili meteor na
stazama tuge? Trebamo li biti ljudi, ili riba, ili ljudi
varalica, dovoljno inteligentni da se izbrišemo s lica
zemlje?

I što je zemlja? Neko blato, neko ljepilo, meteor, da li je moja ili
tvoja i da li može biti oboje bez nas rascvjetanih kosa, može li pripadati
sebi i ostaviti nas same, zajedno, na pjeni?

Da li bih trebala nastaviti govoriti, i kome, i gdje? Da li bi me trebao voljeti
zato što sam slobodna, i da li bih trebala slijediti tvoju sudbinu umjesto
moje, izvan Povijesti, daleko od Vremena i njegovih satelita čija
imena su strah i smrt? Da li bih trebala biti?

Gdje smo? U sredini, na početku, ili na kraju?
Tko je mi, to smo ti plus ja, ili je to nešto drugo, rastezajuće,
eksplozivno, sol i papar naših misli, nešto što
može preživjeti naša božanstva? Gdje smo?

Da li uvijek idem brodom, i odakle? Da li uvijek plačem, i
zašto? Da li su ceste blokirane anđelima ili vojnicima, da li su
sigurne za tvoj automobil, da li su dovoljno dobre za moju majku? I tko si
ti, nakon svega?!

Da li tražim da trčiš ispred sebe, i reci mi zašto su moje kosti
hladne, ili da li želim da ostaviš moje stabla sama, i tražiš
vodu tamo gdje rijeke preplavljuju , da li kucam na tvoja vrata?

Idući, idući vlakom i zaustavljajući se nigdje, zato što je
nigdje, i ljudi pritječu, kao vreće brašna, i
ptice bespomoćno lete nad glavom.

Tko smo, mi djeca Povijesti, koje Povijesti, čije, kojeg
razdoblja, čije strane Povijesti, ratovi ili pjesme, kraljice
ili stranci, na kojoj ćemo strani čije Povijesti biti? Da li ćemo biti?

Kroz prozor sam odbacila sva sjećanje i ona su došla natrag,
otuđena, prosjaci i vještice, i kroz prozor su otišle moje nade,
ostavljajući me u položaju mača.

Što bi mogla raditi s oružjem ako ne, baciti ga na blato,
i gdje je blato, i zašto oružje. Gdje je tvoj život, i moj,
ako ne ovdje, i sad, pod sjenom stabla naranča,
i zašto naranče?

Gdje smo? U pustinji, na glečeru, u majčinoj utrobi,
ili smo u ženskim očima, muškoj čežnji, ili smo jedno u
drugom, u našim budućnostima, kao što smo bili u prošlosti?

Da li smo živi ili mrtvi?
Nikada nisam bila ovdje, gdje užitak njiše čamce u žaru,
i ti nikada nisi bio u vrtu moje tetke, gdje si tada bio? Izašle smo
vani da te tražimo i ti si spavao kraj
fontane. Gdje je bila mjesečina? Gdje tjeskoba?

Gdje je bio tunel kad smo negdje drugdje gledali, i tko smo bili
mi, i tko si bio ti, i zašto je sunce tako pusto kada gleda
na nas, i zašto je toliko mnogo ljubavi, ljubavi pod vrućinom i istinom?

Oh da! Columbo se negdje iskrcao, gdje, donijevši smrad i
bolest, smrtne rane, debla za krucificiranje Indijanaca, i kad je to bilo,
i zašto? Dakle ti si moj dvojni brat–neprijatelj, moja sjena blizanka, i da li smo
otišli za Amerike, i tko nas je tamo poslao?

Odi duboko u ždrijelo svijeta, nema se gdje otići izvan
ovog svemira, i izvan njegove sjene, i da li je tamo svemir,
i zašto, i odakle, i da li je za bilo što važno da bude,
i ako ne postoji negdje, ovdje i tamo, što onda, bez
vjere, bez nade, tamo je možda ljubav, negdje?

Ništa ne nestaje, tako čak ni mržnja neće nestati, i zašto bi nestala kada
tvoja šaka i moja udara o ovu moju ploču, i
ovu tvoju ploču, padaju male mrvice, tako započinjemo,
započinjemo šta? sve ispočetka.

Da li zovemo vjetar u golemim prostranstvima imaginacije,
da li sjedimo nasuprot suncu, i da li držiš moja vrata
zatvorena ili dolaziš noću s ključem, hranom, smješkom,
mržnjom i ljubavlju? Da li si tamo u mraku?

Da li se planina ne treba micati i da li nebo treba biti širom otvoreno
kad smo sigurni da jesmo, jesmo što, trebamo li znati po redu da jesmo
i da li smo još uvijek živi kad smo mrtvi i da li smo ovdje da bismo ostali?
Da li voliš moju majku isto tako kao što voliš svoju večeru, da li znaš
da sam ovdje, kao rijeka, kao nož, ili kao bilo što, što možeš kupiti i odnijeti
doma?

Jesi li, da li si, jesi li znao nemogućnost križanja, odavde
do tamo, do gdje? I gdje smo mi kada smo zajedno, gdje
je bol, dok slijedi svjetlo, i gdje ćemo ići kad će svjetlo
otići vani, a mi ćemo izgledati isto?

Pravo naprijed, zahtjevamo odgodu izvršenja smaknuća, i odgovor za sušu,
i gdje smo kad kiši, tako uplašeni od vode, jesmo li, da
kiša prestaje padati, kad dolazi, i mi odlazimo natrag na sunce

Koraci su bili divni, pokreti tijela, vrućina, vatra, i
gdje je nestalo poslije podne, zašto je tako mnogo ratova, zašto je Guevara
iskopao Columbove kosti?

I ti mi govoriš o miru, za vrijeme kave, kao u starim danima,
mislim, između vojnih kampanja, i nitko ne zna kako je muzika
bila napisana, od koga, na čijem stolu, i da li je to bilo s tintom ili
s krvlju?

I vidiš, svi možemo nestati, zato što su i dinosauri nestali, ali
ovdje smo, nismo li, ovdje, i tamo, i možda nam je Bog prethodio
u božanskom nestajanju, ali nismo li ovdje, ograničeni na
kameno doba, nestajući s previše vidljivosti, množeći se
zato da ne bi bili ovdje, jednog dana, jednog dana, kao što je to bilo tokom
prvih dana, kamena bića, bijahu tamo, na tlu, kamenje
nije kraj, kraj čega, koga, mene i tebe, i
možda samo ti,a zatim samo ja, kada više ne bude važno,
kamenje je početak.

Preveo Goran Tomčić

Contributors

Suradnici

Etel Adnan was born in Beirut in 1925. A poet, novelist, essayist, and artist, she lives in California and Paris. Her works in English include *The Arab Apocalypse, Paris When It's Naked*, and *Sitt Marie Rose*.

Adonis, a major poet and literary figure, was born in Syria in 1930, and now lives in Paris. His work available in English includes *Transformations of the Lover, The Blood of Adonis*, and *An Introduction to Arabic Poetics*.

Ali Jamale Ahmed is a poet, essayist, and scholar from Somalia. He teaches Comparative Literature at Queens College and the Graduate Center of the City University of New York.

Ammie! Alcalay's recent books include *the cairo notebooks* and *After Jews and Arabs: Remaking Levantine Culture*. He teaches at Queens College and the Graduate Center of the City University of New York.

Maria Teresa Alves is a Brazilian photographer, artist, and performance artist who lives in Mexico. Her work has been shown at the New Museum in New York, as well as the Edge Biennial in London and Madrid.

Zlatko Dizdarević, an internationally acclaimed journalist, writes for the Sarajevo daily, Oslobođenje. His *War Journal*, originally serialized in the Croatian Slobodna Dalmacija, has been translated into French and English.

Etel Adnan, rođena je u Bejrutu 1925. Pjesnikinja, novelist, esejist i umjetnik, živi u Californiji i u Parisu. Njeni radovi na Engleskom uključuju *The Arab Apocalypse, Paris When It's Naked* i *Sitt Marie Rose*.

Adonis je važan pjesnik i književna ličnost, rođen u Siriji 1930, a sada živi u Parisu. Njegov rad dostupan na Engleskom uključuje *Transformations of the Lover, The Blood of Adonis*, i *An Introduction to Arabic Poetics*.

Ali Jamale Ahmed, pjesnik, esejist i stručnjak iz Somalije. Predaje Komparativnu književnost na Queens College i Graduate Center of the City University of New York.

Ammiel Alcalay predaje na Queens College i na Graduate Center of the City University of New York. Njegova najnovije knjige uključuju *the cairo notebooks* i *After Jews and Arabs: Remaking Levantine Culture*.

Maria Teresa Alves je brazilski fotograf, umjetnik i performance umjetnik. Živi u Meksiku. Njeni radovi bili su prikazani u New Museum u New Yorku, i Edge Biennial u Londonu i Madridu.

Zlatko Dizdarević, internacionalno priznat novinar, piše za sarajevske dnevne novine Oslobođenje. *Sarajevski ratni dnevnik*, originalno objavljen u nastavcima u hrvatskoj Slobodnoj Dalmaciji, preveden je na Francuski i na Engleski.

Jimmie Durham is a poet, essayist, sculptor, and performance-and-installation artist born in Nevada County, Arkansas in 1940. His work has been exhibited at the Whitney Biennials and has appeared at Documenta.

Enrique Fernandez was born in Havana. Former editor of *Màs*, a national Spanish language magazine, and columnist for *The Village Voice*, he now writes for the *New York Daily News*.

Juan Goytisolo was born in Barcelona in 1931; he left Spain in 1957 and lives in both Paris and North Africa. Goytisolo's most recent books in English include his memoirs, *Realms of Strife* and *Forbidden Territory*, as well as *The Virtue of the Solitary Bird*.

Izeta Građević, artist and set designer, is a member of Sarajevo's Obala Theater. In Spring 1993, she came to the U.S. to collaborate with Jo Andres on a theater piece, to be staged at La Mama in New York, based on her experiences under siege.

Jacques Hassoun, a psychoanalyst and writer, was born in Alexandria and lives in Paris. He has written a novel, essays, works on psychoanalysis, language, and Egyptian Jewry.

Aleksander Hemon, born in Sarajevo in 1964, has published numerous short-stories. He also had a regular column on Sarajevo in the Bosnian magazine *Our Days*. He lives in Chicago.

Juan Felipe Herrera was born in California in 1948; active as a poet, editor, actor, performance artist and teacher, his books include *Akrilica* and *Exiles of Desire*.

Rashida Ismaili was born in Dahomey, Benin, raised in Nigeria, and educated in France. A poet and playwright who lives in Harlem, her most recent book is *Missing in Action and Presumed Dead*.

Ademir Kenović, a Bosnian filmmaker, is a founder of SAGA, a Sarajevo arts collective. He has continued to shoot footage throughout the war, selections of which were screened in San Francisco, New York, and at the Cannes Film Festival.

Daniel Lazar is a fiction writer who lives in the New York area.

Jimmie Durham je pjesnik, esejist, kipar, performance-and- installation umjetnik, rođen u Nevada County, Arkansas, 1940. Njegov rad bio je izlagan na Whitney Biennialima i na Documenti.

Enrique Fernandez rođen je u Havani. Nekadašnji urednik *MAS*, nacionalnog španjolskog magazina. Bio je kolumnist za *Village Voice*, a sada piše za New York Daily News.

Juan Goytisolo, rođen je u Barceloni 1931; napustio je Španjolsku 1957. Živi u Parisu i Sjevernoj Africi. Goytisolove najnovije knjige na Engleskom uključuju njegove memoare *Realms of Strife* i *Forbidden Territory*, kao i *The Virtue of the Solitary Bird*.

Izeta Građević, umjetnica i scenografkinja, član je sarajevskog Obala Teatra. U proljeće 1993. stigla je u USA da bi s Jo Andres surađivala na teatarskom djelu, koje će biti postavljeno u La Mama u New Yorku, a bazirano na njenim iskustvima pod opsadom.

Jacques Hassoun, psihoanalist i pisac, rođen je u Aleksandriji i živi u Parisu. Napisao je novele, eseje i radove o psihoanalizama, jeziku i egipatskim Židovima.

Aleksander Hemon rođen je u Sarajevu 1964. Objavio je mnogo kratkih priča. Također je imao regularnu kolumnu o Sarajevu, u bosanskom magazinu *Naši Dani*. Živi u Chicagu.

Juan Felipe Herrera rođen je u Californiji 1948; aktivan je kao pjesnik, urednik, glumac, perfomance umjetnik, i učitelj. Njegove knjige uključuju *Akrilica* i *Exiles of Desire*.

Rashida Ismaili, rođena je u Dahomeyu, Benin, odgojena je u Nigeriji, i školovana u Francuskoj. Pjesnikinja i dramaturg, živi u Harlemu. Njena najnovija knjiga je *Missing in Action and Presumed Dead*.

Ademir Kenović, bosanski filmski stvaraoc, osnivač SAGE, sarajevskog umjetničkog kolektiva. Nastavio je snimati tokom rata, a djelove rada prikazao je u San Franciscu, New Yorku i Cannesu.

Daniel Lazar je pripovjedač koji živi u području New Yorka.

Tomaz Mastnak is a Senior Fellow at the Slovenian Academy of Sciences and Arts. His most recent book is East of Eden - Civil Society Under, and After, Communism.

Mirsad Purivatra is the director of the Open Stage/Obala Gallery in Sarajevo, where he curated the "Witnesses of Existence" exhibition, which traveled from Sarajevo via videotape to the 1993 Venice Biennale. He has also directed productions by the Obala Theater.

Naomi Shihab Nye is a poet, translator, and musician born in Texas. She is an active participant in PROTA (Project for the Translation of Arabic Literature). Her latest book, *Collected*, is about her Palestinian grandmother.

Saskia Sassen teaches urban planning at Columbia University. Her most recent books are *The Mobility of Labor and Capital*, and *The Global City: New York, London, and Tokyo*.

David Shasha, a scholar of Sephardic Jewish culture, lives in Brooklyn, New York. He has translated the 14th-century Hebrew text, *The Battle of the Pen and the Scissors*, by Shem Tob Ardutiel.

Goran Tomčić, poet, art critic, and translator, has published a book of poetry, *Fragile*. He was a fellow at the MacDowell Colony in 1992, and lives in New York City.

Alexis de Veaux was born and raised in New York City. Her works include *Don't Explain: A Song of Billie Holiday*, and *An Enchanted Hair Tale*, a story for children.

Srdan Vuletić is a Bosnian filmmaker born in Sarajevo in 1971. During the war, he presented children's theater in the hospitals of Sarajevo. His videotape, *I Burnt Legs*, was screened at the San Francisco Film Festival.

Tomaž Mastnak je član Slovenske Akademije Znanosti i Umjetnosti. Njegova najnovija knjiga je *East of Eden – Civil Society, under and after Communism*.

Mirsad Purivatra je direktor Otvorene Scene/Obala Galerije u Sarajevu, gdje je organizirao "Svjedoke Postojanja", izložbu koja je putovala iz Sarajeva via videotape na 1993 Venice Biennale. Također je upravljao produkcijama Obala Teatra.

Naomi Shihab Nye, pjesnikinja, prevodioc i muzičar, rođena je u Texasu. Aktivni je suradnik PROTA (Project for the Translation of Arabic Literature). Tema njene zadnje knjige *Collected* je o njenoj palestinskoj baki.

Saskia Sassen predaje urbanizaciju na Columbia University. Njene najnovije knjige su *The Mobility of Labor and Capital* i *The Global City: New York, London and Tokyo*.

David Shasha je stručnjak za sefardsku židovsku kulturu, živi u Brooklynu, New York. Preveo je četrnaestostoljetni hebrejski tekst Sheme Toba Ardutiela, *The Battle of the Pen and the Scissors*.

Goran Tomčić, pjesnik, likovni kritičar i prevodioc, objavio je zbirku pjesama *Fragile*. 1992. bio je stipendist The MacDowell Colony. Živi u New Yorku.

Alexis De Veaux rođena je i odgojena u NYC. Njeni radovi uključuju *Don't Explain: A Song of Billie Holiday*, i *An Enchanted Hair Tale*, priču za djecu.

Srđan Vuletić je bosanski filmski stvaraoc, rođen u Sarajevu 1971. Tokom rata, prezentirao je dječji teatar u sarajevskim bolnicama. Njegov film *I Burnt Legs*, prikazan je na San Francisco Film Festivalu.

A Journal of Reflection and Oceanography

Available:

#3 "Kultura /Kontrol" — Patronage,
museology, and censorship in the arts;
essays on culture and commodification.
In English and Portuguese (1990), $7

#4 "The Abject, America" — The Nazis'
love of Disney, Artaud in Mexico, structuring
principles of anti-Semitism, the fall of Fatty
Arbuckle and the rise of Jacques Lacan,
MacDonna, more.
In English and Portuguese (Winter 1992/93), $9

Forthcoming:

#6 "Vulvamorphia" — *Vulvamorphia*
(vulva=wrapper; morphia = form) is a fluid
system of relationships that perpetually erode
the dominant order through the wave forms of
a feminine libidinal economy. Essays, fiction,
images on these political flows.
In English and French (Winter 1993/94), $20

#7 "The White Issue" — White people, their
desires, demands, and impertinent needs.
Dictionary of whiteness; whites who think
they are black; pale identity politics, more.
In English and German (Spring 1994), $10

Single copies at bookstores or by mail
(add $2 postage) from:
Lusitania Press, Inc.
104-108 Reade Street
New York, NY 10013
tel 212-619-6224
fax 212-732-3914

General distributor:
Autonomedia
Post Office Box 568
Brooklyn, NY 11211
fax 718-387-6471

lacanian ink

Psychoanalysis, Fiction, Art

Editor: Josefina Ayerza

lacanian ink
is published
two times a year,
Fall/Winter &
Spring/Summer.
Yearly rates:
$15.00 Individual
$30.00 Institution
Add $10.00 air mail
postage for delivery
outside USA or Canada.
Back Issues: $10.00
each. Send check to:
lacanian ink
133 Wooster Street
New York, NY 10012
tel (212) 475-5604
fax (212) 388-0746

Forthcoming

8

Jacques-Alain Miller,
Love's Labyrinths
Slavoj Zizek,
Symbolic Beatitude
Rena Grant
Characterhysterics II
Catherine Liu,
Automaton
Darian Leaders,
Feminine Sexuality
Peggy Phelan
Hope
L.Crawford, Slipping
Fabien Trémeau
Lacan and Paranoia,
Barbara Henning,
Envelope
Barbara Einzig,
Josefina Ayerza,
Paul McCarthy
Eric Fischl

lacanian ink

7

Spring 93 $ 8.00

A Journal of Art, Theory and Cultural Studies from the Center for Cultural Studies, CUNY Graduate Center

from "Untitled Series", by The Five Smith Brothers, 1991

Fall 1992:

Simon Leung
Annie Sprinkle (interview)
Michael Rothberg
Jarrod Hayes
The Five Smith Brothers
Todd Ayoung
Special Project: Sin City

Summer/Fall 1993:

Slavoj Zizek (interview)
bell hooks (interview)
Jeffery Escoffier
Nancy Grossman
Quentin Lee

Winter/Spring 1993:

Jurgen Habermas (interview)
Penny Arcade (interview)

FOUND OBJECT is distributed by

Bernard DeBoer Inc.
**113 East Center St.
Nutley New Jersey 07110, USA
Phone (201) 667-9300
FAX (201) 667-0086**

SUBSCRIBE TO FOUND OBJECT
**INDIVIDUAL:
SINGLE ISSUE: $5.00 ($7.00 OVERSEAS)
YEARLY RATE: $8.00 ($10.00 OVERSEAS)
INSTITUTIONAL:
SINGLE ISSUE: $10.00 ($12.00 OVERSEAS)
YEARLY RATE: $18.00 ($22.00 OVERSEAS)**

Subscriptions:
FOUND OBJECT, Center for Cultural Studies
CUNY Graduate Center
33 West 42nd Street New York, New York 10036
make checks payable to Center for Cultural Studies

Found Object is currently accepting material for upcoming issues. call (212) 642 1997

The Center For
Cultural Studies
CUNY Graduate School and University Center

camera obscura

A Journal of Feminism and Film Theory

IMAGING TECHNOLOGIES, INSCRIBING CULTURES 1

(Number 28, Fall 1992)

Paula A. Treichler & Lisa Cartwright, Editors

Paula A. Treichler: AIDS, Gender, and the Cultural Work of Feminist Activism

Jamie Feldman: Gallo, Montagnier, and the Debate over HIV: A Narrative Analysis

Katie King: Local and Global: AIDS Activism and Feminist Theory

Alex Juhasz & Juanita Mohammed: WAVE in the Media Environment: Camcorder Activism in AIDS Education

Fatimah Tobing Rony: Those Who Crouch and Those Who Sit: The Iconography of Race in the Anthropological Film Motion Studies of Feliz Regnault

Carol Stabile: Shooting the Mother: Fetal Photographs and the Politics of Disappearance

Giuliana Bruno: Spectatorial Embodiments: Anatomies of the Visible and the Female Bodyscape

IMAGING TECHNOLOGIES, INSCRIBING CULTURES 2

(Number 29, Winter 1993)

Paula A. Treichler & Lisa Cartwright, Editors

Anne Balsamo: On the Cutting Edge: Cosmetic Surgery and the Assembly-Line Logic of Feminine Beauty

Ella Shohat: "Laser for Ladies": Endo Discourse and the Inscription of Science

Lisa Cartwright: *The Inside Story*: Radiography and the Culture of Prophylactic Imaging

Alissa Solomon: The Politics of Breast Cancer

Val Hartouni: Fetal Exposures: Abortion Politics and the Optics of Allusion

Sasha Torres: Black Women Imaging Breast Cancer

Constance Penley: Biosphere II

Jenny Terry: Scientific Quantification and Visual Analysis of Homosexuality

Stacy Colwell: The 1918 VD Public Health Film *End of the Road*

Ann Barry Flood: Interactive Videodiscs: Prostate Cancer and Breast Cancer

Now Published By

INDIANA

UNIVERSITY PRESS

601 N. Morton
Bloomington, IN
47404
Phone 812-855-9449
FAX 812-855-7931

SUBSCRIPTIONS

Individual, $18.50
Institution, $37.00
Foreign Surface
Post, $10.00

SINGLE ISSUES

Individual, $10.00
Institution, $20.00
Postage and handling
each, $1.75

ISSN 0270-5346

DIS COURSE

Volume 15, Number 1

SPECIAL ISSUE

FLAUNTING IT: LESBIAN AND GAY STUDIES

SPECIAL ISSUE
$12.95 individual
$25.00 institution
$1.75 post

SUBSCRIPTION
(3 issues)
$25.00 individual
$50.00 institution
$10.00 foreign
surface post

Send orders to Journals Division, Indiana University Press, 601 N. Morton, Bloomington, IN 47404
Fax to: 812-855-7931
Call 812-855-9449 with credit card orders

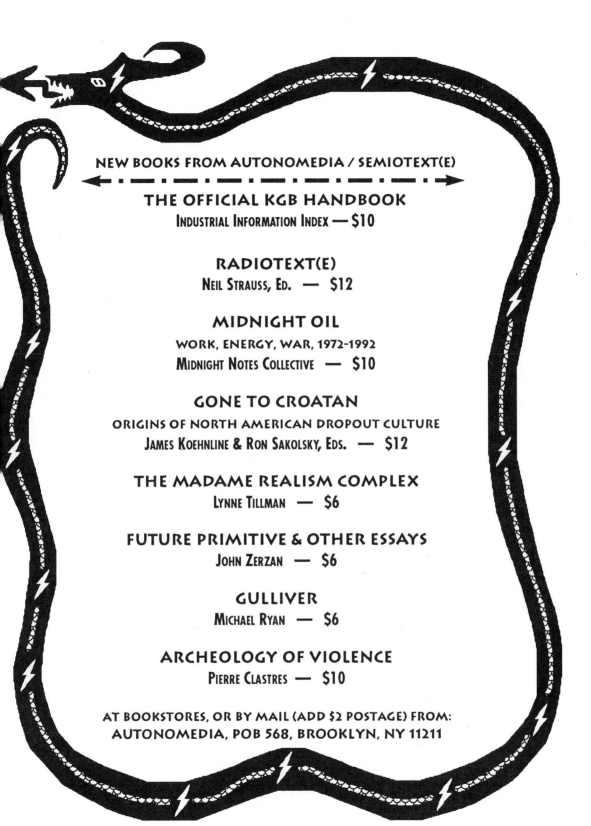